卓越流通：
数字经济时代流通业高质量
发展与浙江经验

肖　亮　著

浙江工商大学出版社
ZHEJIANG GONGSHANG UNIVERSITY PRESS
·杭州·

图书在版编目（CIP）数据

卓越流通：数字经济时代流通业高质量发展与浙江经验 / 肖亮著. — 杭州：浙江工商大学出版社，2020.10

ISBN 978-7-5178-3940-8

Ⅰ．①卓… Ⅱ．①肖… Ⅲ．①流通业－产业发展－研究－中国②物流－经济发展－经验－浙江 Ⅳ．①F724②F259.275.5

中国版本图书馆 CIP 数据核字（2020）第 114261 号

卓越流通：数字经济时代流通业高质量发展与浙江经验

ZHUOYUE LIUTONG：SHUZI JINGJI SHIDAI LIUTONGYE GAO ZHILIANG FAZHAN YU ZHEJIANG JINGYAN

肖　亮著

责任编辑	谭娟娟
封面设计	林朦朦
责任印制	包建辉
出版发行	浙江工商大学出版社
	（杭州市教工路 198 号　邮政编码 310012）
	（E-mail：zjgsupress@163.com）
	（网址：http://www.zjgsupress.com）
	电话：0571－88904980,88831806（传真）
排　　版	杭州朝曦图文设计有限公司
印　　刷	杭州高腾印务有限公司
开　　本	710mm×1000mm　1/16
印　　张	19.25
字　　数	306 千
版 印 次	2020 年 10 月第 1 版　2020 年 10 月第 1 次印刷
书　　号	ISBN 978-7-5178-3940-8
定　　价	59.00 元

总　序

从 70 年前毛泽东同志在天安门城楼上庄严宣告中华人民共和国成立，到如今社会主义中国巍然屹立在世界东方，中华民族再一次创造了人类历史上的伟大奇迹。 站在 2019 年的时代节点，回顾以往，梳理总结中华人民共和国成立 70 年的发展经验，开辟国家富强与民族复兴之新境，是时代赋予中华儿女的责任。

钱塘自古繁华，文明薪火相传。 浙江是中国革命红船启航地、改革开放先行地、习近平新时代中国特色社会主义思想重要萌发地。 浙江这 70 年的发展，是全方位的发展，更是特色鲜明的发展。 特别是改革开放以来，浙江一直是当代中国发展的潮头阵地，"温州模式""义乌模式"等彰显了当代浙江经济、社会发展的巨大成就；20 世纪 90 年代以来，以马云为代表的浙商更是创造了浙江发展的新景观：作为浙江省会的杭州已经发展成为世界电子商务中心、全球移动支付大本营、"一带一路"与"长三角一体化"发展战略的交会地。

当代浙江在各个领域取得的成就为世界瞩目，这些成就既得益于中华优秀文化，也得益于之江山水所培育的浙学传统。 浙学传统是涵养浙江精神的源头活水，也是促动浙江当地社会文化与经济发展的文化力动因。 浙商文化是浙商之魂，崇义养利的价值逻辑、知行合一的认知逻辑、包容开放的行为逻辑，促使一代又一代浙商搏击商海、乘风破浪、勇立潮头，闯出了敢为人先的新路，书写了创业创新的传奇，承载了浙江发展的荣光。 义利相和、知行合

一、创新融汇的浙学特质是浙商精神的深层文化内蕴。 从"走遍千山万水、吃尽千辛万苦、说尽千言万语、想尽千方百计"的"四千精神",到"千方百计提升品牌、千方百计保持市场、千方百计自主创新、千方百计改善管理"的"新四千精神",再到以"坚忍不拔的创业精神、敢为人先的创新精神、兴业报国的担当精神、开放大气的合作精神、诚信守法的法治精神、追求卓越的奋斗精神"为内涵的新时代浙商精神,都已融入浙商群体的血脉里,化作了浙商群体的优秀基因,促使浙商跨出省界、国界,成为具有全球影响力的商帮。而浙商世界化及随之而来的浙学传统、浙江精神的世界化,实质上也表征了中华文化走向世界、中国经验走向世界的文化景象。

"国家当富强,始基端在商。"浙江工商大学作为浙江省重点建设大学,同时也是省政府与教育部、商务部共建的大学,总结浙商发展、传承浙商文化、引领浙商发展,是它的天然使命。 我们不会忘记,100 多前浙江工商大学的先贤们在实业兴国呼号中为实现救亡图存、国富民强的创校初心;我们不会忘记,15 年前时任浙江省委书记的习近平同志在视察学校时对学校提出要在"全国有位置、全省很重要"的殷切期望。 而今,把大商科人才培养好、让学校早日进入 "双一流"建设大学的行列,既是全体商大人的历史担当,也是全体商大人的共同梦想。 作为浙江工商大学的学者,我们当然要总结和记录浙江 70 年的发展历程,以及浙江 70 年围绕"商"的发展历程。 为此我们设计和组织编写了"中华人民共和国成立 70 周年浙商研究院智库丛书",梳理、总结浙江 70 年以来在"商"领域所取得的成就、收获的经验。

《勇立潮头:浙江高水平现代化建设研究》一书介绍了浙江高水平现代化建设的经验和成效。 近 5 年来,浙江现代化建设规模不断扩大,质量不断提升,创业生态环境不断优化,就业工作成绩显著。 站在新的起点上,该书系统总结了浙江高水平现代化建设的经验,并面对新的矛盾和挑战、新形势、新变化,提出了相应的政策建议,为实现浙江省"高水平全面建成小康社会和高水平推进社会主义现代化建设"的目标提供参考。《浙江省新型政商关系"亲清"指数研究报告(2019)》一书总结了浙江省在构建新型浙商关系方面的经验,构建了浙江省新型政商关系"亲清"指数的指标体系,并对浙江省 11 个城市进行指数评价,为浙江"亲清"政商关系优化提供了改进方向。《亲清政商：寻求政府与商会的策略性合作》一书系统回顾了中华人民共和国成立以来我国政府与商会关系发展的历史脉络与演进逻辑，从 3 个方面提出政府与商会"策略性合作"的分析框架，并站在历史新起点上提出政府与商会展开合作治理的路径。

《大国经贸：新国际贸易冲突理论构建与中美经贸关系》一书建立和发展了适应世界经济发展形势和生产技术水平的新贸易冲突理论，以更好地解释中美国际贸易摩擦及 21 世纪国际贸易冲突问题，在重构全球贸易规则和经济贸易体制、促进世界经济贸易格局的健康发展等方面提出了相应的建议。《跨境电商：数字经济第一城的新零售实践》一书深入探讨了杭州跨境电子商务综合试验区的成功经验，总结了杭州在解决数字经济体制性难题方面的先行先试经验，为基于大数据分析的政府管理创新提供经验借鉴，以推进杭州成为"世界商店"在中国的主窗口、成为中国数字经济第一城。《卓越流通：数字经济时代流通业高质量发展与浙江经验》一书在分析数字经济时代流通业变革背景与趋势的基础上，系统评估了浙江省流通业发展现状与竞争力，并从批发零售业、电子商务业、现代物流业、跨境电商综试区等方面，提出了流通业高质量发展思路与浙江经验。

《撬动全球：复杂制度环境下浙商海外直接投资研究》一书梳理了浙商全球化发展的文化、经济与政策环境，总结了浙商海外直接投资所取得的成就及在合法性获取和高端资源获取方面的经验，并提出了浙商海外直接投资高质量发展的具体策略。《品质民生：浙江民生服务的创新与发展》一书以全球公共服务改革为基本背景，系统总结分析了浙江省自中华人民共和国成立以来在民生方面的发展历程、发展的阶段特征和取得的主要成就，系统阐述了近 70 年来尤其是 21 世纪以来在民生方面的创新实践，并对未来构建以人民为中心的高质量发展型服务体系提出了框架性展望。《文旅融合：理论探索与浙江产业发展实践》一书从理论上建构了文化产业与旅游产业的耦合机制与模式，并利用翔实的案例分析了文化产业和旅游产业耦合发展的问题及解决对策。

百余年前，历史风云恰如汹涌的钱江大潮澎湃而来，留学东京的蒋百里为《浙江潮》撰写发刊词，成了鼓舞人心的战斗号角。 其中写道："可爱哉！

浙江潮。 挟其万马奔腾，排山倒海之气力，以日日激刺于吾国民之脑，以发其雄心，以养其气魄。 二十世纪之大风潮中，或亦有起陆龙蛇，挟其气魄，以奔入于世界者乎？"青春的追问与腾飞的梦想依然在天空回荡，它折射出历史的光彩，唤醒了记忆，让人缅怀。 让人欣慰的是，中华人民共和国成立70年以来，浙江的实践与发展成就对此做出了最好的回答。 我们为浙江的今天而振奋，也期待浙江的明天更美好。

虽然是系列丛书，但是我们并不追求面面俱到，而是利用浙江工商大学的研究积累对浙江70年"商"的特色进行了不同角度的透析。 在总结浙江经验的同时，我们更希望这些经验能够为浙江未来的高质量发展提供借鉴。

是为序。

陈寿灿

2019 年 11 月 30 日

前　言

　　流通业是先导产业、基础产业、服务业第一大产业、第二大就业源产业，是稳增长的基石，是促转型的主引擎，是惠民生的主战场，是"大众创业、万众创新"的主平台。 流通业历来受到党中央和国务院的高度重视，特别是进入 21 世纪以来，随着改革创新持续深化和行业扶持力度不断加大，流通业增长速度明显快于 GDP 增长速度，在国民经济中的先导性、基础性产业地位不断增强，在引导产业转型升级、引领消费方式转变、优化资源配置方式、增进群众获得感等方面都发挥了关键性作用。 与此同时，作为一种新的经济形态，数字经济正成为我国推动经济高质量发展、促进实体经济振兴、加快经济结构转型升级的新动能。 习近平总书记在党的十九大报告中指出，深化供给侧改革，建设现代化经济体系，推动互联网、大数据、人工智能和实体经济深度融合，"在中高端消费、创新引领、绿色低碳、共享经济、现代供应链、人力资本服务等领域培育新增长点、形成新动能"。 特别是随着大数据、云计算、物联网、5G 等数字技术取得重大进展，数字经济已成为培育流通发展新动能、促进新旧动能转换的必由之路和战略抉择。

　　数字经济时代流通业的率先升级不仅将带动制造、贸易和消费全面升级，而且将推动我国加快从经济大国向经济强国、从制造大国向制造强国、从贸易大国向贸易强国的转变。从本质上讲，数字经济时代流通业的全面升级，不仅仅是国民经济的一个产业发展问题，也不仅仅是流通问题，而是关系国民经济持续向好发展和转型升级全局、关系经济体制改革全局、关系国家核心竞争力、关系国家经济社会安全的重大战略问题。因此，需要赋予流通升级战略为国家层面战略的应有地位，从国家战略高度加快实施流通升级战略，通过实施流通升级战略带动生产和消费全面升级，带动投资、消费和贸易持续增长，带动经济结构调整和转型升级，带动破除区域壁垒、行业壁垒、部门壁垒，带动"大众创业、万众创新"，助推全面建成小康社会，助推中华民族伟大复兴梦实现，从而有力推动经贸大国向经贸强国的快速转变。

近年来，作者及其团队一直在从事商贸流通领域的理论研究和应用实践工作，先后承担了国家社科基金项目"复杂社群影响情境下即时众包物流平台协同演化机理及治理机制研究"（19BGL098）、教育部人文社科重点研究基地重大项目"互联网经济视阈下基于协同价值创造的商贸物流生态系统重构研究"（18JJD790013）、浙江省社科联委托课题"大力培育内需市场促进产业和消费'双升级'研究"等理论研究课题，商务部、浙江省商务厅等部门委托的电子商务和商贸流通领域应用研究课题，以及全国多个地方政府的商务发展课题研究工作。

通过课题研究，作者及其团队先后形成《浙江省电子商务产业发展"十三五"规划》《浙江省商贸流通业发展"十三五"规划》《中国（宁波）跨境电子商务综合试验区实施方案》《加快推动实施流通升级战略》《以世界级商贸功能区建设为抓手　加快推进浙江内外市场一体化进程》《浙江省批发零售业改造提升思路研究》《关于进一步促进我省快递业发展的若干建议》《大力发展智慧物流　再创我省流通新优势》《制约我省扩大内需的主要瓶颈》《实施流通强省战略　促进我省扩大内需》《实施"225"外贸双万亿跨境电商工作方案》《浙江省现代商贸特色镇（示范村）创建与评价管理办法》《对"促进形成强大国内市场"的思考与建议》《浙江省商贸流通业发展"十三五"规划实施情况中期评估》等各类研究成果近 30 项，累计获各类省部级以上领导肯定性批示和转化为省级政府部门文件 20 余项。

　　本书正是在上述课题研究的基础上形成的最终研究成果。全书共 7 章：第 1 章系统分析了数字经济时代流通业变革的背景和重要意义，进而通过统计分析，揭示了流通业在国民经济体系中的地位，以及流通业和经济增长的长期均衡关系，最后分析了数字经济时代流通业变革的主要趋势。第 2 章从产业实践视角出发，对美国、日本和中国的流通业发展经验进行了系统总结；从理论研究视角，对改革开放 40 年以来的中国流通业理论研究成果进行了梳理和总结。第 3 章在系统评估浙江省流通业发展现状的基础上，从发展支撑力、发展现代化、发展国际化和发展贡献度等指标出发，对浙江省与上海市、广东省、江苏省、山东省的流通业竞争力进行了比较；从规模指数、能力指数、潜力指数、现代化指数和贡献指数等指标出发，对浙江省 11 个地市的流通业竞争力进行了比较研究。第 4 章和第 5 章系统评估了浙江省批发零售业和电子商务业的发展现状；通过统计分析，揭示了浙江省批发零售业和电子商务业对区域经济的贡献度；总结了浙江省批发零售业和电子商务业发展成效和主要创新经验，并对浙江省批发零售业和电子商务业未来发展思路进行了深入探讨。第 6 章系统评估了浙江省现代物流业发展现状；通过统计分析，揭示了浙江省现代物流业对区域经济的贡献度，以及现代物流业和区域经济的协同发展关系；最后对浙江省现代物流业发展成效和创新经验进行了系统总结和探讨。第 7 章基于制度创新、产业集群等相关理论，结合中国跨境电商综试区发展实际，从创新演化阶段和阶段动力作用机制两个角度出发，探析跨境电商综试区多阶段创新演化机理；在此基础上，对中国（杭州）跨境电商综试区和中国（宁波）跨境电商综试区进行系统研究。

　　全书是作者及其研究团队多年来的集体研究成果。其中，肖亮教授负责全书编辑和统稿工作，并承担全书主要章节核心内容的撰写和修改工作；郑勇军教授参与本书第 1 章的撰写工作；余福茂教授参与本书第 1 章和第 3 章的撰写工作；王丞晖、柴城璐、魏欣雨、丁玉婷分别参与本书第 1、3、4 和 5 章的撰写工作；柯彤萍参与本书第 6 章和第 7 章的撰写工作；袁智慧和张亚男参与本书第 2 章的撰写工作；现代商贸研究中心郭飞鹏副教授、骆林勇博士、袁霄研究员、邱毅副教授、丁一志副研究员等对本书提出了宝贵意见，并参与本书部分章节的撰写及修改工作。 由于数字经济时代流通理论研究和应用实践均发展较快，书中有关论述难免出现谬误。 恳请同行、读者提出批评意见，以便逐步完善。 此外，由于本书撰写时间较长，写作过程中参阅了大量相关文献资料，难免出现参考文献引用的疏忽，因此，对于本书中引用但是由于疏忽而没有在参考文献中准确指出资料出处的情况，作者表示诚挚的歉意。

肖亮

2020 年 9 月于浙江工商大学

C目录
ontents

1 数字经济时代流通业变革背景与趋势

1.1 | 流通业变革的时代背景及重要意义　002

1.2 | 流通业在国民经济体系中的地位与作用　022

1.3 | 数字经济时代流通业变革新趋势　030

2 全球流通业发展历程与理论研究

2.1 | 全球流通业演进与发展　039

2.2 | 改革开放以来中国流通理论研究　053

2.3 | 现有研究述评　077

3 浙江省流通业发展成效与竞争力评价

3.1 | 浙江省流通业发展成效总体评估　079

3.2 | 浙江省与主要省(市)的流通业竞争力比较　087

3.3 | 浙江省各地市流通业竞争力比较研究　105

4 浙江省批发零售业发展成效、创新经验与思路

4.1 | 浙江省批发零售业发展成效评估　128

4.2 ｜ 浙江省批发零售业对区域经济发展的贡献分析　139

4.3 ｜ 浙江省批发零售业创新举措与主要经验　147

4.4 ｜ 浙江省推动批发零售业提升改造的思路与对策　161

5　浙江省电子商务业发展成效、创新经验与思路

5.1 ｜ 浙江省电子商务业发展成效评估　169

5.2 ｜ 浙江省电子商务业对区域经济的贡献分析　182

5.3 ｜ 浙江省电子商务业的创新举措与主要经验　192

5.4 ｜ 浙江省电子商务业提质创新思路与对策　211

6　浙江省现代物流业发展成效与创新经验

6.1 ｜ 浙江省现代物流业发展成效评估　218

6.2 ｜ 浙江省现代物流业对区域经济发展的贡献分析　226

6.3 ｜ 浙江省现代物流业创新举措与主要经验　231

7　跨境电商综试区发展成效、创新经验与浙江实践

7.1 ｜ 跨境电商综试区多阶段创新演化模型构建　243

7.2 ｜ 跨境电商综试区创新演化阶段动力机制分析　245

7.3 ｜ 中国(杭州)跨境电商综试区创新实践与主要经验　258

7.4 ｜ 中国(宁波)跨境电商综试区创新实践与主要经验　266

7.5 ｜ 跨境电商综试区创新成效与发展思路　274

参考文献　279

1

数字经济时代流通业变革背景与趋势

  随着信息和通信技术的发展，数字经济逐渐进入大众的视野，并成为推动全球经济发展的重要力量。 数字经济是继农业经济、工业经济之后的更高级经济形态，是以数字化的知识和信息作为关键生产要素、以现代信息网络作为重要载体、以数字技术的有效使用作为效率提升和经济结构优化的重要推动力的一系列经济活动。 数字经济已成为我国推动经济高质量发展、促进实体经济振兴、加快经济结构转型升级的新动能。 作为一种新的经济形态，习近平总书记在党的十九大报告中明确指出，深化供给侧改革，建设现代化经济体系，推动互联网、大数据、人工智能和实体经济深度融合，"在中高端消费、创新领域、绿色低碳、共享经济、现代供应链、人力资本服务等领域培育新增长点、形成新动能"。

  流通业是先导产业、基础产业、服务业第一大产业、第二大就业源产业，是稳增长的基石，是促消费的主引擎，是惠民生的主战场，是"大众创业、万众创新"的主平台。 流通业一直受到党中央、国务院的高度重视，特别是进入 21 世纪以来，随着改革创新持续深化和行业扶持力度不断加大，流通业增长速度明显快于 GDP 增长速度，在国民经济中的先导性、基础性产业地位不断增强，在引导产业转型升级、引领消费方式转变、优化资源合理配置、增进群众美好生活获得感等方面发挥了关键性作用。 当前，我国流通业正在经历新旧动能加速转换的转型升级发展阶段。 随着大数据、云计算、物联网、5G

等新一代信息技术取得重大进展，流通业与数字经济融合发展步伐加快，不断孕育出流通新模式、新业态，新的数字流通应用场景不断被开发和挖掘。数字经济已成为培育流通发展新动能、促进新旧动能转换的战略抉择。 可以预见，数字经济时代流通业的率先升级正带动制造、贸易和消费的全面升级，有力推动了我国加快从经济大国向经济强国、从制造大国向制造强国、从贸易大国向贸易强国转变。

1.1 流通业变革的时代背景及重要意义

1.1.1 流通业变革的时代背景

1.1.1.1 数字经济正成为经济增长的核心驱动力

在全球信息化进入全面渗透、跨界融合、加速创新、引领发展新阶段的大背景下，发展数字经济已成为打造经济发展新高地、应对国际激烈竞争、抢抓战略制高点的重要手段。 近年来，世界贸易组织（WTO）专门召集数十场论坛聚焦"数字经济与数字贸易"，尤其是 2016 年《二十国集团数字经济发展与合作倡议》的达成再次确认了数字贸易的地位。 在国际投资领域，2017 年联合国贸易和发展会议（UNCTAD）发布《2017 年世界投资报告——投资和数字经济》，再次凸显当前经济模式的变革。 根据中国信息通信研究院发布的《全球数字经济新图景（2019 年）——加速腾飞 重塑增长》，2018 年美国数字经济规模蝉联全球第一，达到 12.34 万亿美元，中国依然保持全球第二大数字经济体地位，规模达到 4.73 万亿美元，德国、日本、英国、法国的数字经济规模分别达到 2.40 万亿美元、2.29 万亿美元、1.73 万亿美元和 1.15 万亿美元，名列第三至第六位。 其中，韩国、美国、英国、德国、中国、法国、印度等 9 个国家的数字经济增长对 GDP 增长的贡献率超过 50%，其中美国高达 91.8%，英国和德国分别为 76.5% 和 75.8%。 加拿大、南非、意大利等 18 个国家的数字经济增长对 GDP 增长的贡献率均高于

20.0％。 在数字经济领域，中国正从跟跑者、并跑者逐渐变为领跑者，以互联网、大数据等为代表的数字经济已深深融入我国经济社会各领域（见图1-1）。

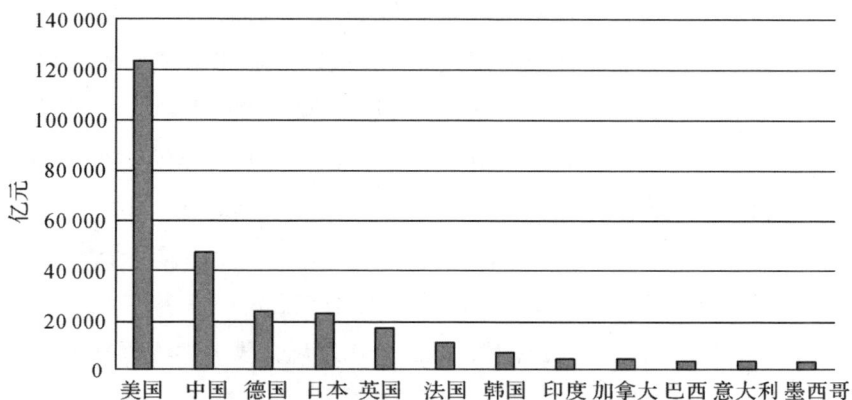

图1-1 2018年全球排名前十二位国家的数字经济规模(当年价)

资料来源：前瞻产业研究院2019年整理。

作为一种新的经济形态，数字经济正在成为中国经济增长的主要动力源泉，成为经济发展质量变革、效率变革和动力变革的重要驱动力。 2016年9月，杭州G20峰会通过《二十国集团数字经济发展与合作倡议》，首次将"数字经济"列为G20创新增长蓝图中的一项重要议题。 党的十八大以来，以习近平同志为核心的党中央高度重视发展数字经济，推动数字经济逐渐上升为国家战略。 2016年10月，在中央政治局第三十六次集体学习上，习近平总书记指出，要做大做强数字经济，拓展经济发展新空间。 党的十九大报告提出，要推动互联网、大数据、人工智能和实体经济深度融合，建设数字中国、智慧社会。 2019年5月28日，国务院印发《关于推进国家级经济技术开发区创新提升打造改革开放新高地的意见》，指出推动发展数字经济，鼓励各类资本在具备条件的国家级经济技术开发区投资建设信息技术基础设施，支持国家级经济技术开发区内企业创建数字产业创新中心、智能工厂、智能车间等。 《中国数字经济发展与就业白皮书（2019年）》显示，2018年我国数字经济规模达到31.3万亿元，按可比口径计算，名义增长20.9％，占GDP的比重为34.8％，中国已经成长为名副其实的数字大国。 各地数字经济发展成效显著，其中：广东省规模最大，超过4万亿元；贵州省增速最快，超过

20％；北京市占比最高，超过 50％。 与此同时，数字产业结构进一步优化，
2018 年数字产业化规模达到 6.4 万亿元，占 GDP 的比重为 7.1％。 其中，软
件和信息技术服务业、互联网行业增长较快，收入同比分别增长 14.2％和
20.3％。 数字经济吸纳就业能力显著提升，2018 年我国数字经济领域就业岗
位为 1.91 亿个，占当年总就业人数的 24.6％，同比增长 11.5％，显著高于同
期全国总就业规模增速。 此外，据上海社会科学院预计，2030 年中国数字经
济规模将达到 150 万亿元，占 GDP 的比重将达到 80％左右，且我国数字经济
未来整体仍将呈现加速增长态势，有望实现与经济社会环境多个领域的全面
融合。 据波士顿咨询公司测算，2035 年中国数字经济渗透率将达到 48％，总
就业容量达 4.15 亿个。 这意味着，继工业化之后，数字化转型已成为驱动我
国经济社会发展的重要力量。 数字经济的发展能够赋能经济社会领域，使企
业生产供应链全程互联互通，实现智能化生产、智能化管理、智能化服务；并
可基于与消费者的互动实现产品定制化和商业模式创新。

1.1.1.2 流通领域"弯道超车"的时机已经形成

发达国家已进入流通功能创新和流通体系重构的新一轮流通革命。 特别
是以"数字贸易＋供应链"为核心内容的新流通领域，将会成为流通领域国际
竞争的主战场。 相比大多数发达国家，我国在这一轮全球产业革命中，在网
络零售等诸多电子商务应用领域走在了前沿。 我国网民数量规模全球第一，
网络零售交易规模引领全球，成为世界第一大网络零售市场。 商务部数据显
示，2018 年我国网络零售市场规模持续扩大，其中网络零售额突破 9 万亿
元，实物商品网上零售额为 7 万亿元，同比增长 25.4％，对社会消费品零售
总额增长的贡献率达到 45.2％，较上年提升 7.3 个百分点。 其中，2018 年全
国农村网络零售额达到 1.37 万亿元，同比增长 30.4％。 网经社旗下电子商
务研究中心表明，2018 年中国跨境电子商务交易规模达 9 万亿元，同比增长
11.6％。 在规模扩大的同时，新旧动能转换进一步加快，线上线下融合、业
态模式创新、质量服务提升等新动能加速形成，涌现了网络直播、无人值守门
店、网订店取、自助收银等新业态新模式。

与此同时，我国流通基础设施进一步完善，市场发展规模逐渐成为全球

最大。 从 2012 年开始，我国就成为第一大货物进出口国，也是物流总量第一大国。 按美国供应链调研与咨询公司统计分析，2018 年中国物流业市场规模达 1.59 万亿美元，占全球的 18.6%，超过美国（15.8%），位居世界第一；2018 年全国社会物流总额达 283.1 万亿元，同比增长 6.4%，交通运输制造业、电器机械制造和电子通信技术制造业的物流需求分别增长 13.8%、10.1%和 10.5%，单位与居民物品物流总额同比增长 22.8%，比社会物流总额增速高出 16.4 个百分点，全国快递业务量实现 507.1 亿件，同比增长 26.6%。 此外，我国还在人口规模、人口密度和交互频率、购买力增长等市场成长力方面拥有巨大优势，新流通发展潜力巨大。 因此，我国已基本具备了在新流通领域率先实现对西方发达国家"弯道超车"的良好的基础和条件。

1.1.1.3 强大统一的国内市场空间正在逐步形成

强大国内市场是实现经贸强国的基础，也是我国参与全球经济治理的基础。 2018 年 12 月召开的中央政治局会议提出："促进形成强大国内市场，提升国民经济整体性水平。"2019 年中央政府工作报告强调："促进形成强大国内市场，持续释放内需潜力。 充分发挥消费的基础作用、投资的关键作用，稳定国内有效需求，为经济平稳运行提供有力支撑。"促进形成强大国内市场，是在"两个一百年"的历史交会期，中央根据我国国情，为推动经济持续稳定发展和提升国民经济整体水平所做出的一项重要决策，有利于充分发挥我国的市场规模优势。 2019 年，多个部委先后出台一系列政策释放内需潜力。 国家发改委等 10 部门发布《进一步优化供给推动消费平稳增长 促进形成强大国内市场的实施方案（2019 年）》，提出 6 个方面 24 项具体措施，以顺应居民消费升级的大趋势，更好满足人民群众对美好生活的向往。 随着我国人民生活水平提升和消费升级，"十四五"时期的中国经济将从"人口红利"时代迈向"消费红利"时代，从"中国制造"时代转向"中国市场"时代，中国内需市场的巨大潜力将得到激发。 党的十九大报告指出："中国特色社会主义进入新时代，我国社会主要矛盾已经转化为人民日益增长的美好生活需要和不平衡不充分的发展之间的矛盾。"消费是最终需求，既是生产的最终目的和动力，也是人民对美好生活需要的直接体现。 特别是在进一步扩大内需已经成为新常态下，我国经济稳增长、促转型的重大战略举措的新形势下，扩大内需的系列政策举措的实施，极大地开拓和升级了国内消费市场，为流通产业高质量发展提供了巨大的发展空间。

当前，我国经济正步入创新驱动、转型升级的战略关键期，借助"互联网＋"、"中国制造 2025"、新型城镇化、乡村振兴等战略机遇，制造业、农业、服务业正加快启动产业转型升级。流通作为联结生产、制造和消费两端的中枢和引擎，既是制造业、农业、服务业转型发展的核心内容，也是推动这些产业创新发展的关键动力。其中，城镇化建设和乡村振兴已成为我国经济社会发展和全面建成小康社会的重点之一。"十三五"期间是我国大力推进新型城镇化的 5 年，按照国家有关规划要求，到 2020 年将有 1 亿左右农业转移人口和其他常住人口在城镇落户，要完成约 1 亿人居住的棚户区和城中村改造，引导约 1 亿人在中西部地区就近城镇化；常住人口城镇化率达到 60％，户籍人口城镇化率达到 45％。作为第三产业中的重要组成部分，流通产业是带动新型城镇化的重要产业。在新型城镇化的过程中，城乡商贸、物流、电子商务等领域将加大对基础设施建设的投入，通过公共性、公益性城乡基础设施的建设，流通设施将得到大力改善，城乡居民的消费需求将得到更大程度的激发。此外，新型城镇化带来的农民市民化也为流通产业的发展提供了巨大的创业和就业群体。由此可见，消费升级、扩大内需、新型城镇化等战略的实施，为我国流通产业高质量发展留足了空间，带来难得的历史机遇。

1.1.1.4 流通产业高质量发展的外部市场空间已经打开

随着"一带一路"倡议的推进和自贸区、跨境电商综试区等一系列国家级战略的推出和实施，在互联互通中发挥关键纽带作用的流通，其作用和地位愈加突出。

首先，我国秉持"共商、共建、共享"原则，重点围绕"五通"，推动了"一带一路"建设取得重要进展和显著成效，有力促进了我国经济社会发展和对外开放，增强了我国国际影响力和感召力。政策沟通方面，中方已与 125个国家和 29 个国际组织签署了 173 份合作文件，其中有发展中国家，也有发达国家，还有不少发达国家公司、金融机构与我们合作开拓第三方市场。设施联通方面，中老铁路、中泰铁路、雅万高铁、匈塞铁路等项目扎实推进，瓜达尔港、汉班托塔港、比雷埃夫斯港、哈利法港等建设进展顺利。到 2019 年 3 月底，中欧班列累计开行数量超过 1.4 万列，基本实现"去一回一"，通达境外 15 个国家 50 个城市。贸易畅通方面，2013—2018 年，我国与"一带一路"沿线国家货物贸易总额超过 6 万亿美元。中白工业园、中阿（联酋）产能合作示范园、中埃苏伊士经贸合作区等稳步推进。资金融通方面，中国先后与 20 多个"一带一路"沿线国家建立了双边本币互换安排，与 7 个国家建立了人民币清算安排，与国际货币基金组织联合建立了能力建设中心。截至 2018 年底，中国出口信用保险公司在"一带一路"沿线国家累计实现保额 6000 多亿美元。民心相通方面，在科技交流、教育合作、文化旅游、绿色发展、对外援助等方面取得一系列成果。

其次，主动适应经济发展新常态和新一轮流通变革趋势，我国正在更大范围、更高层次推进开放型经济体系建设，以沿边、内陆开放和自由贸易试验区建设为重点，大力发展自贸区、综保区、国家级试验区等新型开放经济功能区，加快推进内外市场一体化发展。自 2013 年 9 月上海自贸试验区挂牌运行以来，我国又先后增设 3 批自贸试验区，形成了由南到北、由东至西的"1＋3＋7＋1"的开放发展格局。作为新时代改革开放的新高地，我国自由贸易试验区运行 5 年多来，成果显著，累计新设企业 60 余万家，外资企业近 4 万家，以不到全国万分之二的面积，吸收了 12％的外资，创造了 12％的进出口额。目前，自贸试验区共形成 170 余项可复制、可推广的制度创新成果，带动了全国范围内营商环境不断优化，形成改革红利共享、开放成效普惠的局面，为我国流通产业国际化提供了重要支撑。

最后，中国跨境电商综试区建设取得了积极成效，初步建立起一套适应跨境电商发展的政策体系，探索形成了一批可复制、可推广的经验做法，逐步形成了一套适应和引领全球跨境电商发展的规则，形成了信息共享、智能物流、风险防控等监管及服务"六体系"等成熟做法，促进了跨境电商与制造业融合发展，推进了外贸转型升级，有力支撑了一系列国家重大发展战略。目前，全国已经分 4 批批复了 59 个跨境电商综试区，跨境电商逐渐成为助力我国外贸供给侧结构性改革的新引擎。数据显示，2018 年中国跨境电商行业交易规模达 9 万亿元，同比增长 11.6％。 其中，出口电商交易规模为 7.1 万亿元，进口电商交易规模达 1.9 万亿元，同比增长 26.7％。 上述重大的国家战略举措不仅为流通企业开拓国际国内市场提供了重大机遇，也为通过实施内外贸一体化战略推进流通产业高质量发展提供了契机。

1.1.1.5 流通业高质量发展的内生动力正在形成

从产业政策环境来看，党的十九大以来，中央高度重视流通产业发展，密集出台了一系列流通产业发展扶持政策，成为助力我国经济发展方式转变和产业结构调整的重器。 国家和中央部委相继出台了《国务院关于深化流通体制改革加快流通产业发展的意见》《物流业发展中长期规划（2014—2020年）》《全国流通节点城市布局规划（2015—2020年）》《关于推动实体零售创新转型的意见》《关于积极推进供应链创新与应用的指导意见》《完善促进消费体制机制实施方案（2018—2020）》《关于加快发展流通促进商业消费的意见》等一系列流通产业政策，从国家顶层设计层面确立了流通产业的基础性、先导性、战略性和支柱性地位，并制定了相关配套产业发展规划与扶持政策，流通产业的系统化政策体系已初步形成。

从流通网络节点来看，城市的流通功能和节点作用显著增强，一大批大中城市在全国流通中的集聚、辐射、枢纽功能逐步显现。 依据全国流通节点城市布局规划，确定了石家庄、郑州等 37 个国家级流通节点城市，唐山等 66个区域流通节点城市。 与此同时，为支撑"一带一路"建设、京津冀协同发展、长江经济带发展、粤港澳大湾区建设、长三角区域一体化发展、西部陆海新通道建设，促进强大国内市场的形成，我国确定了 23 个物流枢纽城市，其中东部地区 10 个［天津、上海、南京、金华（义乌）、临沂、广州、宁波—舟山、厦门、青岛、深圳］，中部地区 5 个（太原、赣州、郑州、宜昌、长沙），西部地区 7 个（乌兰察布—二连浩特、南宁、重庆、成都、西安、兰州、乌鲁木齐），东北地区 1 个（营口），涵盖陆港型、空港型、港口型、生产服务型、商贸服务型、陆上边境口岸型等 6 种类型。

从流通创新试点来看，通过一系列创新试点工作，正在形成一批可复制推广的经验模式。 在跨境电商综试区试点方面，自 2015 年 3 月，国务院同意设立中国（杭州）跨境电商综试区以来，至 2018 年 12 月底，先后确定了天津、上海、重庆、合肥、郑州、广州、成都、宁波、青岛、深圳等 59 个跨境电商综合试验区试点城市，力图为推动全国跨境电子商务健康发展创造更多可复制推广的经验。 在供应链创新与应用试点方面，为推进供给侧结构性改革，提高流通标准化、信息化、集约化水平，自 2017 年，国家已先后将天津、上海、重庆、深圳、青岛、大连、宁波、苏州、福州、长沙、成都、杭州、义乌、舟山等 55 个城市纳入供应链创新与应用试点范围。 在国际消费中心城市试点建设方面，商务部明确提出开展"国际消费中心城市"建设试点，并确定了北京、上海、广州、深圳、杭州、宁波等一批城市开展国际消费中心城市创建工作。

1.1.2　流通业变革的重要意义

流通业变革是我国经济增长的新动力、经济转型升级提速的关键引擎、推动供给侧结构性改革的关键、扩消费惠民生的基石，也是"大众创业、万众创新"和社会创业就业的关键平台，对我国经济社会发展至关重要。 为推动流通业变革，我国需要营造良好的流通业发展环境，赋予流通升级战略为国家层面战略的应有地位，通过实施流通升级战略带动生产和消费全面升级，带动投资、消费和贸易持续增长，带动经济结构调整和转型升级，带动破除区域壁垒、行业壁垒和部门壁垒，带动流通体制改革，带动"大众创业、万众创新"快速发展，带动城乡居民生活品质提升，助推全面建成小康社会，助推中华民族伟大复兴的实现。

1.1.2.1　深化改革和增强发展新动能的需要

（1）深化经济体制改革的需要

①有利于健全市场体系，发挥市场配置资源的决定性作用。 商品市场是市场体系的重要组成部分，有衔接上下游、影响上下游的特殊传递和传导功能，对供应、生产、配送、营销及消费等价值链各环节的资源配置都具有关键性的影响。 纵观古今中外的流通史，商品经济和市场经济无一不是起于流通，兴于流通。 所以，流通业除了具有产业功能之外，还是市场体系最重要

的载体和现代市场经济体制的重要组成部分，是供求机制、价格机制发挥作用的重要载体，是资源优化配置的关键机制，具有结构优化牵引功能、市场信息传导功能和收入分配调节功能，事关强大国内市场的形成，特别是在当今全球化、信息化的新商业时代，流通环节已经成为产业资源优化配置的风向标和主导者。 由此可见，流通强，商品市场强，市场体系强；流通规范，商品市场规范，市场体系规范。 流通产业变革直接关系到市场功能的发挥和市场的资源配置效率。

②有利于完善政府宏观调控机制和微观规制。 流通也是政府宏观调控和微观规制发挥作用的重要载体，国家通过商品应急储备、置换、调剂等商品供给管理及商品价格调控、许可证等有效手段调控商品市场，通过制定市场竞争和合作等行为规范维护公平有序的市场竞争，保护消费者合法权益和社会公共利益，为我国经济健康发展努力营造良好的市场环境。 因此，加快流通业变革，推动流通治理升级，完善现代流通体系，有利于促进和加快形成更加高效、开放和规范的市场经济运行机制、宏观调控机制和政府微观规制。

③有利于推进供给侧结构性改革。 十八届五中全会已明确将宏观调控的侧重点从需求侧转向需求侧与供给侧并重。 流通处于供给侧和需求侧中间，相对于需求侧，它是供给侧；相对于供给侧，它是需求侧。 对消费和生产都具有重要作用力的流通，必将成为宏观需求管理政策和宏观供给管理政策的共同着力点。 因此，流通供给侧结构性改革既是流通升级的题中应有之义，也是事关我国供给侧结构性改革成效的关键领域。 能否通过流通产业变革建立有效的供给增长机制，增强流通供给侧满足需求、创造需求的能力，推动消费增长和升级；能否通过流通产业变革，建立无效低效供给消化、退出机制，增强流通供给侧消化库存和过剩产能的能力；能否通过流通产业变革，建立有效供给与有效需求对接机制，增强商品市场的供求调节能力，事关整个国民经济的供给侧结构性改革成效。

④有利于重构流通产业链。 传统的流通产业链是以生产和产品为中心的单向链条，它本身缺少动能，只是传递和转移动能，流通只是实现产品销售和最终生产过程的一个环节。 推动流通产业变革，最主要的着力点就是重构流通产业链，扭转整个链条的动能来源和传递方向，从最终消费者需求出发，以消费

者为中心，通过商流、物流、资金流、信息流和数据流构成的渠道体系，导向生产和供给，再造产业链、供应链、服务链、信息链、数据链，并使之成为联结生产者、消费者、第三方及整个经济运行的核心。 一旦这个产业链形成，它将为经济发展产生出源源不断的新动能，为经济增长注入持久的新鲜血液。

（2）稳增长、促就业的需要

①有利于更好地发挥流通的先导产业作用，提高流通业增长对国民经济增长的直接贡献率。 流通业是国民经济的第一大服务业、先导产业和基础产业，我国流通业对经济增长的贡献率长期稳定在 16％ 左右（见图 1-2），因此，流通产业变革是经济发展新常态下确保我国经济持续稳定增长的重要因素。 从全球视角来看，进入工业化后期的国家和地区，其流通业占国民经济的比重一般都在 20％ 左右，并成为推动国家和地区经济稳定增长的重要支撑。 根据《国际统计年鉴 2018》计算，美国流通业增加值占比为 24.49％，日本为 27.17％，新加坡为 28.33％，英国为 24.51％，德国为 24.43％。 2018 年我国流通业增加值占全国 GDP 的比重为 15.64％，相比发达国家还有一定上升空间。 特别是在 2006 年后，我国流通业经济增长速度就一直高于 GDP 的增长速度，从 2007 年开始已经反超工业经济增长速度（见图 1-3）。 因此，流通业已经成为我国国民经济的先导产业，通过流通产业变革实现流通业又好又快增长，提高其对国民经济增长的直接贡献率，是我国经济实现稳增长的重要途径。

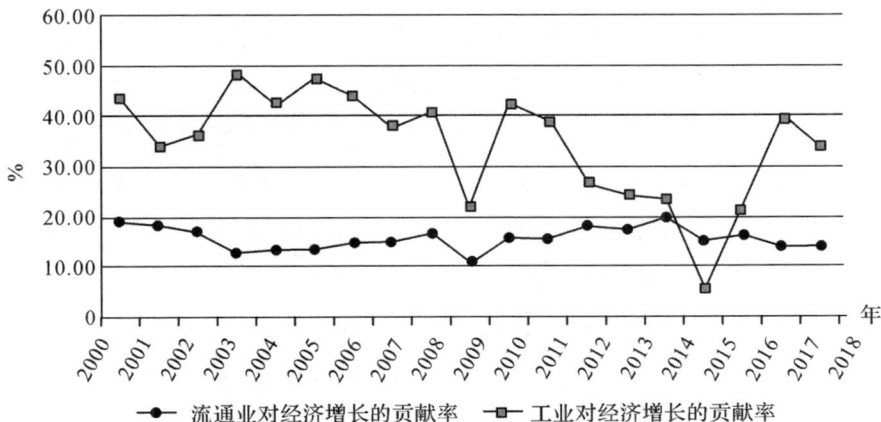

图 1-2　2000—2018 年中国流通业对经济增长的贡献率和工业对经济增长的贡献率

资料来源：根据中国统计年鉴整理。

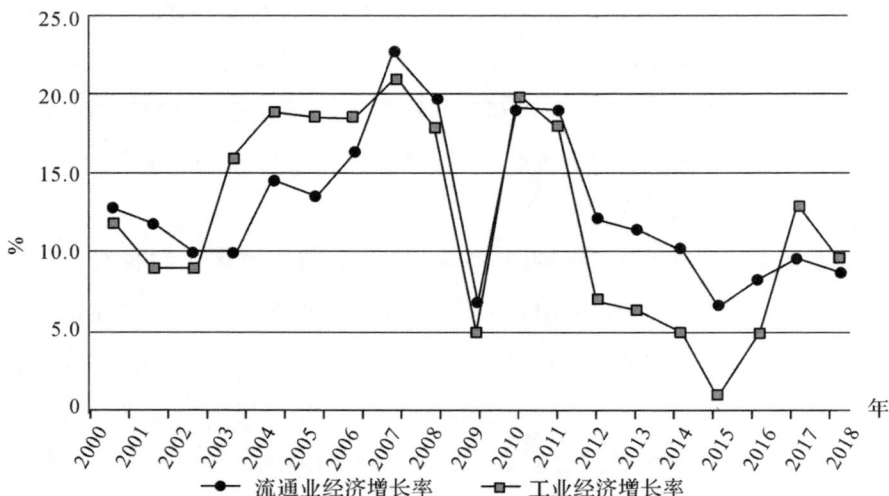

图 1-3　2000—2018 年中国流通业经济增长率和工业经济增长率

资料来源：根据中国统计年鉴整理。

②有利于更好地发挥流通基础性作用，为大众就业、百姓增收开辟广阔的市场空间。　流通业具有点多面广、零星分散、门槛低、准入容易等特点，能够较好地发挥社会就业的基础性作用。　因此，流通产业变革不仅是确保经济稳增长的关键因素，也是保持就业稳增长的重要支撑。　根据国家统计局公布的《国际统计年鉴 2018》中的数据测算，法国流通业就业占比为 22.24％，德国为 22.82％，英国为 23.67％，新加坡为 32.20％，日本为 28.70％，美国为 25.70％。　尽管目前我国流通业能够解决第三产业中 29％以上的就业，解决全社会 11.15％以上的就业，在全社会城镇单位就业人员中，流通业所占比重仅次于制造业和建筑业，但这一指标仍然低于发达国家 25％左右的平均水平。　因此，未来相当长一段时间内，我国流通业仍将充当吸纳就业的主要蓄水池。　尤其是随着我国制造业的转型升级，特别是资本有机构成的提高和"机器换人"步伐的加快，我国制造业用工需求必然锐减。　在这一背景下，流通业的持续快速发展，尤其是以"数字贸易＋供应链"为代表的新流通的迅速崛起，将为"大众创业、万众创新"开辟广阔的新蓝海，为大众就业、百姓增收开辟广阔的市场空间。

（3）扩消费、拓市场的需要

①有利于打破地方封锁和行业垄断，建设全国统一大市场。 公平竞争是市场经济的基本原则，是市场机制高效运行的重要基础。 随着经济体制改革不断深化，全国统一市场基本形成，公平竞争环境逐步建立。 但同时也存在区域保护、地方封锁、行业垄断等不符合建设全国统一市场和公平竞争的现象。 推动流通产业变革，能够增强流通竞争力，进一步规范内贸流通市场秩序，优化营商环境；能够消除地方保护，破除各类流通壁垒，实现商品和要素在全国范围内合理、有序、自由地流通；能够推动内贸一体化、城乡一体化，清理和废除妨碍全国统一市场、公平竞争的各种规定及做法，推动建设全国统一大市场。

②有利于更好地发挥流通促进消费、创造需求的功能，推动消费增长和升级。 发达国家的发展经验已经充分表明，消费是工业化后期和后工业化时代经济增长的主动力。 2018 年我国最终消费支出对国民生产总值增加的贡献率为 76.2%，高于资本形成总额 43.8 个百分点。 随着我国经济发展进入工业化后期，部分发达省区市进入后工业化发展阶段，居民生活水平不断提高，消费方式将发生重大变革：一方面，消费对经济增长的贡献率快速上升；另一方面，传统的流通服务模式已越来越不能满足消费者越来越高的要求。 这就需要通过流通产业变革，实施流通升级战略，增强流通促进消费、引导消费、创造需求的功能，大力发展定制消费、推送式消费、预约式消费、非接触式消费、信用消费等新型消费形式，在流通过程中不断融入消费者体验、个性化消费、线上线下互动及大数据、物联网、智能终端等新要素，为新常态下稳增长提供新动能。

③有利于有效拓展流通业发展新空间，积极培育农村消费和跨境消费回流等新增长点。 通过流通产业变革，实施流通升级战略，积极培育具有内外贸一体化、线上线下一体化经营能力的新型流通企业，增强流通企业内外贸市场拓展能力，对外能通过"走出去""一带一路"全方位拓展海外市场，对内能通过提升国际竞争力化解万亿级消费外流难题，进一步推进六大国际经济合作走廊建设，加强与相关国家发展战略的对接。 通过流通产业变革，实施流通升级战略，能够健全农村流通网络，完善农产品市场网络，推进农村电

子商务全覆盖，加快农村电子商务发展，为农村居民提供便利、快捷、放心和实惠的消费服务，激发潜力巨大的农村消费市场。 支持各类企业或社会力量参与农村电子商务公共服务中心建设，整合县域电子商务发展的各类资源，提升农村电子商务集聚效应。 鼓励电子商务企业加强与现代农业园区、"万村千乡"农家店、邮政便民服务网点、供销社、超市等流通主体的合作，新建或改造农村电子商务服务站点，拓展站点的服务功能，提高农村电子商务应用水平。

（4）加快经济转型的需要

党的十九大报告提出，"加快建设制造强国，加快发展先进制造业，推动互联网、大数据、人工智能和实体经济深度融合，在中高端消费、创新引领、绿色低碳、共享经济、现代供应链、人力资本服务等领域培育新增长点、形成新动能"。 从国际经验来看，发达国家在经济发展过程中的每一次产业革命都离不开一头连着生产、一头连着消费的流通转型升级。 流通对制造业、农业转型升级的推动作用不亚于技术因素。 目前，流通业是制约我国经济转型升级的薄弱环节和关键环节，尤其是分销环节多、效率低下已成为制约我国经济转型升级的最大瓶颈。 因此，对处在转型升级攻坚阶段的我国来说，通过流通产业变革带动国民经济整体升级理应成为国家层面的重大战略举措。

①有利于带动制造业升级。 随着全球经济分工的逐步深入，产业链构成日趋复杂，产业链的信息传递效率变得更加重要。 从产业链角度看，当前制约我国制造业转型升级和"中国制造2025"国家战略实施的最大瓶颈不是制造环节缺技术、缺资金、缺人才，也不是中高端产品生产能力的缺失，而是在流通供应链环节缺乏销售中国中高端产品的渠道控制权，缺乏国际品牌，缺乏定价话语权，缺乏增值服务能力，即使能生产出中高端产品也卖不出去，或者即使能卖出去，价格也卖不高，出现了"世界品牌中国制造""中国产品中国价格"等现象。 因此，只有通过流通产业变革，加快建成现代流通体系，特别是高度信息化、智能化、现代化的流通供应链服务体系，才能破解当前我国制造业全球价值链"低端锁定"困境，推动制造业在全球价值链中的地位升级；才能有效缩短信息收集过程，引导制造业从"以产定销"的生产方式向"以销定产""敏捷制造""智能制造"等柔性化生产方式转变，提高制造业

对市场的快速响应能力，推动生产方式升级；才能让消费者有机会参与到产品的设计、研发、生产及定价等各个环节中，强化自主创新能力，推动个性化定制模式普及与发展，推动制造企业流程升级；才能改变区域内外商品贸易条件，打破区域市场分割格局，进一步优化制造业产业空间分工，推动制造业产业空间布局升级。在制造业服务化时代，没有流通升级，就没有真正意义上的制造业升级。

②有利于带动农业升级。我国传统家庭式农业生产方式所普遍存在的销售难和缺乏生产规模经济效应问题，是农业现代化和转型升级的两个最大难题。而要从根本上解决这两个难题，关键在实施流通升级战略，加快推进农产品流通变革。只有通过实施流通升级战略，才能进一步完善农村商贸流通基础设施，推动传统零售网点升级改造，拓展农村电子商务服务站点功能，优化农村商品和服务供给，提升农村居民的消费品质；只有通过实施流通升级战略，才能加快构建城乡一体化、线上线下融合的现代农产品分销体系，推动农产品流通企业发展订单农业、产销一体农业、"公司＋合作社＋农户"等股权合作农业等，通过批量化销售来带动规模化生产，推动农业生产组织转型升级；只有通过实施流通升级战略，加快推进互联网、物联网、大数据、云计算、区块链等新技术在农产品流通领域的深度渗透，加快推进农产品流通的信息化、标准化，才能带动农业生产的信息化、标准化；只有通过实施流通升级战略，大力发展产供销联盟、农超对接、个性化定制营销、精准化推送、全程可追溯服务等新流通模式，才能创新销售渠道，带动农产品品质的提升和品牌的打造；只有通过实施流通升级战略，构建农商联动、农旅联动等多业协同、跨界融合的新发展模式，才能带动农业生产价值链延伸，降低流通成本，提升流通效率；只有通过实施流通升级战略，才能弥补冷链物流基础设施等短板，提高农产品标准化水平，加快完善县乡村三级物流配送体系，推动解决"最后一公里"的难点问题，畅通农产品进城、工业品下乡的物流渠道。因此，实施流通升级战略，加快推进农产品流通变革，是农业转型升级的希望所在，是推动农业转型升级直接、有效的重要抓手。

1.1.2.2　提升国家竞争优势的需要

（1）提升流通企业国际竞争力的需要

①有利于降低流通成本，继续巩固国际竞争中的价格竞争优势。 在国际市场竞争中，我国大多数企业的最大竞争优势是价格竞争力。 但摆在我国企业面前的现实情况是，经历 40 多年的快速发展之后，劳动力、土地、环境等各类生产要素成本呈现持续上涨态势，再加上全球经济增长趋缓背景下产能过剩、库存量过大带来成本上升，导致我国企业在国际竞争中的成本竞争优势不断弱化，产品和服务价格竞争力不断下降。 而生产环节成本上涨的刚性、不可逆性，以及去产能的长周期性，决定了生产环节降成本的潜力有限。而在流通环节，由于我国现代流通体系尚未完全建立，流通环节过多、仓储物流成本过高等因素导致我国流通成本明显高于发达国家。 例如，我国社会物流总费用占 GDP 的比重从 1991 的 23.7% 下降到 2018 年的 14.8%，但相比美、日、德等发达国家，依然高出 1 倍左右，高于全球平均水平 5 个百分点左右。 这意味着，全社会创造同样规模的 GDP 和企业创造同样规模的产出，我国（企业）付出的物流费用更高。 再如，统计数据显示，我国农产品的流通成本占售价的 50%—60%，其中生鲜产品流通成本占总成本的比重高达70%，大大高于国际平均水平。 从静态角度来看，流通成本过高是我国经济的竞争弱势，但从动态角度来看，流通成本过高是我国企业降低成本和提升价格竞争力的潜力所在。 因此，实施流通升级战略，加快推进流通产业变革，构建高效快捷的现代流通体系，提高流通效率，降低流通成本，是我国在国际市场竞争中继续巩固价格竞争力、维持和增强国家竞争优势的有效途径。

②有利于培育有国际竞争力的流通大企业，培育品牌和渠道竞争力。 在全球化大背景下，世界一流企业都把掌控产业链中技术含量高、增值幅度大、带动性强的重点环节作为战略发展重点。 在国际市场竞争中，如果说价格竞争力是我国大多数企业的最大竞争优势，那么品牌和渠道控制力就是最大弱势。 流通企业不大或大而不强，是我国企业在国际竞争中缺乏品牌和渠道竞争力的重要原因。 这就需要通过实施流通升级战略，加快推进流通产业变

革，培育一批内外市场一体化经营的、具有较强国际市场竞争力和全球资源整合能力的大型流通企业，积极推动产业向价值链高端迈进，使之成为打造国际品牌和占领国际销售渠道制高点的主力军，彻底改变国际品牌缺失和渠道控制力弱的局面。

（2）应对贸易摩擦和发达国家"再工业化"战略的需要

世界经济环境复杂多变，美、日、德等发达国家强化创新战略部署，推动制造业再崛起。发达国家的"再工业化"和"工业4.0"战略，本质上是一次技术革命和产业升级，将进一步推动新一轮全球产业结构调整和科技创新。在再工业化各项措施的影响下，欧美企业回归或撤离，部分企业开始回流本国。根据美国波士顿咨询公司的研究报告，2015—2020年，美国工业竞争力将持续上升，每年将从其他出口大国"夺取"700亿到1150亿美元的制造业出口额。发达国家实施"再工业化"，进行产业回流，其实质是走一条经济转型之路，这给我国的制造业转型升级带来诸多挑战。第一，欧美发达国家可能通过"再工业化"抢占国际市场；第二，"再工业化"与第三次工业革命的结合，可能使发达国家在科技、信息、资本等方面长期积累的优势进一步加强，抢占全球产业链关键环节，主导新型装备、新材料的生产和供应；第三，以贸易为主的逆全球化趋势显现，贸易保护主义重新抬头，全球经济治理体系日益复杂化。以中美经贸摩擦为例，自2017年4月的232调查和8月的301调查以来，中美经贸摩擦已经造成中美贸易萎缩等短期影响，并显现出对我国投资、就业的长期影响，同时，短期内中美贸易摩擦难以结束，长期性与复杂性并存。因此，在欧美发达国家"再工业化"和中美贸易摩擦加剧的新形势下，中国制造要改变当前低端环节锁定困局，必须在坚持"中国智造"外，积极推动流通产业变革，通过突破品牌设计、营销渠道网络、流通供应链管理等制约制造产业结构升级的关键流通环节，引导建立更具竞争力的制造产业体系。尤其是要加快构建适应"工业4.0"的现代流通组织体系，通过大数据技术提高产品设计的创新性水平，在流通过程中创造产品的新价值，提升产品附加值。

（3）提升我国企业全球资源配置能力的需要

在科学技术尤其是信息技术飞速发展、物质生产力日益发达、市场机制和体系渐趋成熟，以及社会文明与教育水平不断进步与提高的今天，企业要获得和拥有一定数量较高禀赋的相关资源并非难事，难的是如何有效激活和放大这些资源的潜力。 换言之，当今中国企业缺乏的不是资源本身，而是资源配置能力。 在全球范围配置资源，已经成为跨国公司获取和掌控资源、强化核心竞争力的重要手段。 中国企业要迈向世界一流，必须加快融入国际分工、走向国际市场，在更大范围、更宽领域、更深层次配置资源，从而为企业赢得发展空间、掌握主动权。 然而，全球化资源配置能力的不足正是当前中国企业的普遍缺陷，并直接制约了中国企业"走出去"。 当前，中国企业国际化程度仍明显落后于世界大企业的平均水平。 根据中国企业联合会、中国企业家协会发布的《2018 中国企业 500 强分析报告》，"2018 中国跨国公司 100大"的平均跨国指数只有 15.8％，不仅远远低于"2018 世界跨国公司 100 大"的平均跨国指数 61.91％，也低于"2017 发展中国家跨国公司 100 大"的平均跨国指数 37.32％。 2018 年中国 100 大跨国公司中跨国指数在 30％以上的只有 24家，达到 2018 年世界 100 大跨国公司平均跨国指数的企业只有 2 家。

在全球化时代，信息技术特别是 IT 技术和电子商务的飞速发展，大幅度降低了包含商流、物流、信息流成本在内的流通成本，提高了流通效率，从而加快了资源全球化配置的速度和效率。 比如，电子商务能够有效打破渠道垄断，减少中间环节，节约交易成本，缩短交易时间，拓宽企业进入国际市场的路径，促进多边资源优化配置与企业间的互利共赢。 因此，抓住数字经济快速发展的有利时机，实施流通升级战略，加快推动流通产业变革，无疑是破解这一难题的关键手段。 作为一种新型生产力，流通除了具有产业功能之外，还是市场体系最重要的载体和现代市场经济体制的重要组成部分，是供求机制、价格机制发挥作用的重要载体，是资源优化配置的关键机制。 特别是在当今这个全球化、信息化的新商业时代，流通环节已经成为产业资源优化配置的风向标和主导者。

1.1.2.3　实现中华民族伟大复兴的中国梦的需要

（1）助推全面建成小康社会目标的实现

党的十八大报告首次提出到 2020 年"全面建成小康社会"的战略目标。

全面建成小康社会是实现"中国梦"的现实基础，其关键是"全面"。 在经济建设方面，"全面建成小康社会"要求实现更加协调、均衡的经济发展和更加公平、均等的消费权益；在地域方面，"全面建成小康社会"要求实现城市与乡村、发达地区与欠发达地区、沿海地区与内陆地区的全覆盖。 在我国全面建成小康社会的决胜阶段，流通将在经济提质增效、转型升级过程中发挥引导生产、促进消费、扩大就业、推动创新的重要作用，成为产业结构调整的加速器及经济稳定增长的新引擎。 流通不仅是价值的传递者，更是价值的创造者，是与人民美好生活息息相关的重要领域，流通服务的质量和效率直接影响消费者的生活质量和满意度。 随着我国居民生活水平的提高和消费方式的变革，传统的流通服务模式已越来越不能满足消费者越来越高的消费质量要求。 这就需要通过流通产业变革，推动流通提质增效和创新，增强流通促进消费、创造需求的功能，加快建设辐射全国各个地区的流通网络体系。

（2）助推"经贸强国"建设

党的十九大报告提出，"培育贸易新业态新模式，推进贸易强国建设"。贸易强国不仅包括货物贸易也包括服务贸易，不仅包括对外贸易也包括国内贸易。 流通联系国内与国外，没有流通的现代化就没有贸易的现代化，没有流通的升级和创新，贸易强国也难以实现。 目前，我国已经成为贸易规模居全球第一的贸易大国，双向投资规模名列前茅的资本引进大国和对外投资大国，已经进入由经贸大国向"经贸强国"迈进的新阶段。 虽然，我国"经贸强国"建设的总体趋势向好，但也面临空前复杂的严峻形势，外需乏力、内需走弱、固定资产投资放缓、要素成本持续快速上升等多种不利因素交织叠加。而要克服阻碍"经贸强国"建设的种种不利因素，关键就是要在推动制造业供给侧结构性改革的同时，着力推动贸易方式与服务模式变革，实现由订单交易向贸易全流程服务、全产业链贸易转变；着力推进内外贸易体制改革，加快推进内外贸一体化进程。 而这些都必然依赖于服务国际贸易的流通体系升级。 通过实施流通升级战略，着力打造全方位、复合型的互联互通网络，促进流通服务功能的横向、纵向拓展，推动由单纯的国际物流服务向全球流通供应链服务转变，建立全球化、现代化、信息化的高效敏捷的流通基础设施网络与综合服务体系，系统性降低流通环节的综合成本，为我国"经贸强国"建设创造新的核心竞争力，提供新的价值增值空间。 着力构建平衡多元、合作共赢的新型国际经贸关系，开拓多元化市场，优化国际市场布局，大力培育外贸新业态新模式，推动加工贸易创新发展，促进贸易和投资自由化、便利化，推动经济全球化朝着更加开放、包容、普惠、平衡、共赢的方向发展。 同时，要建立基于创新驱动的、居全球价值链高端的货物贸易，要在传统产业、新兴产业和新贸易领域打造新优势，加强公共产品和公共服务对企业创新的支持力度。 此外，我国在由经贸大国迈向"经贸强国"的同时，必然要求加快发展成为金融大国、金融强国，这也要求我国实施流通升级战略，加快推进流通产业变革，建成全球化的强大流通网络体系，为人民币全球化、确立我国全球金融强国地位提供保障支撑。

（3）助推国家系列重大战略顺利实施

党的十八大以来，党中央、国务院相继推出了"互联网＋"、京津冀协同发展、长江经济带建设等一系列重大战略，而这些战略的实施都需要现代流通体系的支撑。 实施京津冀协同发展国家战略，首先需要依靠流通升级来加快实现区域市场一体化和区域要素资源优化配置。 实施长江经济带建设国家战略的核心在于构建长江流域流通大通道，以流通带动沿江基础投资、产业集聚、对外开放和城市发展。 自由贸易试验区、跨境电商综试区、国际贸易综合改革试点等综合改革试点的推进，也离不开现代流通体系建设和流通管理体制改革的深化。

1.1.2.4　抢抓数字经济时代历史机遇的需要

（1）在国际竞争中确立数字经济时代"新流通"先发优势的需要

近年来，随着移动互联网、人工智能、大数据、云计算、物联网等技术的发展，我国正在步入数字经济发展新阶段。 数字经济正在推动流通向网络化方向发展，流通方式正在发生革命性变化，流通已成为互联网、物联网、大数据和云计算等现代技术应用最广、渗透最深的领域之一。 一方面，由于数字贸易突破了时间、空间限制，国内国际界限、区域界限越来越不明显，全时段交易成为可能；另一方面，由于数字贸易具有交易成本低、方便快捷等优势，小批量、多批次、差异化、个性化等鲜明特点，正呈现出巨大的发展潜力，已成为新一轮国际竞争新热点。

在流通领域的数字经济发展方面，我国已经具备网络零售和跨境电子商务等数字贸易快速发展的先发优势、数字技术应用的广度和深度优势、多样化立体式的交通网络体系建设的领先优势、内需空间巨大的市场优势，已成为发展数字贸易基础和条件最佳的国家之一。在国家战略层面实施流通升级战略，加快推进流通产业变革，积极培育新兴流通业态，构建具有强大国际竞争优势的现代流通体系，有望使我国流通业尤其是新流通在国际竞争中实现"弯道超车"，进入世界流通发展水平的第一方阵。因此，流通产业变革是我国充分利用数字经济发展带来的历史机遇，是实现从流通大国向现代流通强国跃升的需要。

（2）与全球合作伙伴共创共享数字经济发展新机遇的需要

随着数字经济在全球范围内的兴起和快速发展，新一代信息技术对全球经济贸易格局影响的不断深入，全球各个国家和地区之间正在形成相互联系、相互补充、互为条件的新型关系，不同经济体之间的相互依存度显著提升。特别是随着互联网、5G等信息技术的深入应用，全球分工进一步细化，价值创造的各个环节的相互协同度进一步提升，产品供应链、价值链上参与的经济体不断增加，一个建立在全球数字经济基础上的高度国际化、全球化的价值共同体、利益共同体正在形成，"共创、共享、共赢"将成为新形势下全球化的新特点、新趋势和新主题。

特别是随着系列重大国家战略的实施，双边、多边贸易和投资协定等合作关系的不断拓展，汇聚多方利益、促进互利共赢、凝聚经济发展新动能的国际合作载体越来越多。这就需要通过实施流通升级战略，加快推进流通产业变革，促进我国与其他国家和地区在流通标准化、信息化、智能化建设方面的紧密合作，推进海陆空港、国际物流中心、集运设施设备等流通基础设施的标准化建设，推进流通领域的信息化、智能化、可视化技术应用，推进各个国家和地区在现有的双边、多边、全球经济和贸易合作框架内对数字贸易、智慧物流等领域的国际协同治理方式、内容、机制的沟通对接，提升我国与其他国家和地区在流通各个环节相互协作、协同联动的水平，在流通产业变革中共创共享全球数字经济发展成果，在全球数字经济共创共享中加快流通产业变革。

1.2　流通业在国民经济体系中的地位与作用

　　流通业已经成为国民经济的基础性和先导性产业，其功能作用不断放大，成为建设和谐社会、发展经济、惠及民生的重要载体。 首先，在市场经济中，流通业成为经济运行的调节器。 作为市场调节机制与计划调节机制相互作用的交点，流通业不仅对生产及国民经济运行具有自动的调节作用，它还是国家借以进行经济调控的重要领域，其规模的持续扩大，有力地促进了国民经济跨越式发展和结构调整；其次，流通业能够提供更多的就业机会，其作为沟通生产领域和消费领域的中间领域，包括批发、零售、仓储、交通、住宿、餐饮、邮政等部门，是服务业中的基础产业，其产业特点使其提供就业这一功能显得尤为突出；最后，流通业能够引导消费，商品流通的内容决定了消费者可选择的商品品种范围，商品流通的质量决定了消费者购买商品的方便性和接受服务的内容，商品流通的效率也在一定程度上影响了消费者采购商品的资金成本与时间成本。

1.2.1　流通业对国民经济的贡献度

1.2.1.1　流通业对 GDP 的贡献度分析

　　流通作为联结生产与消费的中间环节，是市场经济成熟程度的反映。 根据统计，2010 年到 2018 年间，我国 GDP 由 413 030.3 亿元增长到 900 309.5 亿元，而传统商贸流通业增加值则由 62 400 亿元增长到 140 774.3 亿元。 其中，批发和零售业增加值由 35 904.4 亿元增长到 84 200.8 亿元，交通运输、仓储和邮政业增加值由 18 783.6 亿元增长到 40 550.2 亿元，住宿与餐饮业增加值由 7712 亿元增长到 16 023.3 亿元，可见我国流通业的发展与经济增长趋势总体上保持一致，如图 1-4 所示。

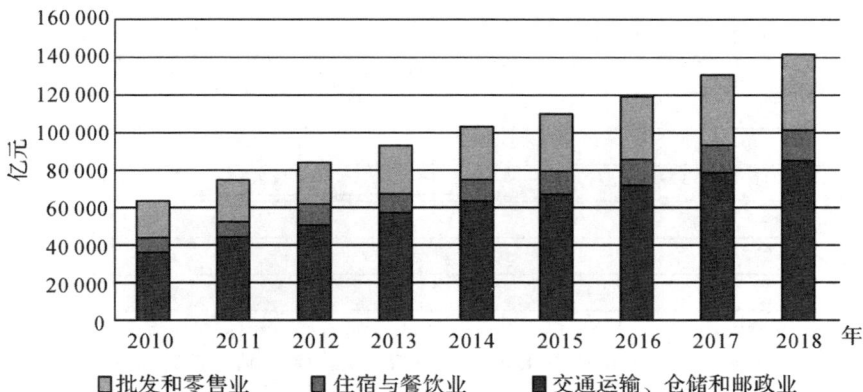

图 1-4　2010—2018 年传统商贸流通业增加值

资料来源：根据中国统计年鉴整理。

从流通业规模总量看，2010 年以来我国流通业增加值呈逐年上升趋势，2018 年达 140 774.3 亿元，增长速度高于同期 GDP 的增长速度，如图 1-5 所示。 从 GDP 的产业构成看，2010 年以来流通业增加值占 GDP 增加值的比重长期维持在 15％以上，占第三产业增加值的比重长期保持在 30％以上且变化幅度较小，如图 1-6 所示，这表明流通业在我国经济体系中扮演着重要角色。

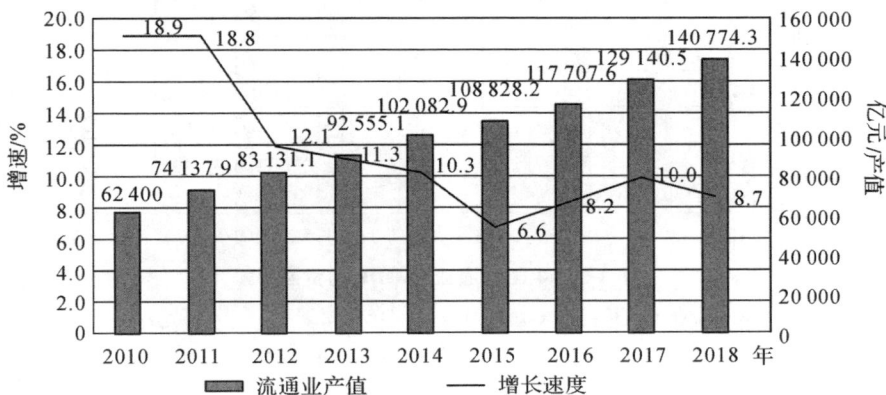

图 1-5　中国流通业产值及增长速度

资料来源：根据中国统计年鉴整理。

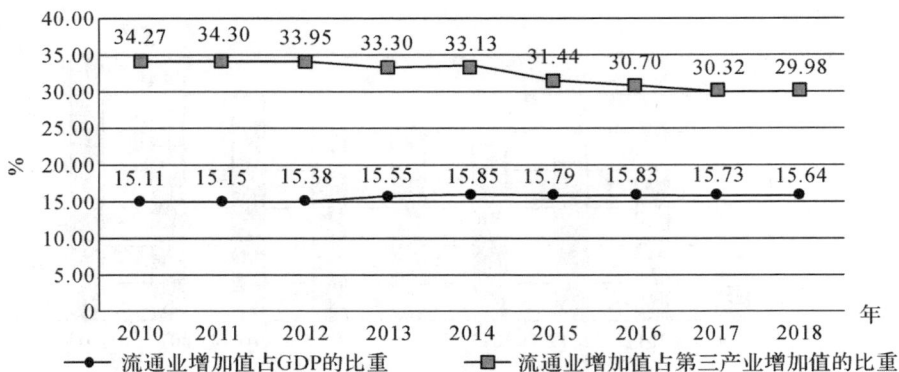

图 1-6 流通业占 GDP 及第三产业的比重

资料来源:根据中国统计年鉴整理。

从流通业对经济增长的贡献率看,2010 年以来我国流通业对 GDP 增长的平均贡献率为 16.22%,其中 2014 年贡献率最高,达到 19.55%,如图 1-7 所示,这反映了流通业是拉动国民经济稳定增长的重要力量。

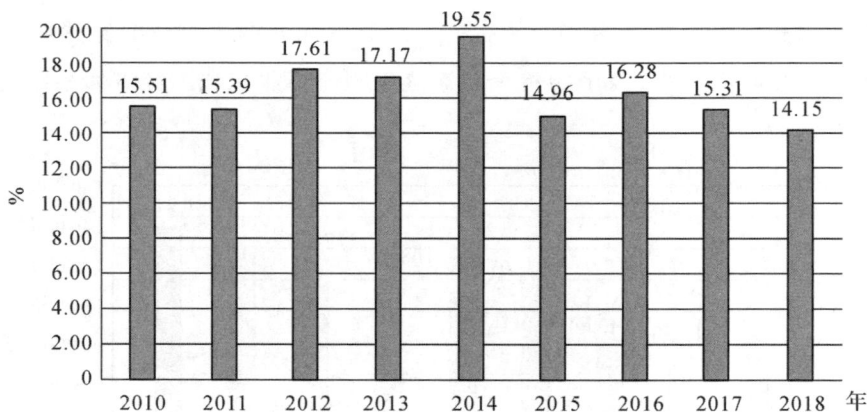

图 1-7 中国流通业对 GDP 的贡献率

资料来源:根据中国统计年鉴整理。

1.2.1.2 流通业对就业的贡献

流通业对就业的贡献十分突出。一方面,流通业长期而稳定地吸纳大量的就业人员,就业规模从 2010 年的 1375.4 万人增长到 2017 年的 1912.1 万人，占就业总人口的比重从 1.81％增加到 2.46％，自 2013 年以来，就业规模稍有下降，但总体保持相对平稳态势，如图 1-8 所示；另一方面，流通业对就业增长的贡献率较为稳定，2010 年以来流通业对就业增长的平均贡献率为11％，其中 2013 年的贡献率最高，达到 11.27％，如图 1-9 所示，这充分说明了流通业仍是当前我国就业稳定增长的重要保障。

图 1-8 中国流通业就业人口及其占就业总人口的比重

资料来源：根据中国统计年鉴整理。

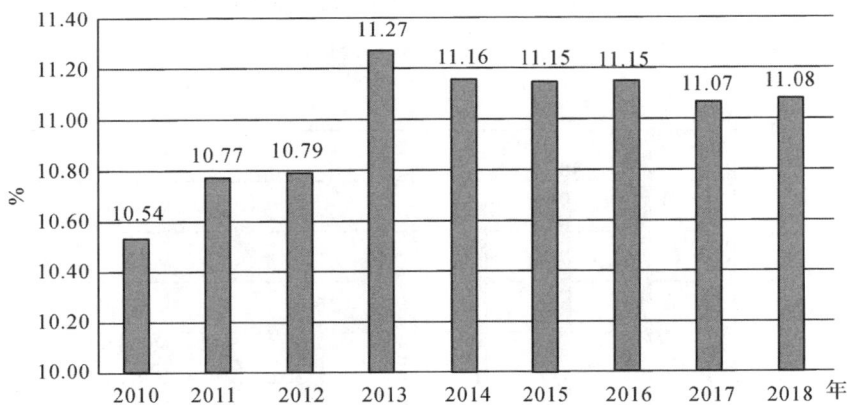

图 1-9 中国流通业对就业增长的贡献率

资料来源：根据中国统计年鉴整理。

1.2.1.3 流通业对消费增长的贡献

我们用流通业产值占社会消费品零售总额的比重大小来衡量流通业对消

费增长的贡献，比重越大，说明流通业对消费增长的影响越大，流通业对消费
的拉动作用发挥得越充分；反之，影响越小，拉动消费的作用越不明显。
2010 年到 2018 年间，我国社会消费规模保持较快的增长速度，社会消费品零
售总额由 156 998.4 亿元增加到 380 987.0 亿元，年均增长达 12.86%，见图
1-10。 但是，在社会消费规模快速增长的同时，流通业对消费增长的贡献率
却逐渐减弱，见图 1-11。 这一现象表明流通业在国民经济中先导性的地位近
年来未能得到充分体现，流通业对消费的促进作用还有待进一步加强。

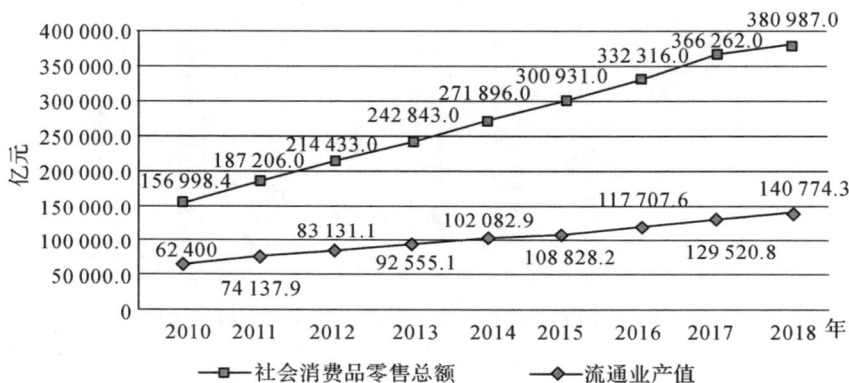

图 1-10　中国社会消费品零售总额和流通业产值

资料来源：根据历年国民经济和社会发展统计公报整理。

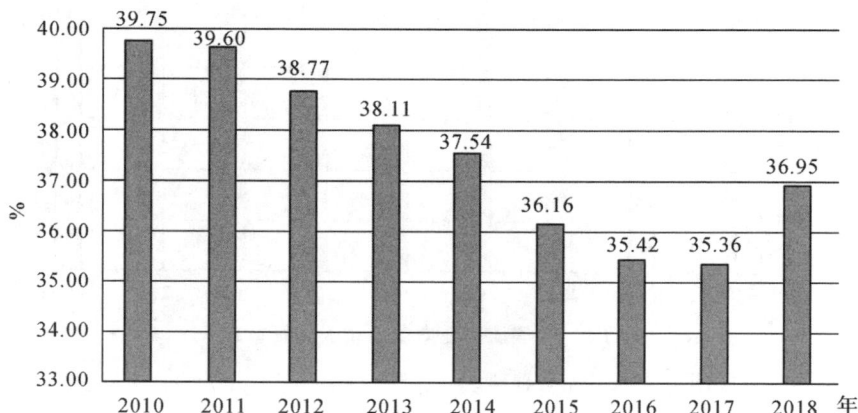

图 1-11　中国流通业对消费增长的贡献率

资料来源：根据历年国民经济和社会发展统计公报整理。

1.2.2 流通业与经济增长的长期均衡关系

本部分以国内生产总值（GDP）作为被解释变量，以流通业增加值（CI），批发和零售业增加值（WR），住宿与餐饮业增加值（AC），交通运输、仓储和邮政业增加值（TWP）等作为解释变量，采用回归分析方法讨论我国流通业与经济增长是否存在长期稳定的均衡关系。

1.2.2.1 数据平稳化处理

为消除时间序列中存在的异方差，本部分对时间序列取对数，同时为消除趋势性，使时间序列表现出平稳性特征，对数据还需做进一步的差分处理。数据平稳化处理过程和结果如图 1-12、图 1-13 和图 1-14 所示。

由图 1-12 可以观察到各指标的变化特征。经济增长指标与流通业指标的变化特征较为相似，表现出较为明显的同趋势性；批发和零售业规模在流通业规模中所占的份额较大，因此，与流通业规模的发展变化特征一致。由于各指标仍呈现出一定的趋势性，因此需通过差分处理达到指标的平稳性。通过二阶差分处理，各指标均表现出较为平稳的特征，如图 1-15 所示。

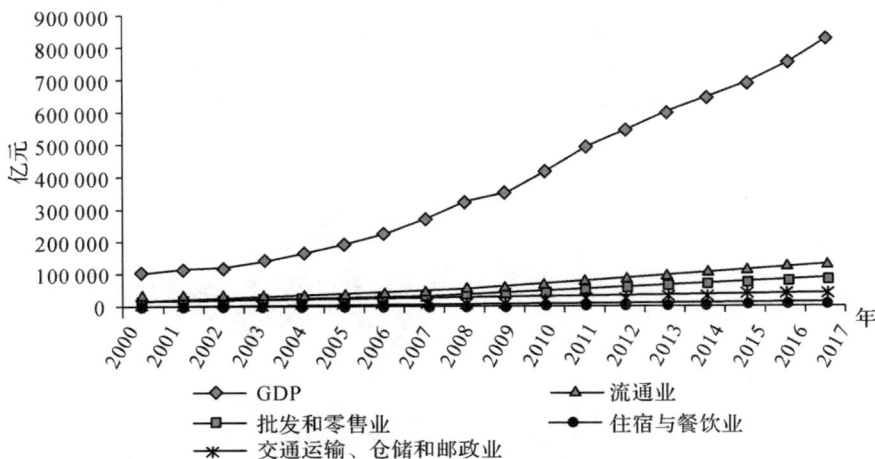

图 1-12 相关指标的原始数据

资料来源：根据国家统计局发布的公开资料整理。

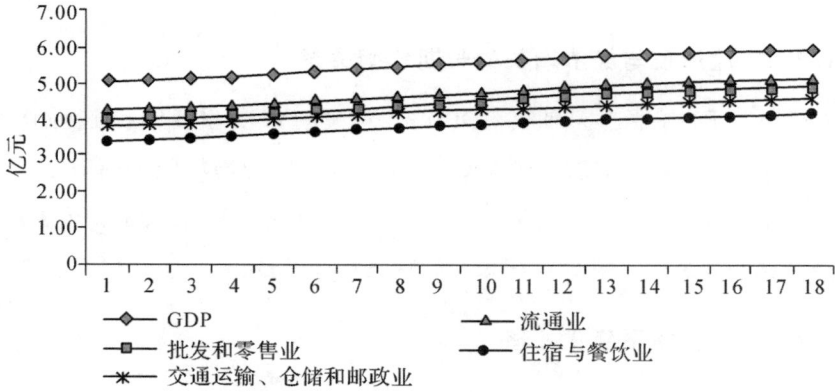

图 1-13　相关指标原始数据的对数处理

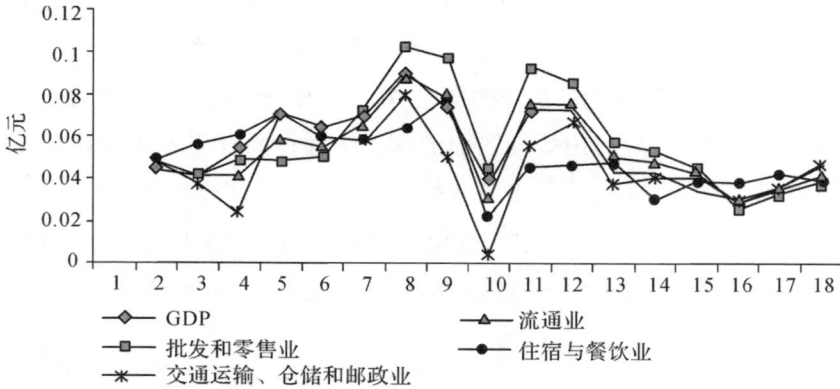

图 1-14　相关指标原始数据的对数一阶差分

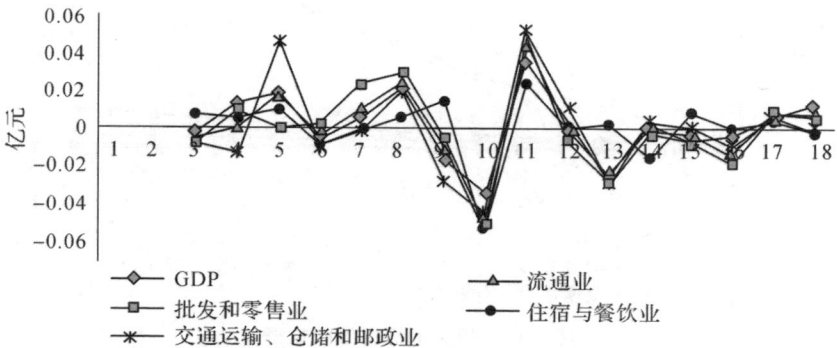

图 1-15　各指标的对数二阶差分

1.2.2.2　回归分析

第一，首先分析流通业增加值对 GDP 的影响，对 lnGDP（国内生产总值增加值的对数值）与 lnCI（流通业增加值的对数值）做线性回归，得到的回归方程为：

$$\ln\text{GDP} = 0.703 + 1.022\,\ln\text{CI} \tag{1-1}$$

上述回归模型的统计检验结果见表 1-1。

表 1-1　流通业规模对 GDP 增长的影响的回归模型分析结果

变量	系数	标准差	统计量	p 值
C	0.703	0.047	15.109	0
lnCI	1.022	0.010	103.120	0
R^2	0.998	Prob（F 统计量）	0	
F 统计量	10633.718			

由表 1-1 中的统计检验结果可知：①回归模型的判定系数接近于 1，表明模型拟合程度较好；②流通业的回归系数的 t 统计量伴随概率小于显著性水平 0.01，自变量通过 t 检验；③回归模型的 F 统计量大于 10，表明回归方程整体显著；④流通业的变量系数为正，即流通业的发展对经济增长的影响为正，与实际相符，经济检验通过。

综上所述，我国流通业增加值与经济增长存在长期的均衡关系，流通业对经济增长的拉动作用较为明显。即流通业增加值每增长 1%，我国 GDP 总值增加 1.022%。因此，应当大力支持流通业的发展，充分发挥流通业拉动经济增长的作用，以保持新常态下经济稳定、高效的增长态势。

第二，进一步分析批发和零售业，住宿与餐饮业，交通运输、仓储与邮政业对 GDP 的影响，分别以 lnWR（批发和零售业增加值的对数值）、lnAC（住宿与餐饮业增加值的对数值）及 lnTWP（交通运输、仓储和邮政业增加值的对数值）为自变量，对 lnGDP 回归，所得到的 3 个回归模型如下：

$$\ln\text{GDP} = 59.703 + 0.904\,\ln\text{WR} \tag{1-2}$$

$$\ln\text{GDP} = 58.033 + 1.158\,\ln\text{AC} \tag{1-3}$$

$$\ln \mathrm{GDP} = 72.339 + 1.226 \ln \mathrm{TWP} \tag{1-4}$$

式（1-2）、式（1-3）和式（1-4）所示回归模型的统计检验结果见表1-2。

表 1-2　回归模型的检验结果

检验	模型一：式(1-2)	模型二：式(1-3)	模型三：式(1-4)
回归系数 t 统计量	22.261	14.609	4.849
p 值	0	0	0
R^2	0.996	0.995	0.997
F 统计量	3564.433	3367.806	5232.949

由表1-2可知：①3个回归模型的判定系数均接近于1，表明模型拟合程度较好；②流通业的 3 个自变量的回归系数的 t 统计量伴随概率均小于 0.01，表明 3 个自变量均通过 t 检验；③3 个回归模型的 F 统计量均大于 10，表明回归方程显著；④3 个流通业的变量的系数均为正，即流通业中的三大行业的发展对我国经济增长的影响为正，与实际相符，经济检验通过。因此，我们所建立的回归模型具有一定的经济意义。

综上所述，批发和零售业，住宿与餐饮业，交通运输、仓储和邮政业都与经济增长存在长期的均衡关系，对经济增长的拉动作用都较为明显。其中，批发和零售业增加值每增长 1％，则我国 GDP 总值增加 0.904％；住宿与餐饮业增加值每增长 1％，则我国 GDP 总值增加 1.158％；交通运输、仓储和邮政业规模每增长 1％，则我国 GDP 总值增加 1.226％。从批发和零售业，住宿与餐饮业，交通运输、仓储和邮政业对经济增长的作用大小来看，交通运输、仓储和邮政业对我国经济增长具有更强的促进作用。

1.3　数字经济时代流通产业变革新趋势

随着通信技术、信息技术、计算机技术、网络技术的快速发展和广泛应用，数字经济已经在全球广泛兴起。数字经济所具有的互动性、虚拟性、开放性特点，使经济社会活动突破了传统的时间和地理空间限制，其正在改变着人类社会互动的方式。 流通领域是数字经济影响程度最大、渗透面最广的领域，不仅在流通组织制度、经营管理、商业模式等微观层面引发一系列的重大变革，而且还在流通业组织、流通行业结构、国家流通战略和政策等中观与宏观层面带来重大调整。 尤其是随着以"数字贸易、智慧物流和供应链"为核心内容的"新流通"的迅速崛起，流通的外延、功能和活动空间将得到大大拓展，流通企业之间，流通企业与消费者之间，流通企业与制造、金融等相关企业之间的相互竞争和合作关系将发生重大变化。

1.3.1　流通业功能发生重大转变

1.3.1.1　从实体流通向数据流通转变

在数字经济时代，生产和消费之间的时空分离局面正逐渐被打破，越来越多的市场主体可以不再通过买卖环节产生效能。 在商品的分销过程中，通过互联网的联结，完全可以减少甚至去掉中间环节，实现商品流通的"点对点、端对端、直通直达"，依靠"先买后卖""为卖而买""贱买贵卖""快买快卖"等商业活动获取利润的传统流通活动的优势逐渐丧失，流通的商品集散、分销的基本功能正逐渐被弱化，某些功能甚至被完全取代。 但这并不意味着流通功能的弱化。 随着数字经济的发展，各种新形式的流通业态和组织兴起，流通开始承担一些重要的新功能。 流通已不仅仅是商品从生产者到消费者转移的过程，它还是信息处理中枢，发挥着捕捉消费者信息和生产者信息的优势；是社会化生产中枢，可化被动为主动，积极参与产品的生产和制造；是创新中枢，具备分析和预测消费者需求、形成概念产品的能力，是创新的关键因素；是社会资源配置中枢，具备整合生产者供给、形成现实产品的能力。

1.3.1.2　从功能性流通向创造性流通转变

在工业化时代，流通是联结生产与消费的桥梁和纽带，处在整个经济活动的下游或者末端，扮演着一个被动的角色。 而在后工业化时代，流通改变了其与生产的传统关系，真正成为经济活动的先导力量。 特别是在数字经济时代，流通企业由于最贴近市场和消费者，借助技术手段能够综合地分析市场需求，实现组织资源的一种配置，所以它能够引导生产，影响消费，从而成为经济活动的主导和大脑。 尤其是随着商品的不断丰富，消费者对商品的需求开始向多样化、个性化转变，消费者已不再满足于商品本身的使用价值，而是追求使用价值以外的其他附加值，商品的市场价值也开始出现多元化趋势，即产生了商品价格与其价值的分离。 这一变化不但促使社会生产的分工方式进一步细化，供需双方的空间距离进一步加大，流通企业的市场地位得到提升，甚至对消费者的生活方式产生越来越大的影响。 同时，伴随着网络信息技术的快速进步和广泛使用，流通的功能也不断增强，开始将商品的生产、研发、消费、回收等各环节有效地融合在一起，通过指导生产、开发需求，创造商品的附加值，流通企业成为商品流通市场的新主导力量，流通环节成了市场交易的核心，流通业开始从功能性流通向创造性流通逐步转变，流通业的发展目标转向实现流通企业自身价值的最大化。

在创造性流通模式下，流通企业将成为概念产品的制造商。 消费者个性化需求的回归，导致大量差异性商品需求快速增长。 流通企业可以直接在自有的供应链终端获取消费需求和市场态势的一手信息，以捕获消费者现场体验的需求"软"信息，并对其进行大数据分析，以形成满足消费者需求的概念产品。 流通企业通过分析所获得的概念产品信息，将其模块化，从个性中寻找共性，形成规模化的订单，保障制造商的规模化优势。 与此同时，流通企业作为联结生产者与消费者的中间环节，能够较为迅速有效地找到适合生产概念产品的各种制造商，从而减少交易成本，实现生产资源的整合。

1.3.2 流通对象升级与消费者角色转变

1.3.2.1 流通对象虚拟化、服务化和定制化

互联网有效地降低了交易成本，并使交易方式更加便利化，原先不可分割、不可交易、不可流动的以无形形态存在的资产和服务将会广泛地进入流通领域。 在数字经济时代，流通不再简单地被看作有形商品流通，还将承载更多的无形资产和服务的流通，流通对象呈现出从"有形商品"到"无形商

品"的广泛延伸。 同时，随着流通价值的主要增值环节从交易向售前售中售后服务等环节转变，个性化定制式销售的广泛兴起，流通已开始从以"消费商品"为主到以"消费服务"为主、从以"标准商品销售"为主到以"定制商品销售"为主转变，"商品虚拟化""服务产品化"和"产品概念化"成为未来流通发展的一个核心特征。 此外，我国消费群体正发生变化，中产阶层消费者不断增加，"80 后""90 后"正成为我国经济发展中的消费主体。 他们的消费理念、受教育水平、财富结构，使其在选择商品时朝着日益个性化的方向发展，这也进一步使得流通走向虚拟化、服务化和定制化。

1.3.2.2　消费者角色和作用发生转变

过去数十年，供给方或渠道方在市场中的主导地位在历次变革中固若金汤，但现在话语权逐渐转移到了消费者手中。 消费者渐渐站到了商业活动中心的位置，成为市场的主导方。 "80 后""90 后""00 后"正成为中国市场的核心消费群体，新一代消费者的自我意识更强，且消费态度和行为也更加个性化。 他们更重视购物过程体验，希望与品牌商及零售商建立交易关系之上的信任感和亲密感。 他们对社交媒体上营销信息的态度也明显更加开放、正面，这使得产品和服务提供商在社交媒体上拥有更大的发挥空间，能针对消费者的个性需求提升影响力。 在数字经济时代，商家与消费者之间的信息鸿沟日趋消除，消费者通过网络参与流通活动的成本越来越低，流通功能不再只限于流通组织，消费者将趋向于分担更多的流通功能；消费者不仅是消费主体，也将是流通服务提供者。 特别是随着移动互联网、社交网络快速发展，消费者在商品（服务）销售、品牌推广、产品设计研发等流通活动中的地位和作用大大增强，消费者更深程度地影响着供应链决策，消费者主权地位更加突出。 另外，消费者碎片信息的可采集性、可分析性使得大规模定制生产成为可能，在"以需定产"的供应链协同决策机制创新中，消费者的作用得到提升。

1.3.3　流通空间和辐射半径大幅扩大

随着数字经济的快速崛起，流通领域的内外市场一体化、线上线下一体化、城乡一体化进程不断加快，流通空间和辐射半径得到进一步的拓展。

1.3.3.1　数字经济助推无国界的全球化流通兴起

在数字经济时代，流通的地域性将被打破，生产企业可以全球采购、全球销售；消费者可以全球购买、全球消费、跨境结算。"全球化生产＋一体化流通＋本地化服务"成为数字经济时代流通发展的主流趋势之一。流通不再限定为国内流通，而将被看作无国界的全球化流通。数字经济时代的全开放流通发展，必将进一步促进世界经济全球化、区域经济一体化发展。尤其是在跨境电子商务模式下，国际贸易供应链更加扁平化，一些重要的中间环节被弱化甚至被替代，实现了订单与需求的直接对接，简化了国际贸易流程，拓宽了贸易渠道。随着涵盖国际贸易的营销、支付、物流和金融服务的完整跨境电子商务产业链的形成，流通将成为对外贸易的加速器。

1.3.3.2　线上线下融合发展，进一步拓展流通发展空间

在数字经济时代，商流、信息流、资金流在线化、大数据化是大势所趋，物流与互联网的结合也越来越紧密。当前，流通已开始进入线上线下融合发展新阶段。一方面，随着互联网与经济活动的全面结合，百货店、大卖场等传统流通业态不断加快互联网化步伐，电子商务渗透率进一步提高，线上线下并购活跃。实体门店与在线商店的多渠道零售模式已经成为全球零售业发展的趋势，连锁店利用网点优势，大规模发展O2O，进行全方位的线上线下交互融合，提高顾客忠诚度。企业通过线上线下模式有机整合实行销售策略、营销战略、服务方式等方面的精细化管理，开拓金融服务等新业务，打通物流、信息流、资金流，提高供应链效率。另一方面，随着移动互联网和物联网的发展，加上各种社交网络规模的扩大，产品的使用环境和情境融入流通的全过程，数据的情境感知性、实时性和交互性将带来交易方式的革命性变化，从而进一步减弱交易双方的时空限制，使流通发展空间得到进一步的拓展。

1.3.4　流通供应链纵向横向融合发展趋势明显

云计算、大数据、移动互联网、物联网、智能技术在流通领域的广泛应

用，正在深刻改变传统供应链上各类主体间的纵向关系及供应链价值创造模式。 产业内部企业之间、产业内与产业外企业之间、企业与政府之间、企业与消费者之间的关系，正在由简单的供求关系、服务与被服务的关系，转变为竞合共生、互通共享、跨界融合、协同创造价值的新型供应链关系。 在市场竞争日趋激烈的背景下，商贸流通业的龙头企业不断拓展业务领域和新的功能，通过以延长上下游产业链为目的的纵向整合，确保流通渠道的顺畅，形成流通业垂直分工体系；通过以提高行业集中度为目的的横向联合，实现具有规模效益的流通业水平分工体系。 与此同时，流通业内部和流通业与其他产业之间的跨界融合发展态势强劲，跨界整合成为数字经济时代商业模式的一个基本特征。

1.3.4.1 纵向垂直流通供应链整合加快

在数字经济时代，越来越多的流通企业正从单一贸易业务领域向供应链全程服务领域延伸，从传统的价值传递中间环节向价值创造的营销中介转变，承担商流、信息流、资金流、物流、服务流等流通新功能。 以大型批发零售企业为核心，依托"互联网＋"和"＋互联网"新技术、新模式，整合包括生产、批发、物流、销售在内的全流通供应链，缩短流通渠道，优化纵向垂直分工，提高流通效率，将成为流通供应链演化的主流方向。 最具代表性的纵向垂直分工流通模式如供应链管理、需求链管理等，其特征都是通过网络信息技术，实现商品供给和需求信息共享，对产供销各商品流通环节实行统一管理，提高商品流通效率，最终实现流通全产业链效率最大化。

1.3.4.2 供应链中的新型企业关系正在形成

创新能力取代规模能力成为决定供应链核心企业地位的关键因素。 传统的供应链中核心企业与配套企业之间的主从关系被打破，以开放、共享为特征的链上新型企业关系正在形成。 尤其是随着大数据成为供应链增值空间创造的第一动力，供应链不同主体之间的互联互通与数据共享日显重要，供应链价值创造的载体正在由实物、服务进一步延伸至数据。 流通企业向平台化方向发展，基于流通资源集聚的平台型流通企业不断增多，且在流通中的地位不断增强，主要包括线上网络型平台企业、线下供应链整合型流通平台企业，以及 O2O 型流通平台企业等。

1.3.4.3 链与链之间的跨链融合发展趋势明显

不同产业的供应链相互渗透与融合，不断激发新的需求市场与发展空间。 大多数企业不仅仅参与一条供应链的价值创造，而且通过敏捷供应链协作参与多条供应链的价值创造，从单线条式供应链为主向矩阵式供应链为主转变，供应链组织方式创新日趋活跃。 不仅如此，越来越多的流通企业正从单一贸易业务领域向供应链全程服务领域延伸。 一方面，贸易与物流的融合发展趋势凸显，现代物流服务正成为传统贸易企业的重要服务内容；同时，传统物流企业也纷纷利用其物流服务网络，逐步向现代贸易服务领域延伸。 另一方面，贸易与金融联动发展效应凸显，金融服务正在成为流通企业贸易服务拓展的重要方向。 流通与金融、物流产业之间已经很难分清界限，三者之间向深度融合发展的趋势明显。

1.3.5 数字技术应用广度和深度大幅提升

1.3.5.1 智慧流通基础设施快速布局

在互联网时代，传统商业基础设施如商业网点、物流园区等呈现出线上线下融合发展趋势，流通基础设施正从传统以商城、超市、商品交易市场、铁路、公路、机场等为主，转向以互联网、物联网、大数据、云计算和可穿戴设备等新技术为核心；流通基础设施信息化改造速度加快，出现智慧商圈、智慧物流、智能化物流通道网络、智能化仓储、数字会展等创新应用，且绿色低碳节能设备设施和以 RFID、二维码、物流云匹配平台为代表的智慧物流 O2O 平台在流通领域得到广泛应用；流通基础设施实现了人、机、物互联，提供"资源＋通信＋信息应用"的综合服务。

1.3.5.2 智能物流技术与设备的广泛应用

随着人工智能等新科技的发展，中国智能物流走上了发展的快车道，进入了一个依托新的信息化技术，促进物流各生态链相互融合发展的时期。 物流各环节的机电设备自动化、商品与货物的信息自动采集与处理、物流环节中的数据互联互通、物流大数据分析应用成为物流全链条中各生态环节相互融合的推力。 通过物联网的射频识别、红外感应、超声波感应、激光扫描、视频识别、智能数据采集网关等信息传感技术，将物流中的"人、货、车"与互联网联结起来，带来智能物流的信息化应用：订单处理传递自动化、在途跟踪自动化、在途异常报警、车库联动、车车联动、车单联动、运输计划合理化、运输路径动态优化。

1.3.5.3 大数据成为流通活动的第一要素

大数据正在成为超越土地、资本和人力的流通活动的第一要素。 流通领域是对接生产、服务消费的中枢，也是大数据高度汇聚的关键领域。 大数据的发展增强了流通的先导性、基础性产业地位，使得流通领域的海量交易信息、客户信息、消费信息等数据化和集成化，加速了生产端与需求端的链接，提高了流通生产效率和产品创新能力，有效提升了流通领域大数据的价值，为流通企业利用大数据进行再创新带来巨大发展前景。 运用大数据平台分析，流通企业可以深入分析商品、用户和业务数据，精准构建用户画像，在改善消费环境、精准营销、优化采购流程、提供相关服务等方面进行创新，逐步打通供应链，引导上游供应商，实现一体化创新发展，实现数据价值的最大化，帮助流通企业大幅度提升创新水平和经营效益。

1.3.6 绿色流通和绿色消费理念逐步盛行

近年来，绿色发展与绿色消费的理念逐步盛行，各行各业都在朝着这个方向发展，商贸流通领域也不例外，绿色流通和绿色消费渐成行业主流趋势。党的十九大报告中提到的"必须坚定不移贯彻创新、协调、绿色、开放、共享的发展理念"，为商贸流通领域今后的发展指明了方向。 所谓绿色流通，是指商品自离开生产领域直至进入消费领域之前的整个所有权转移和实体位移的过程。 绿色流通的实质是以环境保护为导向，直接或间接促成污染消减的环保取向型商品流通过程及活动。 而绿色消费，是指一种以适度节制消费，避免或减少对环境的破坏，崇尚自然和保护生态等为特征的新型消费行为和过程。 绿色消费，不仅包括绿色产品，还包括物资的回收利用，能源的有效使用，对生存环境、物种环境的保护等。 其中，流通作为联结生产与消费的中间环节，其过程能否实现绿色化，关乎整个经济能否实现绿色发展。 近年来，随着居民收入水平的提高和环保意识的增强，绿色消费理念正在深深植入消费者的心中，消费者的观念在转变，绿色、环保、节能的品牌产品开始受到青睐。 同时，电商与物流企业也积极参与到可持续生产与消费的推动行动中，以引领绿色消费新浪潮。 商务部等部门相继出台《关于促进绿色消费的指导意见》《关于协同推进快递业绿色包装工作的指导意见》等文件，倡导绿色低碳的合理消费理念，分别对购物中心、超市等制定相应评价细则，并大力推进快递包装的绿色革命。 此外，在经济新常态和供给侧结构性改革背景下，绿色发展也成为流通企业转型升级的重要方向和应对市场竞争的主动选择，这些都促使流通过程趋向绿色化。 阿里研究院的微报告显示，过去一年，天猫和淘宝上绿色商品的消费者数超过 3.8 亿人，"90 后"消费者以 41% 的占比成为"环保购"的主力军；绿色商品被频频检索，无甲醛、无磷、无氟、无公害等关键词的检索量均涨了 30% 以上，"可降解"的检索量同比增长 284%，"垃圾分类"的检索次数更是同比暴涨了 2000 多倍。 除此之外，菜鸟网络打造的全球第一个全品类"绿仓"已经在宁波投产，通过循环箱、原箱发货的模式，实现零胶带、零填充物、零新增纸箱，促进降本增效，做到环保和商业化的双赢。 京东物流也通过独立研发拥有自主专利的防撕包装袋，推广使用瘦身胶带，仅一年下来就节约使用 1 亿米胶带；同时在运输工具方面，选择投入新能源车，既大大减少了物流费用，增加了企业收益，又通过降低资源能耗，减少了自身物流活动对环境的负面影响，一举两得的行为值得其他流通企业学习和借鉴（荆林波，2017）。

2

全球流通业发展历程与理论研究

2.1 全球流通业演进与发展

流通业在引领消费、促进生产、引导投资、构建国内国际双循环新发展格局及提高国民经济运行效率和效益等方面具有重要作用。 在长期发展中，发达国家和地区已建立起较完善的流通业管理体制和运行机制，形成政府、行业协会、企业"三位一体"的流通业管理和促进体系。 以美国为代表的自由竞争型流通业管制模式和以日本为代表的政府干预型流通业管制模式是最具代表性的两类模式。 其中，美国的自由竞争型流通业管制模式奉行自由市场经济，政府不直接干预微观经济活动，而是通过制定法律、颁布政策等对商业行为进行监督，为企业提供服务。 美国联邦贸易委员会是美国政府进行商业管理的重要机构，由法律和经济专家组成，负责情报收集和资料编纂，对商业组织活动进行管制。 美国商务部对国内商品流通管制介入较少，对流通业的规制主要通过地方政府实施。 各州市都制定有规范建筑、保护环境和限制大店建设的法律法规，并以听证会等形式论证地区开设大型商店的合理性。 日本市场经济体制的运行注重政府对企业决策的引导作用。 日本政府是宏观经济决策主体，采用政府干预型流通业管制模式，通过经济计划、产业政策等干预经济，充分发挥产业政策在资源配置中的功能。 日本的流通业一直处于政府管制框架下，目标明确，产业政策措施齐全。 本节通过总结日本、美国等典型国家的流通业发展的特点和经验，以期为我国流通业管理提供可借鉴的经验。

2.1.1　日本流通业的演进与发展

"二战"前日本流通系统的特点主要表现为：①零细性，即商业经营的范围广泛但店铺规模小；②过剩性，即相对于人口的数量，店铺的数量过多；③多阶段性，即批发阶段分为一次批发、二次批发等等。 "二战"后，为发挥流通业在引导生产和促进消费中的作用，日本政府制定了灵活的流通业政策，阶段性目标包括保护和恢复中小零售业，推进流通业的现代化、系统化、信息化，以及促进流通业与地域再生的关系强化。 在各阶段流通政策的推动下，日本流通业逐渐向规模化、大型化发展，逐渐形成典型的零细性和规模性特征，成为日本经济发展的晴雨表。 总体来看，日本流通业的发展可划分为如下 5 个阶段（包振山等，2019）。

2.1.1.1　流通复苏阶段(1945—1959 年)

1945—1955 年是日本经济的恢复重建期，流通领域出现了新业态和新模式。 百货店、大型超市、农业合作社、生活合作社等零售新业态应运而生，对传统零售业态产生了较大冲击，尤其是作为流通领域主体的中小零售企业面临着挑战。 为了保护中小零售企业，日本政府以百货店和合作社为对象，基于《反垄断法》，于 1956 年第二次制定了《百货店法》，其将百货店定义为从事商品销售活动的业态，并对百货店铺的面积进行明确规定（1500 平方米以上），清晰地区别出百货店和中小型零售企业的差异。 《百货店法》的核心内容是一系列针对百货店的限制措施，其深层含义是通过限制百货店的活动来协调各类商店的关系，确保中小零售企业从事商业活动的机会，进而保护和扶持中小零售企业。

另一部重要的法律法规《零售商业调整特别措施法》则制定于 1959 年，主要内容是限制非会员在生活协同组合联合会、农业协同组合联合会购买商品,保护周边零售业,防止同一建筑物内零售企业之间及零售市场与周边零售企业之间的过度竞争,目的是对农业合作社、生活合作社和零售市场加以限制,进一步保护中小零售企业。 另外,日本政府在同一时期还陆续颁布或者修订了《物价统治令》《商品交易所法》等,这些法律法规的共同点是以反垄断为核心,针对某一或某些商业部门制定法律法规来保护中小零售企业。

2.1.1.2 流通现代化阶段(1960—1968年)

经过战后的恢复重建,日本经济由供应严重短缺的卖方市场转变为供应充足的买方市场,形成了现代化的经济结构。 经济的高速增长使居民的消费水平得到极大提升,消费进入从量变到质变的蜕变时代。 然而,此时的流通部门仍然是以数量庞大的中小零售企业为主,由于中小型流通企业具有规模小、零细分散性强、效率低等特点,不仅浪费了大量劳动力,而且限制了不同零售企业间的正常竞争,生产效率跟不上国民日益增长的消费需求。 另外,当时流通政策不仅不能适应新的消费变化,反而严重制约了经济的发展。 在此背景下,日本政府不得不改变过去对中小零售企业的保护政策,转向推动流通业的现代化。

1962年,日本流通学家林周二教授提出"流通革命论",以改造旧商业为中心促进流通业向现代化转变。 日本政府在这一时期制定了一系列推进流通现代化的政策,如1962年的《流通合理化设想》和《商店街振兴组合法》,1963年的《中小企业基本法》《中小企业现代化资金助成法》《中小企业指导法》《中小企业现代化促进法》等。 特别值得一提的是《商店街振兴组合法》,旨在推进零售商店共同化、商店街现代化和零售商业连锁化。 1965年,通产省确立了促进中小商业协作化路线政策,在日本国内掀起了中小零售店铺共同化的热潮。 这一时期流通政策的目标是提高中小企业的经营水平和经营效率,重点从过去单纯保护中小企业发展转变为促进中小企业经营效率提高,推动其组织管理合理化,进而推动流通业的现代化进程。

2.1.1.3 流通一体化阶段(1969—1979年)

1969—1973年,受石油危机的影响,日本经济进入低速增长期,此时经济增长的边际效率开始降低，为克服经济发展中大规模生产导致的过剩生产倾向，日本急需扩大国内市场。 因此，原来建立在大规模生产基础上的流通现代化政策不再适应当时经济发展的需要，加之此时的消费需求在追求质量的同时，更加侧重个性化、多样化、高级化，使得流通企业的经营管理方式不适应新的消费需求。 1969 年日本政府颁布《关于流通活动的系统化》，从此拉开了流通业向系统化转变的序幕。 1971 年，日本政府又颁布《流通系统化的基本方针》，指出"所谓流通系统化就是把从生产到消费的全部流通过程看成一个系统的、谋求整体综合的效率化，从而将流通现代化由企业组织扩展到整个流通领域，再扩展到整个经济生活，进而与整个经济现代化结为一体"。 1973 年，日本政府先后制定《流通系统化实施计划》《中小零售业振兴法》《关于禁止囤积生活物资等紧急措施法》，同年将《百货店法》修改为《关于调整大型零售商店零售业务活动的法律》（以下简称《大店法》），并于 1974 年 3 月开始实施。

在这一时期的法律法规中，《大店法》最具有代表性，对日本流通政策的演变和产业结构的变化产生了深远的影响。 由于原来的《百货店法》仅仅对百货店做了规定，对其他业态如大型超市等没有约束力，许多零售企业利用这一漏洞，纷纷采取在同一超级市场的建筑物中设立多个商社，以同铺经营的方式申请建店，逃避规制，从而导致不同业态零售业主体间的矛盾激化，这被称为"类似百货店"现象。 为了促进大型零售业的健康发展，日本政府在《百货店法》的基础上颁布《大店法》，其目的是保护消费者的利益，通过对大型零售业活动的调整和限制，保护中小零售业免受竞争的冲击，保证大型零售店和中小零售店差异化发展。

2.1.1.4 流通信息化阶段（1980—1999 年）

石油危机结束后，日本经济进入平稳增长期，"追赶欧美先进国家"的目标已经达到，宣告追赶型的现代化时代结束。 此时的消费需求向个性化、多样化、高级化，生产向小批量、多品种转变的趋势越发凸显，而且随着 20 世纪中期开始的信息革命加速发展，日本政府决定将新的信息技术广泛应用到联结生产、促进消费的流通业中，推动流通业信息化发展。 1984 年，日本政府在《80年代流通展望》中主张全面推进流通国际化，以克服日本"资源小国"的不足，促进产业结构技术化，提高第三产业在经济发展中的地位，大力发展电子计算机工业、通信工业等信息技术产业。 1985年，日本通产省相继颁布《信息装备型批发商业设想》和《关于信息网络型流通系统的调查》，将流通信息化提高到新的现代化程度。 1989年，日本政府发布《90年代流通展望》，主张引入积极合理的竞争机制，放宽对流通业发展的限制，更加依靠市场机制来发挥流通业促进社会经济发展的作用。 1995年，日本政府发布《面向21世纪的流通蓝图》，把政策实施的重点放在流通业的结构改革上，要求流通业结合城市规划与消费需求变化调整经营结构，努力使流通业在国民经济发展中起到引领作用，为流通企业创造良好的发展环境。

另外，值得一提的是，20世纪90年代后，社会各界提出对《大店法》放宽、修正的调整要求。 这是两个方面因素造成的：一是为适应日本国内自身经济发展需要。 如《90年代流通展望》提出，"《大店法》过分强调保证中小零售商的事业活动，对大型商店进行规制，不能保证消费者的利益"，严重限制了当时流通业的全面发展。 二是来自《日美结构协议》的压力。 由于《大店法》的限制，外资流通企业很难进入日本市场，《大店法》被视作贸易障碍，受到欧美国家的反对。 迫于国内经济发展的需求和外部贸易发展的压力，日本政府再次对《大店法》进行修正，放宽对大型店铺设置的限制性条款，如通过缩短审查期，简化手续，放宽对大规模零售店建店、开张的规制。此时《大店法》由规制强化阶段进入规制缓和阶段。 因此，日本政府先后在1990年和1992年对《大店法》进行规制缓和的修订。 然而，由于再次修订的《大店法》虽然放宽了对大型零售店铺设立的限制，却随之出现了新的问题：一是WTO限制政府供需调整，使得《大店法》难以为继；二是区域居民以环境保护为目的，因对大型店铺开设带来的交通堵塞、噪音、垃圾等问题的不满而出现反对运动；三是荒川区、川崎市等地方政府为保护环境而限制大型店铺开设。 在此背景下，日本政府决定废止《大店法》，在此基础上于1998年7月修订出台《大店选址法》《改正都市计划法》和《中心市街地活性化法》，并于2000年6月开始实施，这3部法律合称为"社区营造三法"。

2.1.1.5 流通业振兴与促进阶段（2000 年至今）

少子高龄化社会的迅速到来，消费向个性化、多样化的转变，城市的空心化愈演愈烈，女性的社会工作增多等社会环境剧变，使得日本的流通政策在 20 世纪末开始大转换。 此前的流通政策是以促进公正、自由竞争，强化、发挥健全的市场机能为中心。 进入 21 世纪后，日本流通政策增设了商业振兴和调整政策，使其在区域经济发展中起到带头或驱动作用。 如重新出台的《大店选址法》对商业设施的设置及运营方式方法进行调整，这标志着一个更加成熟完善、高度国际化的经济与流通业环境形成，也表明原有的中小零售企业保护政策的终结，以及鼓励竞争、依靠企业自身发展、注重产业发展与环境保护政策的开始，这是日本政府在流通政策调整方面的全面转变；《改正都市计划法》为防止城市空心化，对城市土地的利用、用途加以限制，引导大型店铺开设在特定的区域内；《中心市街地活性化法》有助于复兴、繁荣城市的中心市街地，激活商店街的活力，强化商业区的基础建设。 并在后期针对"社区营造三法"实施过程中出现的问题进行了修正和完善。

日本政府在《面向 21 世纪的流通蓝图》出台 12 年后，于 2007 年再次发布《新流通展望》（以下简称《展望》）。 《展望》是在人口减少、"社区营造三法"修订等环境变化中，为引导日本流通业的发展方向制定政策，主要在以下 3 个方面做了明确规定：一是提升流通业的生产性、收益性；二是实现世界水准的经营；三是构筑持续发展的社区。 由此可见，《展望》旨在提升流通业经济效率的同时，彰显流通业社区服务的社会公益性。 并于 2010 年开始对 65 岁以上出行不便而无法正常购物的老人（又称"购物难民"）进行支援，制定地域商业活性化事业费补助金。 同时积极推进"社区营造三法"，对外国游客实行消费税免征制度，强化对大数据的利用，提升流通过程的"制造、分配、贩卖"效率，推动日本流通企业向海外发展。

2.1.2 美国流通业的演进与发展

美国是高度发达的市场经济国家，流通业极其发达，其平均劳动生产率明显高于其他国家。 有学者指出，美国流通业的发展经过了 4 个时期：殖民地时期（1775 年以前）、建国时期（1775—1864 年）、工业化及全国统一市场形成时期（1865—1920 年）、现代化时期（1920 年以后）。 事实上，美国流通业真正快速发展是在 1920 年之后，其零售业、批发业和物流业均发生了一系列质的变化。

因此，下面主要对 1920 年以来美国流通业的发展历程进行论述。

2.1.2.1　流通连锁化和规模化（1920—1950 年）

20 世纪初，随着美国制造业组织化水平的提高和生产能力的急剧增强，流通领域必须进行相应变革以适应生产的需要。 这一时期在那些大零售商还没有占领的行业和地区，一种新的零售组织———连锁商店，开始显现其巨大的影响力。 连锁商店诞生于 1859 年，但直到 20 世纪 20 年代初，它才开始成为美国市场上重要的零售机构，并随之发展成全国性的零售机构，在数量和销售额上很快超过了百货商店和邮购商店，并日益成为美国代表性的大零售机构。 它们同样采取了百货商店的做法，绕过了批发商直接与制造商进行交易。 到 20 世纪 30 年代，百货商店也开始在其所在城市的郊区设立分店，进行连锁经营。 同样是在 30 年代，另一种革命性的新零售业态——超级市场诞生，它的诞生和发展加速了连锁商店的发展步伐，到 1939 年，美国已经有 5000 多家超级市场在营业，其销售额占整个食品杂货商店销售总额的 20%。这些新兴的大型零售机构由于组织规模的庞大，基本上都是从制造商那里直接采购产品，再直接销售给消费者，更有一些大零售商拥有自己的工厂，进入了生产领域。 这些大零售商对批发商的支配地位产生了巨大冲击，到了 1929 年，制造商直接销售产品给零售商的销售额与通过批发商进行销售的销售额之比从 1879 年的 1∶2.4 增加到了 1∶1.16 （钱德勒，1987）。

2.1.2.2　零售信息化与批发多元化（1951—1999 年）

"二战"以后，尤其是随着 20 世纪 60 年代以计算机的应用为特征的信息革命的展开，零售领域首先开始了一系列变革。 一方面，随着计算机的广泛应用，传统零售业态纷纷进行信息化改造，连锁店铺的数量规模迅速扩大，零售市场集中度也随之提高；另一方面，信息革命和经济的高速发展也催生了一系列新的零售业态。 这些新的零售业态——自动售货商店、便利店、廉价商店、购物中心、多媒体售货店及被称作"大类杀手"的大型专业店快速崛起，在对传统业态进行挑战的同时，迅速壮大了规模。 零售领域的这两方面变化都产生了相同的后果，即零售商的大型化、组织化和集团化。 零售商的这种变化更加强化了在前一阶段已经出现的排挤传统批发商、直接与制造商进行交易的局面，因而为了执行传统批发商的一些功能，大型零售商纷纷设立自己的批发机构，实现了对批发商的后向一体化。 与此同时，那些受到大型零售商排挤的中小型零售商也纷纷组织起来，通过横向联合的方式组建共同的批发机构，实行自由连锁发展，以对抗大型零售商的竞争。

零售领域的这种革命性变化，以及从前一阶段开始一直延续发展的大型制造商纷纷进入流通领域承担批发功能的行为，导致了这一时期美国批发商业资本的多元化。 这个多元化的批发商阵营包括独立的商人批发商、商品代理商、制造商的批发机构及大型零售商的批发机构4种，批发商继续受到来自渠道上下游成员的排挤。 但从统计资料来看，商人批发商虽然承受着这种竞争压力，但其实现的销售额在整个批发业销售额中所占的比例却一直处于上升状态：20世纪50年代中期这一比例为40%左右，60年代中期为45%左右，70年代初期为50%左右，80年代则维持在54%左右，到90年代初期，这一数字进一步上升到了57%（谢朝斌，1995）。 这个数据是针对整个美国市场而言的，但具体到其中的不同产品类型，则进一步显示出这一时期美国商品流通渠道的类型结构特征。 就工业品而言，美国大概有80%是由制造商自行销售的，仅有不足20%由批发商完成销售；而消费品中则有不足50%的产品是经由批发商进入零售领域的，大部分消费品是由制造商直接与零售商交易完成流通的（马龙龙，1997）。 这种统计数字上的变化一方面说明了"二战"后批发商组织经营变革与创新的有效性，另一方面说明即使这一时期美国制造业和零售业的市场集中度不断上升，但仍然存在众多无力进入批发领域的中小制造商和零售商，这些中小企业构成了传统批发商的主要市场。

2.1.2.3　批发业衰退与零售业专业化（2000—2012年）

这一时期的流通业随着电子商务的发展也受到了前所未有的巨大冲击。

第一，从数量角度看，批发业已进入稳定发展期，由于受到发达的百货公司、连锁商店、超级市场体系，以及"一周一次"一站式采购习惯等因素影响，美国近年来鲜有新批发市场开张。生产、批发和零售之间的界限比较模糊，相互渗透程度很强。连锁经营模式在大型零售业巨头中十分普遍，零售商可直接向厂家下达订单，由厂家直接配送商品。近年来美国的大型零售商为批发业务开辟的快速旁路（By-Pass）系统成为批发业的一种新趋势，许多生产商采取的顾客定制的生产模式、专卖店的销售模式、全国或全球联保的服务模式，使消费者和厂家的直接联系更加密切。

第二，互联网使批发商的信息、资金、规模优势不再明显，生产者和消费者建立直接联系，使配送路径更短、产品价格更低。第三方交易平台、快递公司、远程交易的电子支付、连锁企业中的 ERP 系统广泛使用，也使批发商的传统功能被替代。

第三，零售业体系越来越层次分明、种类繁多、量大面广，极大方便了商品流通和居民生活。连锁经营是美国零售业的主流运营方式，对商品采购、配送、销售、财务等各环节实行专业化分工，货源的 95% 由总部来确定，5% 的生鲜类商品由门店自定。连锁店总部或大区销售中心的配送中心负责订货，配送中心负责门店的进货、配送、分拣、加工、送货等任务。门店则按照总部的指示和服务规范，承担日常销售业务。这种方式为业务扩张提供了一种成熟的商业模式和风险控制手段，新加入者也可获得培训、广告、会计、员工管理、劳动社保等方面的帮助。

2.1.2.4 全渠道整合与零售业态创新（2012 年至今）

近 10 年，电子商务及移动互联网的崛起，使得企业开始整合实体渠道、电子商务平台渠道和移动互联网渠道等所有的零售渠道，让消费者无论是在线上还是在线下都可以拥有愉悦的无缝链接的购物体验。最为突出的是，超市业态龙头企业沃尔玛的电子商务化，沃尔玛电子商务网站最早于 2000 年推出，前期发展未得到足够重视，直到 2016 年收购了 Jet.com——一家名不见经传但融资能力超强的电子商务公司。再如布鲁明戴尔百货和梅西百货推行全渠道策略，并推出了多项互动性的自助服务技术，让购物简单周到且愉悦。

梅西百货的试点项目有很多，如美容小站，类似于图书馆的书籍搜索机，顾客在这个自助服务机上搜索自己想要的护肤品，就可以了解到该产品的功能、库存等信息并直接进行购买。 一个"美容小站专职礼宾助理"会在店里提供使用帮助，如协助处理信用卡交易等。 再比如真试衣，是梅西网上商城 macys.com 上的一个应用工具，顾客站在机器面前，选择想要试穿的衣服，屏幕上马上会出现该衣服的上身效果图，以帮助顾客挑选适合自己的服装。还有"店内定位"服务，顾客走到店里任何位置，对应顾客位置附近的产品广告、优惠券马上就会发送到顾客手机上，从而激发顾客进行非计划性购买。

这一时期为了迎合消费者对创新本身的追求，一些专门店业态大胆创新，如纽约创新零售概念店 STORY。 STORY 于 2011 年创立，位于纽约曼哈顿第十大道，门店面积约 186 平方米。 STORY 的门店运用了一种新的零售概念：以杂志的形式讲故事，像画廊一样定期更新设计，像商店一样卖东西。 它与包括美国运通公司、英特尔公司和塔吉特公司在内的合作伙伴共同创建了 Color，Making Things，Love，Made in America 等全新零售概念。在 STORY，每隔 4－8 周就会重新安排门店的设计和店内商品，旨在表现新的主题、流行趋势或合作活动。

2.1.3　中国流通业的演进与发展

流通作为生产与消费的中间环节，在组织生产和引导消费方面具有不可替代的作用。 中华人民共和国成立 70 多年来，流通业规模由小到大，产业地位由末端到先导，流通方式由单一到多元，新业态新模式不断涌现，更好地满足了人民对美好生活的需要，成为形成强大国内市场的重要组成部分。 我国流通业发展历程主要分为 5 个阶段：第一个阶段是计划经济时期（1949—1978年），第二个阶段是转型发展时期（1979—1991 年），第三个阶段是社会主义经济时期（1992—2001 年），第四个阶段是快速发展时期（2002—2011年），第五个阶段是全面发展时期（2012 年至今）。

2.1.3.1　计划经济时期（1949—1978 年）

在这一阶段，我国借鉴苏联社会主义建设模式，建立符合社会主义计划经济体系要求的流通体系，主要分为 3 个阶段。

第一个阶段是经济恢复期，也就是 1949—1952 年。这一阶段流通政策的重点是稳定经济，打击投机等不法商业行为，为恢复经济建设服务。限制私营商业经营，运用国营机构控制商品供应，稳定物价；出台《关于取缔投机商业的几项指示》，对超范围经营、不在规定市场交易、囤积居奇、买空卖空等投机行为予以取缔。在管理过严时，适当放松对私营商业的限制。第二个阶段是社会主义改造时期，也就是 1953—1957 年。这个阶段流通政策的重点是逐步取消私营商业，稳定流通，保障供给，支持社会主义改造顺利进行。到 1956 年，社会主义商业占商品批发总额的 82％，供销社占 15.2％，私营商业仅占 0.1％。第三个阶段是社会主义计划经济时期，也就是 1958—1978 年。这一阶段流通政策的重点是商品流通实行统购统销，以国营百货店和供销合作社为主，流通渠道较为单一。

2.1.3.2　转型发展时期（1979—1991 年）

1978 年 12 月党的十一届三中全会召开，我国开始实行改革开放政策。这个阶段流通政策的重点是调整流通领域的所有制结构，转换国有流通企业的经营机制。政府部门出台一系列政策、措施和规划推动流通体制改革。1982 年，国家提出"三多一少"流通体制改革目标，即构建以国营商业为主导，多种经济形式、多种经营方式、多条流通渠道并存的少环节、开放式的商品流通体制，1985 年基本形成多种经济成分、多条流通渠道、多种经营方式并存的减少流转环节的流通运行机制。到 1989 年，小型企业实行"改、转、租、卖"的面已超过 90％，对调动经营者积极性、激发企业活力、方便群众生活起到了明显效果。

转型发展时期的重点：一是恢复和发展农村集市贸易，调整和改革农副产品购销体制、日用工业品价格体制及购销和批发体制；二是国有商业产权改革，有计划地发展商品经济。具体来看，我国在商业管理体制方面简政放权，进一步扩大市场调节范围，取消日用工业品指令性计划，取消农副产品的统购、派购制度，改革多层次的批发体制为"三多一少"；围绕建立有计划商品经济体制，对流通领域的企业结构、批发体系、价格制度、经营机制等方面进行全面改革，打破传统体制的束缚，扩大企业自主权，建立了多种形式的经营责任制，促进流通体制向市场取向的改革进程。

2.1.3.3 社会主义经济时期（1992—2001 年）

1992 年，中国确立建立社会主义市场经济体制的改革目标，强调使市场在国家宏观调控下对资源配置起基础性作用。围绕建立社会主义市场经济体制的改革目标，内贸流通领域坚持市场化改革方向，着力打破与社会主义市场经济不相适应的体制机制障碍。一方面，国家先后推动了粮食、成品油等重要商品的流通体制市场化改革；另一方面，顺应全球化发展趋势，1992 年 7月，国务院出台了《关于商业零售领域利用外资问题的批复》，批准在六大城市和五个经济特区各试办一至两个中外合资或合作经营的零售企业。随后，国家又批准了扩大试办中外合资零售商业的城市和地区范围。1995 年 10月，国务院批准北京和上海试办中外合资连锁商业企业。1999 年 6 月，国家发布《外商投资商业企业试点办法》，允许开设中外合资、合作商业的地区扩大到直辖市、省会城市、自治区首府、计划单列市，经营类型的开放也由零售业拓展到批发业。

在该阶段，商品市场体系建设出现高潮。一是商业企业股份制改革成效显著，非公有制商业进一步得到发展，成为流通领域市场主体的主要力量。二是外资商业开始进入中国市场，1992 年成立了中国第一家中外合资零售企业。三是尝试围绕大流通、大市场的体制和机构改革，行业协会走上前台。四是政府积极对商品市场进行宏观调控的新探索，建立了重要商品的储备制度。五是以假日经济为突破口开始了扩大消费、刺激消费的新政策尝试。六是连锁经营、现代物流和配送中心开始发展。随着我国东南沿海地区工业化进程快速推进，数万个专业批发市场纷纷建立，以满足工业原辅材料和产成品的集散需要。同时，以沃尔玛、家乐福等外资超市进入为突破口，大型综合超市发展的黄金时代开始了，并且互联网的发展推动了电子商务在中国的蓬勃兴起。

经过 1992—2001 年的发展，商业经营主体更为多元化，商品流通渠道不断多样化，商业企业经营管理制度日益现代化、科学化，产品价格逐步市场化，同时出现了超级市场、便利店、货仓式超市、专卖店、邮购、网上商店等新型商业业态。社会主义的商品市场体系基本框架初步建立，同时，国家在商品市场宏观调控方面也进行了有益探索，基本上达到了党的十四届三中全会提出的培育商品市场的目标。我国商品的资源配置和流通主要依靠市场，价格也由市场决定的格局在这个阶段基本形成。

2.1.3.4 快速发展时期（2002—2011 年）

2001 年 11 月中国正式加入 WTO（世界贸易组织），按照我国政府的有关承诺，我国将在 5 年内全面开放流通领域。加入 WTO 后，大批外资零售企业进入中国，如美国沃尔玛、法国家乐福、德国麦德龙、日本永旺等世界500 强企业。同时，我国零售业由 1978 年以前的单一业态发展为食杂店、便利店、折扣店、超市、仓储式会员店、百货店、专业店、专卖店、购物中心、工厂直销中心、电视购物、邮购、网上商店、自动售货亭等 17 种业态，市场容量迅速扩大。

特别是 2003 年商务部的成立，打破了我国内外贸分割管理近 50 年的局面。通过整理设计流通市场方面的法规文件，商务部初步完成我国市场流通法律体系的框架设计，并且积极发展电子商务连锁经营、物流配送等现代流通方式，提高流通现代化水平，促进商品和各种要素在全国范围内自由流动和充分竞争。境外零售企业凭借雄厚的资金实力和先进的管理技术，布局专业店、大型综合性超市和仓储式商场等流通业态，快速完成对整个内地市场的战略布局，并进入快速扩张期，也使中国市场成为当时世界上零售企业竞争最为激烈的市场。

快速发展时期的重点表现在 3 个方面。一是流通方式的现代化水平迅速提高，以现代信息技术和网络技术为主要内容的各种先进流通经营、管理技术和手段等在流通企业得到广泛应用。绝大部分大中型零售企业引入销售时点信息管理系统（POS 机、条形码技术等），建立管理信息系统，应用电子数据交换系统、全球卫星定位系统和互联网等现代信息技术，提升了企业信息化水平,使流通效率得到显著提升、流通成本显著下降。 二是企业连锁经营比重快速上升,成为我国流通业发展的主流。 限额以上连锁零售业和餐饮业零售额占社会消费品零售总额的比重由 2002 年的 5％上升到 2007 年的14.6％。 通过连锁经营、资产重组、收购兼并等改革,我国商业企业的组织化程度和集约化水平也在不断提高。 2011 年百强零售企业商品销售额达13 668.3亿元,占社会消费品零售总额的比重达 10.9％,同时已经出现一些较大规模的大型企业集团。 比如,苏宁电器和国美电器,2011 年的商品销售额分别达到 1170 亿元、1068 亿元,分别排名第一和第二。 三是电子商务等新型流通业态不断涌现。 2003 年淘宝网成立,经过仅 1 年多的发展,其迅速成为中国网络购物市场的领军企业。 从 2004 年 2 月开始,淘宝网以平均每月768％的增长速度紧追 eBay,1 年后淘宝网排名超过 eBay,成为亚洲最大的购物网站,拥有中国网民 1 亿多人。 2008 年 4 月,阿里集团成立天猫商城,搭建起综合性的购物平台,形成规模庞大的网络零售商圈。 在这一过程当中,京东商城、当当网、唯品会等电子商务企业也迅速兴起。

2.1.3.5　全面发展时期(2012 年至今)

2012 年党的十八大召开,流通业进入全面发展期。 2013 年习近平总书记提出"一带一路"倡议,强调设施联通和贸易畅通,为流通业发展赋予了新的使命。 2015 年,"两会"政府工作报告中提出"互联网＋"行动计划,推动流通业加快全面深化改革,与互联网深度融合。 2017 年党的十九大报告提出,我国进入高质量发展阶段,流通业作为国民经济的重要产业也进入了高质量发展阶段,在这一时期,有关部门出台了一系列支持流通业全面发展的政策文件,促进流通方式创新、流通效率提升、流通环境改善。

在全面发展时期,流通业发展的重点主要体现在:第一,建立了较为完善的流通体系,流通主体多元,多业态并存,流通渠道畅通,全国统一市场逐渐形成,初步构建了全球商品流通网络;第二,网络销售高速发展,其销售额占社会消费品零售总额的比重将近 20％,同时各类新业态不断涌现,无人超市、无人机配送、VR 等应用场景纷纷出现,更好地满足了消费需求;第三,传统实体商业面临转型,线上线下融合成为大势所趋。

回顾中华人民共和国成立 70 多年来流通业的发展变化，我们能看到，流通业从国民经济的末端产业发展为国民经济的先导性、基础性产业，成为形成强大国内市场的重要力量。 流通业从理论、业态、组织、技术、管理、运营等各个方面，完成了对西方发达国家的模仿、竞争甚至赶超，零售数字化应用走在世界前列。

2.2 改革开放以来中国流通理论研究

本节拟系统梳理改革开放 40 多年来我国流通理论的发展脉络，全面总结中国流通理论研究成果。 本研究的数据来源于中国知网，为增强数据可靠性、真实性，样本选择来源于三类期刊：第一类是管理学权威期刊，如《管理世界》；第二类是经济学权威期刊，如《经济研究》《经济学动态》《经济理论与经济管理》《财贸经济》《商业经济与管理》《商业研究》《中国流通经济》；第三类是综合性社科权威期刊，如《学术月刊》《中国社会科学》。选取时间区间为 1978—2018 年，以方便认识并总结改革开放以来流通理论的研究成果。 选取方法是对期刊进行高级检索，将检索条件设置为"主题词"，输入"流通"进行检索，获得 459 篇有效文献。 与此同时，结合现有研究对流通理论阶段的划分，本研究将改革开放以来我国流通理论发展划分为 5 个阶段，即 1978—1983 年对计划经济体制的理论反思阶段、1984—1991年有计划的商品经济理论阶段、1992—2000 年贸易体制完善与内外贸易融合的理论阶段、2001—2007 年市场贸易体制确立的理论阶段、2008—2018 年深化改革高质量发展的理论阶段。

为进一步系统归纳和总结流通理论研究成果，本节主要参考以下理论框架：余炯（1993）提出的流通概念、市场经济与流通、价值革命与流通潜能等理论框架；夏春玉（1998）的理论框架体系，包括基本理论、流通职能、流通规模与结构、流通产业、流通组织、流通渠道与环节及流通政策等内容；纪良纲等（2002）的理论框架，包括基本理论、流通环境、流通过程、流通组织、流通绩效和流通管制等 6 部分内容；王雪峰（2013）的理论框架，包括流通概念、流通研究的对象和目的、流通业的价值、流通理论的存在性及流通理论体系的构建。 在上述理论框架的基础上，本节将相关理论分为流通基础理论、流通运行理论、流通发展和创新理论、流通调控理论、流通专题五大领域。为了统计和分析的需要，本节对理论体系的具体内容进行进一步界定：①流通基础理论，包括流通的基本范畴（如流通内涵、地位、作用），流通基本经济规律，流通相关关系，流通（生产）力；②流通运行理论，包括流通运行要素（如流通渠道、流通组织），流通运行模式理论（如电子商务、ECR 流通模式），流通运行效率理论，流通运行效益理论；③流通发展和创新理论，包括流通发展一般理论、流通现代化理论、流通创新理论和流通信息化理论；④流通调控理论，包括流通调控机理和流通秩序治理；⑤流通专题，包括有关WTO 的专题、流通体制改革专题、农产品流通专题、内外贸一体化专题、"一带一路"大流通专题和"互联网＋流通"专题。

2.2.1 对计划经济体制的理论反思阶段(1978—1983 年)

针对原有计划经济体制的诸多弊端，1978 年，十一届三中全会提出了改革经济体制，实行对外开放的政策。 1981 年 6 月，中共十一届六中全会通过的《关于建国以来党的若干历史问题的决议》中也提到，必须在公有制基础上实行计划经济，同时发挥市场调节的辅助作用。 当时社会上普遍存在"重生产、轻流通"，忽视价值规律和市场调节作用的现象，形成了一种封闭的、少渠道、多环节、分配型的商品流通状况。 1981 年 11 月，第五届全国人民代表大会第四次会议的政府报告提出，"建立多渠道、少环节、开放的商品流通市场；以大中城市为依托，形成各类经济中心，组织合理的经济网络"。1982 年 9 月，中共十二次全国人民代表大会的报告中指出，"我国在公有制为基础上实行计划经济。 有计划的生产和流通，是我国国民经济的主体。 同时，允许对于部分产品的生产和流通不做计划，由市场来调节"。 理论界在批判"无流通论"的基础上，把对流通和流通规律的研究提到了一个新的高度，对流通渠道和运行效益有了更全面的认识，如表 2-1 所示。

表 2-1 1978—1983 年流通理论研究情况

主题	研究视角和内容	代表性观点和研究成果
流通基础理论	批判"无流通论":自然经济论、"无流通论"危害	"无流通论"年代的流通(孙全,1984);"自然经济论"(孙冶方,1984);"无流通论"危害(孙冶方,1980)
	流通的基本范畴:内涵、目的、作用	商品流通是社会再生产过程中的重要阶段(王楠,1980);目的是通过货币进行商品交换,满足社会生产消费①、生活消费的需要(薛家骥等,1980);商品流通的性质、特点、作用(马竹山,1980)
	流通领域经济规律的含义、特征和内容	普遍规律与特殊规律(郭金吾,1980);等价交换规律、供求平衡规律、商品竞争规律、商品资源让渡规律和货币流通规律等 5 个规律(薛家骥等,1980;高涤陈,1981;高涤陈等,1983)
流通运行理论	流通渠道:概念、影响因素、类型	流通渠道概念(孟振虎,1982;车礼,1981);影响因素(冒天启,1981;孟振虎,1982;王宜泰,1983);商品流通渠道的划分(纪宝成,1981;王宜泰,1983)
	流通运行效益:流通费用概念、类型,降低商品流通费用的途径、意义	流通费用概念(王振之,1980;俞光耀,1981);商品流通费用,按经济实质划分类型(马竹山,1980;侯善魁,1980);降低费用的途径(马竹山,1980);降低商品流通费用的政治意义和经济意义(侯善魁,1980)

2.2.1.1 对"无流通论"的批判

在我国实行计划经济体制的很长一段时间内,"无流通论"成为社会主义政治经济学的主流观点,商品流通在很大程度上采取了国营商业执行国家分配实物的形式。 由此,就形成了这样的局面:在"无流通论"占统治地位的年代,商业经济学看漏了流通特有的规律,政治经济学又看漏了流通(孙全,1984)。 改革之初,站在流通理论研究前沿的孙冶方先生,首先发起了对"无流通论"的批判,指出这实际上是"自然经济论"①。 他认为,这种认识

---

① 孙冶方:《社会主义经济的若干理论问题》,人民出版社 1984 年版,第 202—216 页。

造成了很大的危害，严重妨碍着人们在理论上全面正确地认识社会主义经济。 同时，他强调流通过程应是社会主义经济中独立的经济过程，经济学必须从总体上研究流通过程，从客观经济过程上研究流通规律（孙冶方，1980）。 孙冶方先生在对自然经济论和"无流通论"的批判中，逐步形成了一套有特色的社会主义流通理论。 孙冶方通过对流通理论的学习，从理论、实践、社会3个方面对"无流通论"进行了全方位清理，从而奠定了流通理论的基础。 此外，其他经济学家也从不同角度对流通问题进行了研究，提出了一些独到的见解。

2.2.1.2 流通的基本范畴

长期存在的轻视流通、轻视市场、重视实物经济的观念，造成了实际的产销脱节。 要改变产销脱节问题，就要明确社会主义流通的内涵和目的，按照社会主义基本经济规律的要求，运用社会主义流通领域的客观经济规律来组织社会主义流通，充分发挥商品流通作用（薛家骥等，1980）。 商品流通是完成商品从生产领域进入消费领域的转移，实现商品价值和使用价值的主要条件，是社会再生产过程中的重要阶段（王楠，1980）。 社会主义流通的目的，也就是在国家计划的指导下，通过货币进行商品交换，满足社会生产消费和生活消费的需要（薛家骥等，1980）。 商品流通的作用：第一，社会主义商品流通为生产服务，一方面它为生产供应生产资料，另一方面它为生产销售商品，使生产出来的产品，能够迅速实现销售，完成生产基金由商品形态到货币形态的转化；第二，社会主义商品流通为分配服务，是实现个人消费品按劳分配的主要形式；第三，社会主义商品流通为消费服务，是联结生产和消费的中间环节，对消费和生产都有积极的影响；第四，社会主义商品流通还是沟通城乡物资交流、密切城乡经济联系不可缺少的桥梁（马竹山，1980）。

2.2.1.3 流通领域经济规律

理论界对流通经济规律的探讨经历了一个由简单到复杂、由初步到深入的过程。 流通作为同生产并立的独立的经济运动过程，不仅会有社会经济运动的一般规律在其中起作用，而且还会有本身固有的规律在起作用（高涤陈等，1983）。 在流通领域，除了要研究社会主义经济的普遍规律，如社会主义基本经济规律、国民经济有计划按比例发展规律、价值规律和按劳分配规律，还要十分重视研究流通领域的特殊规律，例如针对商品供求问题、等价交换问题、商品竞争问题、商品经济流向问题、流通时间节约问题及商业企业自主权问题等等（郭金吾，1980），运用供求规律搞好供求平衡，运用竞争规律实现使用价值和价值的统一，运用价值规律尽可能做到等价交换，运用节约流通时间规律尽可能地节约流通时间（薛家骥等，1980）。 到1983年，理论界形成的比较有影响力的观点是：商品流通经济规律主要有等价交换规律、供求平衡规律、商品竞争规律、商品资源让渡规律和货币流通规律等5个规律。 这5个经济规律在鞭策商品生产经营者降低成本和提高效率、促使商品供应不断适应商品需求、推动商品经营讲求经济效益、促进商品持有者不断排除各种超经济因素对商品流通的干扰、促使按商品流通需要确定货币发行量等方面发挥着重要作用（高涤陈，1981；高涤陈等，1983）。 在当时的条件下，这些规律对于我国实现商品等价交换、开展正常竞争、商品自由交易、货币适度发放等具有极为重要的理论意义和现实意义。

2.2.1.4　流通渠道

对于商品流通渠道和流通规律的研究，直到20世纪60年代才有少数人论及。 社会主义制度下，存在着生产资料和劳动产品的不同所有形式和多种交换关系。 所以，人们互相交换其劳动产品的商品流通，也存在着不同的形式和渠道（马竹山，1980）。 对商品流通渠道的表述有两种：第一种，商品流通渠道是商品流通所经过的通道，或者说"网络"（孟振虎，1982）；第二种，商品流通渠道是商品流通所经过的过程（车礼，1981）。 在决定和影响商品流通渠道形成的因素方面，有3种不同观点。 第一种观点认为，商品流通渠道的形成受5个条件影响，即我国生产力发展水平、国家的经济模式和经济结构、商品本身的自然属性、市场供求状况、历史传统习惯；第二种观点认为，商品流通渠道是由以下5个方面的因素构成的，即不同的流通形式、不同的所有制形式、不同的流转环节、不同的经营方式、不同的组织形式；第三种观点认为，商品产需关系的存在，是渠道形成的前提；有无经济利益及经济利益的大小，是渠道形成的主要因素；不同性质的所有制决定的经济利益，对渠道的形成起决定作用（冒天启，1981；孟振虎，1982；王宜泰，1983）。对商品流通渠道的划分，可以从不同的角度按照不同的标志来进行：第一种划分法，按照商品交换是否有中间人介入划分为直接商品流通渠道和间接商品流通渠道；第二种划分法，按照宏观控制程度划分为计划渠道和非计划渠道两大类，其中计划渠道占据主导，如国营企业；第三种划分法，按照商品流通渠道的所有制形式划分为全民（国家）全所有制、集体所有制、劳动者个体所有制、联合所有制和各种所有制成分组合（纪宝成，1981；王宜泰，1983）。

2.2.1.5 流通运行效益

"流通费用"是马克思在分析商品流通的过程中所使用的概念。 20世纪80年代初，随着对商品流通效率重视程度的提高，流通费用的构成及其降低途径逐渐成为研究热点。 商品流通费用是商业部门在收购、运输、保管、销售等过程中所支付的费用，它是反映商业企业经营活动质量的一个重要指标。 商品流通费用越低，表示商业企业经营管理的水平越高（王振之，1980；俞光耀，1981）。 全部商品流通费用，按其经济实质来说，可以划分为两类：一是生产过程中流通领域内继续追加的费用；二是同产品的商品形式直接有关的流通费用，包括与商品的买卖行为相联系的各种费用（马竹山，1980；侯善魁，1980）。 就流通过程本身来说，降低商品流通费用的途径在于合理设置商业批发机构，减少多余的中间流通环节；按经济区域组织商品流通，合理选择商品流通路线；合理组织商品储备，节约商品保管费用，减少商品物质耗损；提高企业的经营管理水平，健全企业的各种规章制度（马竹山，1980）。 降低商品流通费用的政治意义和经济意义在于，这是增加商业利润、增加社会主义国家资金积累的重要来源之一，可以节约国家资金，为社会节约大量的物质财富，能够为降低商品价格创造条件，有利于改进企业的经营管理（侯善魁，1980）。

2.2.2 有计划的商品经济理论阶段（1984—1991 年）

1984 年 10 月，中共十二届三中全会召开，会上通过了《中共中央关于经济体制改革的决定》，其中明确提出，"社会主义经济是有计划的商品经济"，同时强调"价格体系的改革是整个经济体制改革成败的关键"。 1987年，中共十三大明确了"国家调控市场、市场引导企业"的经济运行机制，国家运用经济手段、法律手段和必要的行政手段，调节市场供求关系，创造适宜的社会经济环境，以此引导企业正确地进行经营决策。 同时指出，我们"必须从有利于保持社会总供给和总需求基本平衡、促进科学技术进步和优化产业结构出发，加快宏观经济管理方式的改革"。 此时的中国商品流通体制处于旧体制还未彻底改革、新体制尚未建立的"双轨制"状态，改革进入一个新的探索阶段。 对此，理论界对流通的相关关系、流通生产力、流通调控机制、流通秩序治理等方面进行了大量研究，并有效地指导了改革实践，具体如表 2-2 所示。

表 2-2 1984—1991 年流通理论研究情况

主题	研究视角和内容	代表性观点和研究成果
流通基础理论	流通相关关系：流通与生产、流通与资金运动、流通与市场、流通与商品经济的关系	关于生产和流通的关系问题（孙全，1984；宋涛，1985；杨昌俊，1987；杨承训，1988；陈学工，1989；王绍飞，1990）；流通与资金运动的关系（宋则行等，1985；赵效民，1986）；流通与市场的关系（赵宁渌，1986）；流通与商品经济的关系（杨承训，1986）
	流通生产力：概念、社会生产力与流通生产力的区分	流通生产力的概念（高涤陈，1981）；社会生产力与流通生产力的区分（赵宁渌，1989）
流通调控理论	流通调控机制：宏观调控必要性、调控手段、调控现状	宏观调控必要性（秦群立，1988；卫兴华等，1990）；调控手段通过对商业企业经济活动外部环境的影响实现（陶绯等，1987）；突出经济手段、行政管理、法律规范、制动功能这 4 个方面的宏观调控（郭乃青，1990）
	流通秩序治理：如何治理流通秩序、建立流通新秩序	流通秩序混乱（周长军，1989；刘景让等，1990）；对流通秩序的整顿（高殿泉，1989；李士驹等，1989；朱辛华，1989；苏学生，1989）

主题	研究视角和内容	代表性观点和研究成果
流通体制改革	流通体制改革的理论依据、目标任务、改革重点	把马克思主义相关理论作为流通体制改革的理论依据(李昶,1986);流通体制改革核心(荆国良,1986);目标任务与改革重点(罗辉美,1987)

2.2.2.1　关于流通相关关系

到该阶段,我国经济工作中长期存在的重生产轻流通问题,仍没有从根本上解决。 这一方面是由于过去不承认社会主义经济也是一种商品经济,盛行"无流通论",认为社会再生产过程只有生产、分配、消费 3 个环节;另一方面也是由于不正确认识流通与生产的交互关系,只知道商品生产决定商品流通,不承认商品流通对商品生产也具有决定作用。 随着市场取向的经济体制改革,"无流通论"的观点逐渐为人们所摒弃,而流通与生产、流通与市场、流通与商品经济的关系成为关注的焦点。 其中,关于生产和流通的关系问题,代表性的观点主要有:"生产决定流通论","生产流通相互决定论","生产流通相互转化论","流通中心论"或"流通决定生产论","生产流通决定论与非决定论的统一","生产决定商品流通,资金流通决定生产",等等(孙全,1984;宋涛,1985;杨昌俊,1987;杨承训,1988;陈学工,1989;王绍飞,1990)。 关于流通与资金运动的关系,有学者认为,商品流通是保证社会主义资金正常运转的极其重要的环节,只有搞好社会主义商品流通,才能搞好社会主义资金运动(宋则行等,1985),商品流通是资金流通的历史前提和现实基础,资金流通又对整个商品流通起着主导的作用(赵效民,1986)。 关于流通与市场的关系,有学者认为,商品自由流通是商品市场形成和发展的必要条件(赵宁渌,1986)。 关于流通与商品经济的关系,有学者认为,流通同商品的属性无法分离,发达的商品经济要求发达的流通体系与之相适应;反过来,发达的流通业会促进商品生产的发展(杨承训,1986)。

2.2.2.2　流通生产力论

改革开放以前,由于"左"的思想影响,理论界曾经长期把对生产力经济问题的研究视为政治经济学的禁区。 改革开放以后，学术界的研究才重新开始触及这一领域，但最初有关生产力的研究所涉及的领域主要集中于生产过程，而对流通领域是否存在生产力的问题，很多学者都持否定或怀疑的态度。1981 年，高涤陈从生产力经济学的研究角度出发，提出了流通生产力的概念，即根据流通过程的特点，社会把产品从生产领域运送到消费领域的能力，应该属于社会生产力的范畴，是社会生产力在流通过程中的具体表现。 这种能力可以称为流通生产力，它体现在流通过程中所花费的或劳动和物化劳动的总和同所获得的结果之间的关系（高涤陈，1981）。 但在当时未能得到社会的更多反响。 随着经济的日益全球化和一体化，人们认识上的提高，学术界对流通生产力的研究得到了较大发展。 流通力是推动商品从生产领域向消费领域运动的一种力，是整个社会所有商品流通者使商品从自己手中经过的能力的综合，也是人类在商品经济社会中形成的若干社会力中的一种。 同时，应该把社会生产力与流通生产力区分开来，整个社会再生产循环中表现出来的生产力，应称作社会生产力，而流通过程中的流通生产力应称作流通力，生产力与流通力相对应，但流通力并不从属于生产力（赵宁渌，1989）。商品流通生产力的大小，标志着一个社会商品经济发展水平的高低（周建仁等，1988）。

2.2.2.3 流通调控机制

社会主义初级阶段的经济特征，决定了对于整个商业运行进行宏观调控的必要性。 经历了由商品经济—市场经济—宏观调控下的市场经济 3 个大的阶段的认识过程，20 世纪 80 年代初期，有人提出"国家宏观调控下的自由流通"。 后来人们对这一认识逐步深化。 流通领域实现计划经济与市场调节相结合的一个核心问题，就是如何通过计划的、组织的、储备的、监控的和法律的手段，建立和完善宏观调控体系（卫兴华等，1990）。 党的十三大报告对此做了精辟论述，明确指出："新的经济运行机制，总体上来说应当是'国家调节市场，市场引导企业'的机制。"即国家运用经济手段、法律手段和必要的行政手段，调节市场供求关系，创造适宜的社会经济环境，以此引导企业正确地进行经营决策（秦群立，1988）。 宏观间接控制是国家运用经济的、法律的和行政的手段，根据市场反映出的经济状况，对流通领域乃至整个社会经济领域的经济活动进行指导、协调、监督和控制。 这种控制行为是通过对商业企业经济活动外部环境的作用来进行的，是以有利于商品的自由流通为界限，以创造一个良好的自由流通环境和秩序为目的（陶绯等，1987）。 加强对流通领域的宏观调控，应突出对经济手段、行政管理、法律规范、制动功能这4个方面的宏观调控（郭乃青，1990）。 要按经济规律办事，正确认识宏观调控的作用；正确运用调控手段，强化市场调控体系（杨振武，1991）。

2. 2. 2. 4　流通秩序治理

商品流通体制经过10年的改革，在发展多种经济成分的商业、建立商品购销新体制、实现企业自主经营、转变商业行政管理部门职能等方面取得了显著成效（吕周德等，1989）。 但是，由于我国没有注重建立起社会主义初级阶段合理的商业结构和正常的流通秩序（周长军，1989），流通领域出现"三紧""四乱"，即流动资金紧、商品供求紧和商品运输紧；批发渠道乱、流通组织乱、交换行为乱和市场管理乱（刘景让等，1990）。 为了整顿流通秩序，为改革创造一个良好的市场环境，要从国家大局出发，正确认识和处理好改革开放和治理整顿的关系；"大环境"和"小环境"的关系；有利因素和不利因素的关系（高殿泉，1989）。 要充分认识建立市场新秩序的复杂性、艰巨性。 要从综合治理经济环境入手，建立市场新秩序。 要认识到国合商业企业的运营行为，在很大程度上决定着市场秩序的稳定（李士驹等，1989）。对于流通领域秩序的整顿，国营批发商业企业应起带头作用、促进作用（朱辛华，1989）。 整顿商品流通秩序：第一，要稳定市场、稳定物价，加强对价格的管理和监督；第二，要认真整顿批发商业秩序；第三，要继续认真清理与整顿各类公司；第四，要保护社会主义竞争（苏学生，1989）。 流通处于社会再生产过程的中间环节，对流通领域的治理与整顿不仅取决于自身秩序的改善，而且有赖于宏观经济环境的制约。 只有综合治理、配套实施，才能循序渐进，实现预期目标（姜宗濂，1990）。

2.2.2.5　流通体制改革专题

1984 年底,党的十二届三中全会提出了社会主义经济是在公有制基础上有计划的商品经济。 在这一理论的指导下,理论界进一步探讨了流通体制改革的理论依据,提出了新的改革目标和重点。 流通体制改革,要以马克思主义关于流通在社会再生产中的地位和作用的论述为基本的理论指导;突破狭义流通,把马克思主义关于广义流通的理论作为进行流通体制改革的理论指导;要以社会主义经济是有计划的商品经济的理论作为基本的理论指导(李昶,1986)。 流通体制改革的基本目标任务:一是要实现社会商业持续、稳定、协调发展,即流通和生产发展要相适应,才能实现货畅其流,解决主要商品的买难卖难问题;二是商业网点和职工素质要有相应发展和提高;三是要建立合理的产业结构、商业结构和市场结构;四是社会购买力和商品可供量要达到基本平衡;五是要实现流通管理现代化(罗辉美,1987)。 商业体制改革的核心是要企业自主经营、自负盈亏(荆国良,1986)。 实行政企分开是商品流通体制改革的需要(张云永,1984)。 流通体制改革的重点是完善 5 个体系,即完善社会商业所有制体系,完善市场体系,完善价格管理体系,完善宏观控制体系,完善社会商业的行政管理体系(罗辉美,1987)。

2.2.3　市场贸易体制确立的理论阶段(1992—2000 年)

随着改革的稳步推进,人们对流通的认识不断深化。 1992 年春,邓小平在南方谈话中指出:"计划多一点还是市场多一点,不是社会主义与资本主义的本质区别。 计划经济不等于社会主义,资本主义也有计划;市场经济不等于资本主义,社会主义也有市场。 计划和市场都是经济手段。"1992 年 6 月9 日,江泽民在中央党校省部级干部进修班上发表讲话,第一次确认了"社会主义市场经济体制"这个提法。 随后,中共十四大确立了建立社会主义市场经济体制的改革目标,从而正式宣告了计划经济及其理论在我国的终结,为在我国建立市场经济体制扫清了障碍,其标志着我国理论界开始从经济运行和经济发展的内在要求出发来研究我国的流通现象及其运行新规律。 这一阶段，流通理论研究明确了流通在经济中的地位和作用、流通渠道和流通运行模式，深化了流通体制改革，具体如表 2-3 所示。

表 2-3　1992—2000 年流通理论研究情况

主题	研究视角和内容	代表性观点和研究成果
流通基础理论	流通地位、作用	"流通先导论"（刘国光等，1999）；"流通基础产业论"（高铁生，1999）。
流通运行理论	流通渠道优化	流通渠道的改革目标是"优化"（晁钢令，1998）；主渠道发生变化（肖定华，1992）；流通渠道优化路径（史琨等，1999）
流通运行理论	物流、电子商务、ECR 系统	物流理论研究（叶杰刚，2000）；物流配送作用（王东明等，1995）；流通领域电子商务发展策略"抓住一个本质，推动六项工程"（王冰等，2000）；ECR 流通模式（秦雷刚等，1998；孙元欣，1999）
流通体制改革	外部环境、总体思路、组成部分、改革焦点和改革成就	流通体制改革的宏观环境（郭国荣，1995）；流通体制改革的总体思路（黄世宏，1996）；流通体制改革的组成部分（余厚康，1998）；流通体制改革的焦点（万典武，1993）；流通体制改革取得的成就（李贯岐等，1999）

2.2.3.1　流通的地位和作用

无论是从马克思关于流通的理论，还是从我国经济建设的现实出发，都迫切需要重新评价流通的地位和作用，真正把流通作为一项产业，像重视抓生产那样重视抓流通（胡平，1992）。与此同时，在社会再生产过程中和国民经济中，流通发挥着举足轻重的作用。明确流通在经济发展中的地位和作用，对满足人民日益增长的消费需求，引导、推动生产的发展，抑制通货膨胀，保持市场稳定，促进国民经济持续、快速、健康发展，具有十分重要的意义（侯善魁，1997）。目前，理论界已经突破了计划经济体制下仅仅局限于交换和生产的争论，普遍抛弃了过去传统的"生产决定交换"的观点，而且把流通置于整个产业活动的循环中，置于整个国民经济的运行中，这种宏观研究视角的转变，把对流通地位的认识引向了深入。关于这一问题的主流观点

主要有"流通先导论"（刘国光等，1999）和"流通基础产业论"（高铁生，
1999）。 其中，流通先导论提到，社会主义市场经济条件下，商品流通业将
由社会生产中的末端行业升位为先导行业（刘国光等，1999）。 流通基础产
业论认为，流通业不仅在国民经济运行中起到先导作用，它实质上是一个基
础产业，具有衡量基础产业所具有的基本特征，即社会化、关联度、贡献率、
就业比和不可替代性；流通业是生产性产业，必须打破传统的观念——所谓商
业不是生产性劳动和不创造价值的观点；流通力是社会生产力的重要组成部
分，社会生产力是生产力与流通力的统一，流通力是指社会组织、销售商品和
提供服务的能力，它包括流通规模、流通结构、服务功能和营销能力（黄国
雄，2003）。

2.2.3.2　流通运行渠道

1979 年以来，我国经济上全面改革开放，新流通政策不仅支持发展集
体、个体经济，而且允许工业自销、引进外资、发展股份经济，商品流通渠
道出现前所未有的复杂化和多元化，发生了质变。 流通渠道的改革目标，
不再仅仅是"疏通"，而是"优化"，即通过政策引导、法律规范和市场机
制的共同作用，促使中国的商品流通渠道更加合理化、经济化、规范化和现
代化，更好地促进中国社会和经济的健康发展（晁钢令，1998）。 传统的
主渠道面临着现实矛盾，即作为主渠道的国有流通企业不能实现50％以上
的商品流通额（夏春玉，1996）。 随着流通体制改革的深化，流通主渠道
发生变化，国合商业主渠道的职能范围、发挥主渠道作用的方式和主渠道作
用的着眼点都和以往有很大的不同（肖定华，1992）。 流通渠道发展需要
确立目标模式，明确发展方向；搞好宏观调控，实现均衡发展；培育渠道源
头，增强流通功能；完善流通网络，确保货畅其流；拓宽商品分销渠道，增
加市场占有份额；提倡合理运输，多方降费增效；加强微观管理，维护流通
秩序（史琨等，1999）。

2.2.3.3　流通运行模式

20 世纪 90 年代，流通模式成为研究热点，主要研究传统中间商流通模式

的缺陷，提出建立新时期流通模式的构想，涉及物流、电子商务、ECR 系统等内容。 物流方面，国内物流理论主要围绕物流规划技术、供应链理论、物流模式、第三方物流、自营物流、物流联盟等展开研究（叶杰刚，2000）。物流配送在商品流通中发挥库存、资金周转和经济效益的作用（王东明等，1995）。 电子商务方面，电子商务的发展对传统的商品流通领域形成巨大的冲击，商务电子化使商品流通效率得到很大的提高（姜振华，2001）。 关于流通领域电子商务发展策略的讨论，可以概括为"抓住一个本质，推动六项工程"。 "抓住一个本质"即抓住业务改革、流程重构的本质。 "推动六项工程"是指建立标准规范体系工程，对已有企业系统进行规范化、网络化改造工程，关键业务协同上有所突破的示范工程，商业行为技术创新体系建设工程，成立行业协会、建立行业管理机制的工程，电子商务交易安全立法工程（王冰等，2000）；ECR 系统方面，ECR 系统是近几年在美、日、欧等西方企业界流行的一种新的商品流通体制，是流通企业商品供应的新方法（秦雷刚等，1998）。 中国推进 ECR 流通模式，具体考虑 3 个阶段：第一阶段，提高流通业的组织化程度；第二阶段，由大的商业企业集团试点和推广 ECR 模式；第三阶段，促使商业、银行和流通供应链的整合（孙元欣，1999）。

2.2.3.4 流通体制改革专题

中共十四大报告指出"我国经济体制改革的目标是建立社会主义市场经济体制"，商品流通体制改革的目标有了基本准绳。 20 世纪 90 年代对商品流通体制改革的理论探讨，多半是在"社会主义市场经济"这一大前提下结合商品流通的特点做进一步的阐述。 我国已经彻底改变了过去封闭、单一、僵化的商品流通体制，基本形成了多种流通渠道、多种经济成分、多种经营形式的流通格局，现在正按着社会主义市场经济的要求，迅速朝着大市场、大贸易、大流通的方向发展（郭国荣，1995）。 流通体制改革的总体思路是按照社会主义市场经济的要求，以"建设大市场、搞活大流通、发展大贸易"为指导思想，以"市场化、社会化、现代化、国际化"为奋斗目标，建立起农副产品、日用工业品、生产资料等市场体系（黄世宏，1996）。 商品流通体制可以分解为 3 个组成部分：一是流通的客体，即市场；二是流通的主体，即企

业；三是对流通的指导和保证，即国家的管理和调控。 并且这 3 个部分具有
各自改革的目标（余厚康，1998）。 从交易费用的角度看，我国商业流通体
制的改革过程实质是与社会主义市场经济相适应的交易—协约—经济组织体
制的创新过程（卢现祥，1997）。 流通体制改革的焦点涉及 4 个方面：企业
的微观再造问题；国有、公有流通企业如何发挥群体优势；国际、国内两个商
品市场的对接问题；如何实现以间接调控为主的宏观调控（万典武，1993）。
流通体制改革取得的成就如下：一是实现了市场主体多元化，商品流通渠道
多样化；二是经营方式不断创新，形成了多层次的市场组织体系；三是商品流
通由计划管理逐步转变为市场调节；四是市场机制基本形成，并能较为正常
地发挥作用；五是政府监督调控系统基本建立起来，商品流通逐步纳入法制
化轨道（李贯岐等，1999）。

2.2.4 贸易体制完善与内外贸融合的理论阶段（2001—2007 年）

2001 年 12 月 10 日，中国正式加入 WTO，中国的经济改革也进入了一个
崭新的阶段。 中共十六大提出建立完善的社会主义市场经济体制和更具活
力、更加开放的经济体系的战略目标。 2003 年 10 月，中共十六届三中全会
通过《中共中央关于完善社会主义市场经济体制若干问题的决定》（以下简称
《决定》），目的是使已经初步建立的社会主义市场经济体制日趋完善化、法
制化和稳定化。 该《决定》提出按照"五个统筹"的要求，大力推进市场对
内对外开放，加快要素价格市场化，发展电子商务、连锁经营、物流配送等现
代流通方式，加快建设统一开放、竞争有序的现代市场体系，建立健全社会信
用体系。 2004 年，国家颁布实施《外商投资商业领域管理办法》，完全取消
对商业领域开放的地域、数量和外资持股比例的限制，进一步扩大外商投资
商业领域范围。 中国的商业流通领域进入了全面对外开放的新时期。 这一
时期，理论界主要围绕中国流通现代化、内外贸一体化、流通国际化等展开研
究，支持和促进新时期流通业发展，如表 2-4 所示。

表 2-4　2001—2007 年流通理论研究情况

主题	研究视角和内容	代表性观点和研究成果
流通运行理论	流通组织理论:概念、组织创新、演变动因、组织优化的主要模式	流通组织概念及分类(曹家为,2003);流通组织创新理论依据(樊秀峰,2005);流通组织创新意义(张淑梅等,2007);流通组织优化的主要模式(郭冬乐等,2002;程瑞芳,2004)
流通发展和创新理论	流通发展一般理论:流通发展战略目标、发展现状与思路	流通发展战略目标(丁俊发,2003);促进流通发展的措施和方法,包括提高流通业竞争力(刘国光,2003)、调整流通结构(郭国荣,2003)、整合流通业(孙元欣,2002)
	流通现代化理论:内涵、构成要素、内容及实现途径	内涵包括阶段说(宋则,2003)、动态过程说(晏维龙,2002)、效率说(丁俊发,1998)、综合说(李飞,2003);构成要素(李飞,2003);狭义和广义方面的流通现代化内容(刘建华,2004);推进流通现代化(张岩,2005;李保民,2003)
	流通创新理论:内涵、内容、本质、目标	流通创新的内涵(肖士恩等,2006;张淑梅等,2007);流通创新的本质(宋则,2003);流通创新的目标(范高潮,2003);流通创新相关关系(张弘,2003)
	流通信息化理论:内涵、核心、特征、影响因素	信息化的核心、主要特征(张弘,2003);流通信息化的影响因素(邓若鸿等,2003);流通信息技术(王成金,2005;李雄治等;王凤霞,2007)
流通专题	内外贸一体化理论:内外贸分割问题、内外贸一体化障碍	内外贸分割根源(李永江,2004);内外贸分割解决途径(丁俊发,2004);内外贸一体化关键(于培伟,2005);内外贸一体化障碍(蔡珍贵等,2006)
	WTO 专题理论:中国加入 WTO 后带来的挑战、应对策略	加入 WTO 带来的挑战(刘晓昆,2001);应对策略(李洪江,2002;余剑平,2001;徐从才,2001;张晓光,2003)

2.2.4.1　流通组织理论

改革开放以来,流通组织伴随着流通体制改革和我国经济的持续快速发展而不断地进行创新与演变。 流通组织的变迁体现在流通领域的各个行业上，也体现在流通主体规模与组织方式的变化上。 目前，理论界对流通组织概念、组织创新和演变的动因、组织优化的主要模式等进行了较为深入的探讨。 商品流通组织指在以货币为媒介的商品交换过程中，全部或部分承担商品交换职能的企业、团体和单位。 按商品流通组织在交易中是否发生商品所有权的转移，商品流通组织可分为经销商和代理商；按商品流通组织在商品流通渠道中所处的地位和职能的不同，商品流通组织可分为批发商和零售商（曹家为，2003）。 流通组织创新是一个有计划的系统过程，是一个动态的渐进变革过程。 其发展变革的趋势是确定每一个发展阶段特定商业组织创新的内容和方向的依据。 对于商业组织创新的研究必须依据两个理论来思考：第一个是组织发展理论，第二个是商业组织在社会再生产过程中的地位与作用理论（樊秀峰，2005）。 流通业组织创新有利于全面贯彻落实我国的产业政策，有利于促进流通业乃至国家整个产业的结构优化升级（张淑梅等，2007）。 在市场经济条件下，流通业组织结构优化体现为实现了资源最佳配置，国际竞争力不断增强（郭冬乐等，2002）。 推动流通业组织优化，必须优化我国流通业组织结构，建立"政府—市场中介组织—流通企业"的关系链，形成流通业组织结构优化目标模式；实施积极的流通业组织政策，发挥政策的调节与导向作用；调整流通业市场结构，形成有效竞争的市场态势；规范流通企业市场行为，实现竞争与协作的有机结合；大力发展市场中介组织，为流通企业提供服务（程瑞芳，2004）。

2.2.4.2 流通发展一般理论

流通发展理论主要讨论了流通发展的战略目标、发展现状和发展趋势问题。 不同的经济发展时期，流通发展的战略目标也不同。 21世纪中国流通发展战略要分三步走：第一步，第一个10年，即继续完成两个根本转变时期，形成适应社会主义市场经济需要的流通总框架和大流通、大市场的总格局，与整个国民经济协调发展；第二步，再经过10年，流通的市场化基本完成，与国民经济的市场化相一致；第三步，到21世纪中叶，全面实现流通的现代化，赶上世界先进水平（丁俊发，2003）。 为了实现这些奋斗目标，需要从政策上、从流通业本身上做出努力。 对此，学者们从提高流通业竞争力

（刘国光，2003）、调整流通结构（郭国荣，2003）、流通业整合（孙元欣，2002）等角度提出促进流通发展的不同措施和方法。

2.2.4.3　流通现代化理论

1982 年，党的十二大提出"全面开创社会主义现代化建设的新局面"的战略目标，此后理论界开始探讨流通现代化的问题。 流通现代化最初是从商业的角度被提出的，即所谓"商业现代化"，包括商业技术现代化、商业结构现代化和经营管理现代化等内容。 进入 21 世纪以后，流通现代化的研究范围进一步扩大，理论界已经不再局限于对流通现代化的内容、影响因素等方面的研究，一些学者开始在流通现代化内在机制研究的基础上，尝试对流通现代化进行评价，并且在研究方法上引入实证分析。 流通现代化研究的代表性观点包括阶段说（宋则，2003）、动态过程说（晏维龙，2002）、效率说（丁俊发，1998）和综合说（李飞，2003）。 从构成要素上看，商品流通现代化包括 5 个构成要素，即商流的物质层面、物流的物质层面、信息流的物质层面、商品流通的制度层面和商品流通的观念层面等（李飞，2003）。 流通现代化的内容从狭义上讲包括组织规模、经营模式、管理手段和流通设施的现代化程度，从广义上说还包括信用体系、法治环境、产业政策、产权制度等的现代化进程。 从具体模式上说，流通现代化主要强调的是连锁（特许）经营的组织形态、物流配送的服务体系和电子商务的交易模式（刘建华，2004）。 推进流通现代化是一项复杂的系统工程，涉及社会领域的方方面面，为了稳妥、逐步推进流通现代化（张岩，2005），需要监管体制、经营体制、管理体制等多重因素的协调配合，共同推进。 政府要从宏观上为企业发展营造良好的氛围；企业要把握时机，借鉴吸收一切先进的经营管理技术（李保民，2003）。

2.2.4.4　流通创新理论

流通创新理论主要研究的是流通创新的内涵和意义、流通创新的基本思路和目标及流通创新的内容等等。 流通创新是指在流通业发展进程中，以流通企业为主体，以获取经济和社会效益为目标，以新的流通制度、新的流通方式、新的流通经营技术、新的流通组织形式等为手段，对流通经营要素进行新的调整和新的组合的过程或行为（肖士恩等，2006）。 其内容主要包括：流通制度创新、流通组织创新、流通管理手段创新及产业政策创新等（张弘，2003）。 流通创新的本质就在于"将流通过程中的一切停顿尽可能地消灭，全面加快经济运行的节奏、效率和质量"（宋则，2003）。 流通创新的目标是在创新思路的引导下，缩小与发达国家的差距，涉及业态、组织、投资主体与所有权、手段、物流基础建设、电子商务发展等方面（范高潮，2003）。

2.2.4.5　流通信息化理论

流通信息化理论主要研究流通信息化的发展趋势及如何利用信息化提高流通业的竞争力。 "以信息化带动工业化"是国家"十五"计划明确提出的发展战略，因此应重视流通领域的信息化建设。 信息化是一个在国民经济及社会生活各个方面应用现代信息技术，深入开发、广泛利用信息资源，加速现代化的过程；是一个在国民经济和社会生活各个领域建设信息基础设施、发展信息技术和产业、转变观念和培养人才、完善法制和体制的综合体系；是一个不断发展和转变的过程；是带动 21 世纪国民经济和社会发展的主要推动力。 信息化的核心是资源共享，数字化和网络化是信息化的主要特征（张弘，2003）。 流通信息化受体制性因素、政策性因素、社会技术服务性因素和企业综合能力性因素等的影响，政府行业主管部门和流通业协同努力可以消除这些制约因素，促进流通信息化发展（邓若鸿等，2003）。 另外，具体的信息技术对流通业的影响也是研究关注的焦点，如 BPR 技术、GIS 技术、ERP 技术在流通业中的应用。 20 世纪 90 年代以来，物流企业开始采用 EDI 系统、GPS 和 GIS 技术、射频标识技术、准时制生产、配送计划及其他物流软件，为物流管理提供了强大的技术支持。 其中，GIS 技术作为获取、存储、分析处理地理数据的工具，将多种地理数据以不同层次的联系构成现实世界模型，具有强大的空间数据管理、地理分析和空间分析的功能（王成金，2005）。 ERP 是一种跨越多个企业、多种环境并具有统一的数据库、界面和特定应用功能的企业信息管理系统（李雄诒等，2004）。 企业内部基础管理的再造活动是成功实施 ERP 的关键因素。 当应用 ERP 的改善项目配以相应的企业基础管理再造活动（即 ERP 与 BPR，TQM，JIT 等集成应用），对企业运作绩效的解释程度会显著提高（王凤霞，2007）。

2.2.4.6　内外贸一体化专题

加入 WTO 以后，我国贸易体制逐渐与国际接轨。 2003 年 3 月商务部成立，这标志着内外贸融合的开始。 党的十六届三中全会通过了《中共中央关于完善社会主义市场经济体制若干问题的决定》，提出要"按照市场经济和世贸组织规则的要求加快内外贸一体化进程"，这是首次将内外贸一体化作为国策提出来，为促进内外贸一体化进程提供了良好的宏观背景和政策环境。内外贸在体制上的分割源于中国原有的纵向化、条块分割、高度集中的计划体制与市场体制之间的矛盾和冲突（李永江，2004）。 解决内外贸分割问题：一要形成建立全国统一大市场的思维定式；二要逐步扩充和完善商务部的职能；三要培育和发展内外贸一体化的大型商业企业集团；四要创造有利于内外贸一体化的法律政策环境（丁俊发，2004）。 内外贸一体化的关键是政府行政管理一体化，内外贸一体化的政策特征是国家统筹管理内外贸，而不是对内、对外贸易政策简单地完全划一（于培伟，2005）。 内外贸一体化进程上存在经济体制、运行机制、政策法规、思想观念、管理协调等方面的障碍，必须深化流通体制改革和创新，加强流通业相关法制建设，深化流通企业改革，培育流通领域的大公司和大集团（蔡珍贵等，2006）。

2.2.4.7　WTO 专题理论

WTO 专题理论主要围绕中国加入 WTO 后带来的挑战及应对策略进行分析。 中国加入 WTO，流通业将面临组织化程度、产业国际化、信息化和经营管理方面的挑战（刘晓昆，2001）。 同时，商业流通领域将受到不同程度的影响与冲击，因此客观清醒地面对加入 WTO 的影响与冲击，化压力为动力，抓住自身优势，在机遇与挑战中有所为有所不为，才能真正提高国内商业企业的市场竞争力，与狼共舞（张晓光，2003）。 为此，国家在商品流通业方面必须采取相应对策，对现行的流通管理体制进行改革，努力扩大内引外联的影响，实现跨国经营；提高流通的组织化程度，提高流通产业的科技含量，培育一批高素质的流通业人才，实现流通业的现代化（刘晓昆，2001）。
考虑到流通业的自由化是大势所趋，因此，必须将开放、管理和保护有机地结
合，根据我国流通业发展的需要，遵循《服务贸易总协定》的有关原则，实行
有计划、有步骤、有策略的开放战略，在逐步开放流通业市场的同时，采取有
效的措施，加强监管，以尽可能减少自由化对我国流通业的冲击（余剑平等，
2001）。冲击最大的领域同样也是改革与发展最具潜质的领域。因此必须从
战略高度来认识中国流通业的改革与发展问题。从当前和今后一个时期中国
流通业发展来看，其战略重点在于推进流通业的制度创新、组织创新和技术
创新（徐从才，2001）。

2.2.5 深化改革高质量发展的理论阶段（2008—2018 年）

2008 年金融危机爆发后，国务院办公厅发布《关于搞活流通扩大消费的
意见》，家电下乡、万村千乡、连锁下乡、超市进镇等都是这个时期的产物。
2011 年，为促进农产品流通体系建设，国务院印发了《关于加强鲜活农产品
流通体系建设的意见》。2012 年 8 月，国务院发布了《关于深化流通体制改革
加快流通产业发展的意见》，明确指出："流通产业已经成为国民经济的基础性
和先导性产业。"2012 年党的十八大召开，流通业进入全面发展时期。2013 年
习近平总书记提出"一带一路"倡议，强调设施联通和贸易畅通，为流通业发展
赋予了新的使命。2015 年，商务部发布《"互联网＋流通"行动计划》，要求
加快互联网与流通业的深度融合，促进了流通业转型升级。2017 年，党的十九
大召开，流通业作为国民经济的重要产业进入了高质量发展阶段。这一时期，
理论界主要围绕降低流通成本、提高流通效率、"一带一路"、"互联网＋"与
农产品流通等展开研究，为流通业高质量发展提供了指导，如表 2-5 所示。

表 2-5 2008—2018 年流通理论研究情况

主题	研究视角和内容	代表性观点和研究成果
流通运行理论	流通运行效率理论：提高流通效率的意义、存在的问题、提升路径	降低流通成本、提高流通效率的意义（蔡进，2012）；流通效率存在的理论问题（洪涛，2012）；降低流通成本、提高流通效率的路径选择（丁俊发，2012）；未来降低流通费用的发展方向（谢莉娟等，2014）

续　表

主题	研究视角和内容	代表性观点和研究成果
流通专题理论	"一带一路"大流通专题：流通业全球网络、企业"走出去"	构建中国流通业全球网络（荆林波，2018）；零售业"走出去"纳入"一带一路"（唐红涛等，2018）
	"互联网＋流通"专题：概念、条件、创新意义、电子商务	"互联网＋流通"概念理解（郑欣，2017；马静，2018；郭宇，2016）；"互联网＋流通"应该满足的条件（李骏阳，2015）；"互联网＋流通"的创新意义（郭宇，2016）
	农产品流通专题：现状、农产品流通模式、路径与对策	农产品流通现状（王成慧等，2008；王成慧等，2009）；农产品流通模式（徐丽艳等，2010；张焕勇等，2013；石岿然等，2017）

2.2.5.1　流通运行效率理论

降低流通成本、提高流通效率是当前我国经济运行中一个亟待解决的重点课题。 这个问题的解决具有非常重要的现实意义，有助于推动企业改变盈利模式，通过降低成本来提高盈利空间；这个问题的解决具有非常重要的战略意义，有助于全面建成小康社会，完善社会主义市场经济体系，实现社会主义经济发展目标（蔡进，2012）。 流通效率存在的理论问题：一是，单一流通经济效率论认为，应以单一的经济效率指标来衡量流通效率。 二是，短流通论认为，只有"短流通"才能降低成本、提高流通效率。 三是，零环节论认为，流通成本高、效率低是因为环节过多，如果将流通环节减少为"零"，这个问题就解决了。 四是，流通不创造价值论，即不承认流通劳动是生产性劳动，只认为其是转移"生产品"（农产品和制成品）的劳动，只承认运输与仓储是生产领域在流通领域的延续。 五是，大宗商品"准期货"交易论。 有人在期货交易与现货交易中间划出一个"准期货"交易，混淆大宗商品电子交易与期货的区别，又将其与现货交易分离开来（洪涛，2012）。 降低流通成本、提高流通效率的路径选择：一要坚决克服"重生产、轻流通"的意识，在国民经济中扎扎实实地确立流通业的基础性与先导性地位；二要确立流通也是生产力的观点；三要狠下决心，让流通业革自己的命；四要把流通融入国民经济生产、分配、流通、消费的一盘棋中去运作，形成良性循环；五要对中国社会主义市场经济进行顶层设计（丁俊发，2012）。 未来应当更加重视优化商流过程在降低流通费用方面的作用，采取积极措施引导流通业组织化发展，促进批零协调和渠道结构合理化，并强化大型零售企业的商业资本职能（谢莉娟等，2014）。

2.2.5.2 "一带一路"大流通专题

2013 年习近平主席首次提出"一带一路"倡议以来，全球 100 多个国家和国际组织积极支持、参与"一带一路"建设，联合国大会、联合国安理会等的重要决议也纳入"一带一路"建设内容。 2017 年 5 月 14 日至 15 日，"一带一路"国际合作高峰论坛在北京召开，会上发布了《"一带一路"国际合作高峰论坛圆桌峰会联合公报》，提出秉持和平合作、开放包容、互学互鉴、互利共赢、平等透明、相互尊重的精神，在共商、共建、共享的基础上，本着法治、机会均等原则加强合作，推动贸易投资自由化和便利化，通过培育新的贸易增长点、促进贸易平衡、推动电子商务和数字经济等方式扩大贸易。 会议期间及前夕，与会各国政府等达成一系列合作共识、重要举措及务实成果，主要涵盖政策沟通、设施联通、贸易畅通、资金融通、民心相通 5 大类、76 大项、270 多小项具体成果。 针对聚集"一带一路"背景的流通发展问题，不少学者进行了深入研究，如在这样的新形势、大格局、大视野下，中国流通如何实现全球化和现代化，中国流通业如何"走出去"，成为一个重大课题。以"一带一路"为抓手，加速构建中国流通业全球网络（荆林波，2018）。将中国零售业"走出去"纳入"一带一路"建设大局，加快制定和完善相关法律法规，探索建立国家战略与企业战略之间的对接联动机制，建设"网上丝绸之路"，推动跨境 B2C 出口电子商务（唐红涛等，2018）。 必须充分发挥经济区建设、现代信息技术和电子商务等介质的作用，使新兴产业产品在"一带一路"经济区以较高的流通效率高品质地实现其价值，最终以新兴产业流通服务供给侧结构性改革倒逼新兴产业的供给侧结构性改革（王娟娟，2017）。

2.2.5.3 "互联网＋流通"专题

流通领域是最早利用互联网的行业之一，早在 21 世纪初，网上零售和贸易就已经在国内外兴起，互联网与流通早已结合。 2015 年 3 月，李克强总理在政府工作报告中提出制订"互联网＋"行动计划后，流通领域加快了这方面的行动步伐，大力开展与互联网的对接及发展电子商务，互联网企业也开始不断进入流通领域，"互联网＋流通"的概念被广泛使用，进而随之出现了各种各样对"互联网＋流通"的理解：第一种观点认为，"互联网＋流通"是互联网与流通企业的结合（郑欣，2017）；第二种观点认为，"互联网＋流通"就等于电子商务（马静，2018）；第三种观点认为，"互联网＋流通"是互联网重塑或者创新流通（郭宇，2016）。 以上对"互联网＋流通"的 3 种理解各有各的道理，在"互联网＋流通"方兴未艾之际，很难给出一个特别精确的定义，但作为一种新的理念，"互联网＋流通"应该满足以下条件：第一，"互联网＋流通"应该实现模式的创新；第二，"互联网＋流通"应该实现效率的提升；第三，"互联网＋流通"应该实现技术的进步（李骏阳，2015）。"互联网＋流通"的创新意义在于：一是实现商贸流通业的成本降低；二是优化商贸流通业的资源配置；三是重塑商贸流通业的发展业态（郭宇，2016）。

2.2.5.4　农产品流通专题

改革开放以来，随着经济体制改革的深入进行和市场体系的发育完善，我国农产品流通无论是在体制上还是在机制上都有了较大改善，初步形成了包括消费品和生产资料、批发市场和集贸市场、有形市场和无形市场在内的多层次的农村市场体系（王成慧等，2008）。 农村商品流通主体呈现多元化趋势，形成了多种经济成分和市场主体共同发展的格局；连锁经营、物流配送等新型经营方式和超市、便利店等经营业态发展态势良好。 农村已经形成了由各种经济组织所构成的多种类型、多级层次、互相促进、互相补充的商品流通网络（王成慧等，2009）。 然而，发展的同时，我国在农产品流通方面还存在着小农户、大市场的矛盾问题，直接影响了农产品市场的发展，进而制约了农村经济的发展。 为此，应构建新的农产品流通模式，以期解决我国农产品流通存在的问题（徐丽艳等，2010）。 通过构建单一"农超对接"和多渠道并存这两种不同的流通模式，比较分析不同模式中合作社、超市和农贸市场的行为，探讨合作社利用农贸市场来缓解超市渠道压力的可能性和可行性策略。 张焕勇等（2013）研究发现，当超市在渠道中具有的谈判权力较大时，合作社将更偏好于采用多渠道并存的流通模式；反之，则采用单一"农超对接"的流通模式。 石岿然等（2017）通过总结美国、日本、荷兰 3 个发达国家农产品流通模式的特点与成功经验，梳理我国鲜活农产品供应链发展历程，综合比较现有农产品流通模式发现，"农超对接"模式与"生产者＋零售商＋消费者"的模式最为接近，能够有效集合小规模生产商，快速将农产品流通到消费市场，最符合我国当前经济社会发展趋势。

2.3　现有研究述评

通过上述我国商贸流通理论的发展历程可以看出，自中华人民共和国成立以来，有关商贸流通市场的发展政策一直是随着市场环境的变化而变化的，流通体制也处在不断更新和完善的过程中。 因此，商贸流通领域不仅受到经济政策的影响，更受到政治和社会政策的制约，这些因素的共同作用决定了商贸流通理论的发展和制度创新需要符合外部环境的变化需求。 而我国在商贸流通理论体系的创建历程中，经历了许多制度变革与更新，具体来说，我国各种关于流通领域的研究和关注内容都极其广泛，其中既有宏观层面的流通理论研究，如重点关注流通基础产业论，也有中观层面的流通市场研究，如重点关注流通商品市场类型与定位等，更有微观层面的商业主体研究，如重点关注流通企业发展等。 在各类商贸流通理论研究中，政府和流通市场的关系得到了更加充分的讨论，使我国学术界在流通市场研究方面逐步将研究视角转向市场，更加关注市场机制在流通领域中的运作。

结合商贸流通理论研究现状可以看出，我国对流通理论的研究已成百花齐放的格局。 这种理论体系的创新对于商贸流通业的积极促进作用固然不能忽视，但综观国内学者关于商贸流通的分析和研究可以发现，其仍存在以下问题：①流通理论的研究不均衡，如流通基础理论和流通专题占了绝对优势，而对流通运行理论、流通调控理论、流通发展与创新理论的研究相对较少。 ②流通理论研究缺乏兼顾性。 对流通理论的研究在时间分布上也存在较大差异，对某一问题的研究由于受时代变化的影响，可能集中在 1—2 年内只讨论此问题，而对其他问题则有所忽视。 如对"计划经济与市场经济调节相结合"的研究集中于 1990—1991 年，对流通秩序治理的研究集中于 1989—1990年。 ③期刊论文内容大致相同，各自的选择重点不是非常明确，而综合类期刊、管理类期刊对流通研究的重视明显不足。 ④研究方法比较单一，对流通理论的研究大都采用定性的研究方法，而采用定量方法研究的文章较少。 ⑤对流通理论的研究存在概念混淆现象，有些概念界定不是很明确，存在混用现象，如流通模式和流通方式、流通费用和流通成本、流通渠道和流通环节、流通体系和流通体制、流通产业和流通行业等等。

鉴于商贸流通研究的以上情况，要完善该领域的理论研究，一是要丰富流通理论研究内容，强调重点，避免失衡。 流通基础理论方面，在保持对流通基础范畴关注的同时，要进一步加强对流通生产力、流通相关关系、流通基本经济规律的研究。 流通运行理论方面，流通渠道仍是重点问题，要继续加强对流通运行模式的研究，同时，为了提高资源配置效率，要加大对流通效率和效益的研究力度。 流通组织方面，强化流通组织创新，丰富流通组织研究对象。 流通发展理论方面，加强对发展理论的研究，尤其是对直接影响流通现代化的创新和信息化的研究。 流通调控理论方面，应重视对调控机制、调控手段的研究。 二是在紧扣时代热点的同时，兼顾流通理论的其他方面。 在研究热点问题的同时，对其他理论的研究也不能偏废。 三是各类期刊要确立流通理论研究重点，增加流通理论研究比重。 对于经济类期刊应明确各自的研究重点，从而形成各具特色的发展格局；对于综合类期刊和管理类期刊，应与时俱进，在当下流通业成为推动经济发展的先导产业的情况下，为流通理论留下研究空间。 四是定性研究与定量研究相结合，丰富研究方法。 五是对有关概念的内涵和外延进行明确的界定。

3

浙江省流通业发展成效与竞争力评价

3.1　浙江省流通业发展成效总体评估

3.1.1　浙江省流通业发展环境分析

3.1.1.1　经济总量迅速增长,综合实力不断增强

　　改革开放 40 多年来,浙江省 GDP 的年均增长率达到 11.9%,高于全国同期 2.5 个百分点,成为全国经济增长最快和最有活力的地区之一,GDP 总量在全国的位次由改革开放初期的第十二位上升到 1994 年的第四位,连续多年稳居第四位。 按当年平均汇率折算,2012 年浙江省人均 GDP 突破 1 万美元,2013 年开始超过世界人均 GDP 水平,2016 年为 12 784 美元,达到世界银行国别收入分组标准高收入经济体门槛。 截止到 2018 年底,浙江省 GDP 达到 56 197 亿元,人均 GDP 为 14 802 美元。 经济的快速增长,增强了浙江省的综合实力,提高了人民生活水平,使浙江省在全国的地位和影响力迅速上升。

3.1.1.2　产业结构优化升级,结构调整成效显著

在"八八战略"的指引下,2018 年以来,浙江省经济发展越来越注重质量的提高和经济结构的优化。 2018 年第一产业增长值为 1967 亿元,增长1.9%;第二产业增加值为 23 506 亿元,增长 6.7%;第三产业增加值为30 724亿元,增长 7.8%。 三次产业增加值比例由 2017 年的 3.7∶43.0∶53.3 调整为 3.5∶41.8∶54.7,已形成"三、二、一"的现代化产业格局,进入现代服务业引领高质量经济发展的新阶段。 尤其是第三产业发展迅猛,2014 年,浙江省第三产业增加值首次超过第二产业;2016 年,第三产业占浙江省 GDP 的比重超过 50%;2018 年,第三产业对经济增长的贡献率提升至56.2%,对区域经济的拉动作用越来越强。

3.1.1.3　新动能加快成长,数字经济成为增长引擎

近年来,浙江省委、省政府把数字经济作为"一号工程",制订并实施了数字经济逐年倍增计划。 2018 年,浙江省数字经济总量达到 2.33 万亿元,同比增长 19.26%,占全省 GDP 的比重达到 41.54%,总量增速和占比均居国内前列。 其中,浙江省数字经济核心产业增加值为 5547.7 亿元,占全省GDP 的比重达 9.9%,对全省 GDP 的贡献率达 17.5%;以新产业、新业态、新模式为主要特征的"三新"经济增加值约为 1.4 万亿元,占全省 GDP 的比重为 24.9%,比 2017 年提高 0.8 个百分点。 按 2018 年价格计算的"三新"经济增加值的增速为 11.9%,比全省 GDP 增速高 3.3 个百分点,对经济增长的贡献率达 33.5%。 全省数字经济核心产业增加值为 5548 亿元,占全省GDP 的比重为 9.9%,对经济增长的贡献率达 14.5%。 2014—2018 年,数字经济核心产业增加值现价年均增长 16.4%,占 GDP 的比重年均提高 0.7 个百分点,可见,数字经济产业和数字经济融合应用日益成为推动全省经济增长的重要引擎。

3.1.1.4　工业经济形势持续改善,质量效益日益提高

在"八八战略"的正确引领下,浙江省工业经济运行由高速增长转向中高

速增长,工业经济质量效益显著提高。 2018 年浙江省规模以上工业增加值为 14 714 亿元,比 2017 年增长 7.3%,高于当年全国增速。 2018 年浙江省工业企业生产销售衔接情况持续改善,规模以上工业企业产销率连续 3 年上升,创历史最好水平。 与此同时,浙江工业经济高质量发展始终以创新驱动、集约高效、环境友好、惠及民生、内生增长为立足点,不断推进工业转型升级。 2016 年,浙江省"两化"融合指数为 102.54,居全国第二位。 2018 年,浙江省规模以上工业能耗增长 2.1%,增速低于 2017 年 0.9 个百分点,单位增加值能耗比 2017 年下降 4.8%。

3.1.1.5 消费对经济发展的基础性作用明显增强

改革开放 40 多年来,浙江省经济的增长经历了由主要依靠消费转向由投资拉动,再转向由消费、投资、出口协同拉动的过程。 改革开放初期,随着经济体制改革的逐步深入,城乡居民的生产积极性得到极大调动,收入水平得到了迅速提高,加上浙江省以轻型加工业为主的产业特点和鼓励消费的政策引导,大大激发了居民的消费热情。 1979—1984 年,全省最终消费支出年均增长 15.1%,高于同期全省 GDP 年均增速 1.4 个百分点;对 GDP 增长的拉动率高达 61.8%,高出资本形成总额 26.8 个百分点,占据绝对主导地位。随着工业化和现代化建设进程加快,投资需求大大增强,1985—2000 年,全省资本形成总额年均增长 16.3%,高于同期全省 GDP 增幅 3.3 个百分点;资本形成总额对全省 GDP 增长的拉动率为 59.1%,高于消费 18.8 个百分点,可见,投资需求对全省经济增长的拉动起到了主导作用。 2001 年之后,宏观经济政策把坚持扩大内需尤其是扩大消费作为主要着力点,浙江省经济持续稳定发展,投资和消费对经济的拉动作用进一步趋于稳定。 党的十八大以来,浙江省经济发展的稳定性和可持续性大大增强,2001—2017 年,资本形成总额和最终消费对经济增长的贡献率分别为 53.8% 和 45.1%。 2018 年浙江省全体居民人均消费支出为 29 471 元,比全国平均水平(19 853 元)高 9618 元,居全国 31 个省区市(不含港澳台地区)的第四位,省(区)第一位,同比名义和实际分别增长 8.8% 和 6.4%,同比名义和实际增幅比 2017 年提高 2.7 和 2.5 个百分点。

3.1.2 浙江省流通业发展现状分析

3.1.2.1 行业规模持续扩大,主要指标居于全国前列

近年来,浙江省流通业规模持续扩大,社会消费品零售总额呈现不断上升的态势,2018 年全省实现社会消费品零售总额 2.50 万亿元,居全国第四位。 从消费规模总量看,浙江省社会消费品零售总额多年来居全国第四位,仅落后于广东、山东和江苏 3 省。 由于区域经济总量特别是人口规模方面的巨大差距,虽然浙江省社会消费品零售总额近年来仍然保持了较快的上涨态势,而且人均社会消费品零售总额也一直高于广东、山东和江苏 3 省,但是浙江省与上述 3 省总量消费规模的绝对数额差距在逐年拉大。 从人均消费规模看,浙江省人均消费品零售额已接近 4.4 万元/年,多年来位居全国前三,仅落后于北京和上海两市。 由于城镇化水平方面的巨大差距,浙江省人均社会消费品零售总额与北京和上海的绝对数额差距逐年拉大,如表 3-1、图 3-1 与图 3-2 所示。 因此,浙江省要实现流通业的稳步增长,维持消费大省和流通强省的全国地位,促消费的压力更加巨大。

表 3-1　浙江省与其他消费大省(市)就与社会消费品零售相关的统计指标的对比(2018 年)

	地区生产总值 /亿元	常住人口 /万人	城镇化率 /%	社会消费品零售 总额/亿元	人均消费品零售额/元
北京	30 320	2154	86.5	11 748	54 322
上海	32 680	2424	87.7	12 669	52 331
浙江	56 197	5737	68.9	25 008	43 897
江苏	92 595	8051	69.6	33 230	41 332
广东	97 278	11 346	70.7	39 501	35 089
山东	76 470	10 047	61.2	33 521	33 432

数据来源:国家统计局。

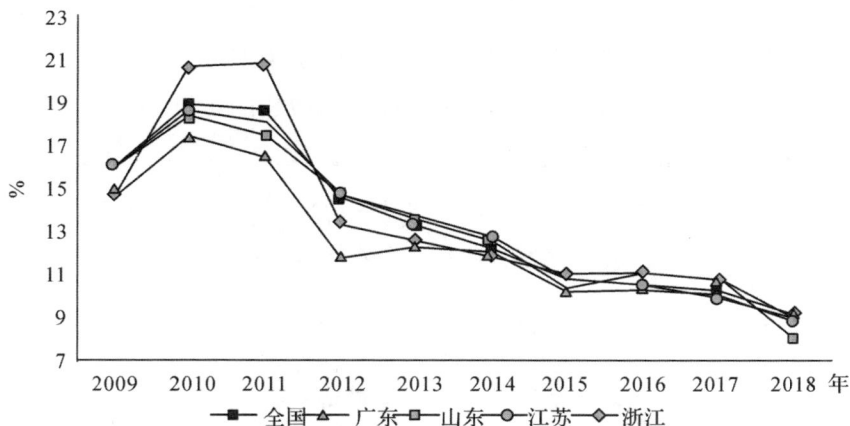

图 3-1　2009—2018 年浙江等 4 省社会消费品零售总额增长速度对比

数据来源：国家统计局。

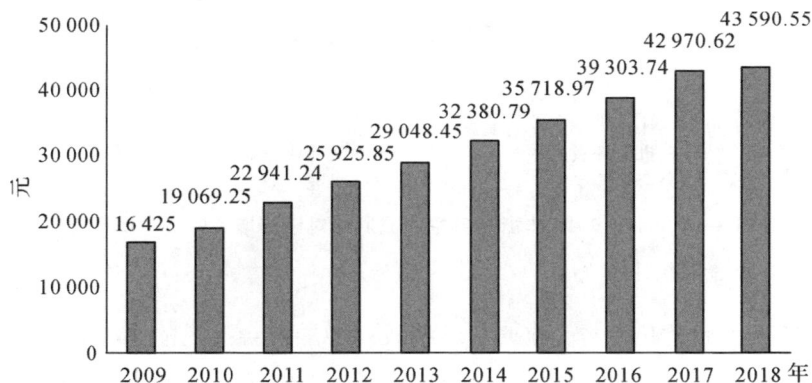

图 3-2　2009—2018 年浙江省人均社会消费品零售总额情况

数据来源：国家统计局。

3.1.2.2　综合贡献日益提高,在全省经济中的作用不断提高

从流通业增加值占地区生产总值的比重看,浙江省流通业增加值规模近年来一直保持稳定的增长趋势,流通业增加值占全省 GDP 比重的波动较小,流通业在拉动全省经济增长中的稳定器和压舱石作用日益增强。 以浙江省批零住餐业增加值占地区生产总值的比重为例,自 2013 年突破 14％以来,一直

保持在 14.5% 左右。

从流通业对经济增长的贡献率来看，流通业对经济增长的贡献率在第三产业中长期居于首要地位，批零住餐业对经济增长的贡献高且极少发生波动，成为稳定经济增长的重要引擎。 "十三五"期间，批零住餐业增加值年均增长 9.8%，增加值占 GDP 比重为 14.4%，对经济增长的贡献率达 16.5%，比 2015 年提高 2.8 个百分点。 具体如图 3-3 所示。

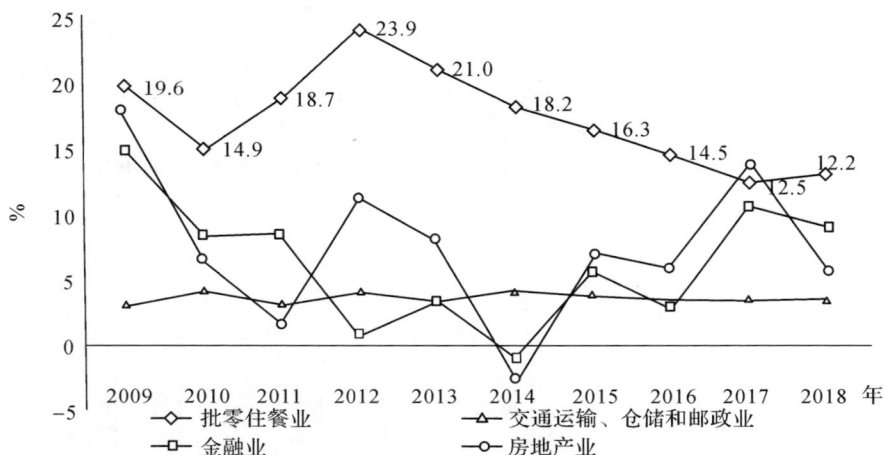

图 3-3　2009—2018 年浙江省主要流通业对经济增长的贡献率情况

数据来源：浙江统计局。

从投资贡献的角度看，流通业已经成为增加社会投资的重要力量。 2017年，浙江省流通业实现固定资产投资 1995.6 亿元，比 2016 年增长 2.9%。2018 年，浙江省将 274 个项目纳入全省批零改造提升重点建设项目，全年商贸流通业实际投资超过 1000 亿元。

从吸纳就业的角度看，流通业作为劳动密集型产业，吸收劳动力的能力很强，对扩大就业具有较大的贡献。 2018 年，浙江省批零住餐业实现就业694.91 万人，占全社会就业总人数的 18.12%，如图 3-4 所示。 受"互联网＋"和智慧商业技术广泛应用的影响，流通业还创造了大量新型就业岗位，仅电子商务领域就直接带动 191 万人就业，间接带动 515 万人就业。

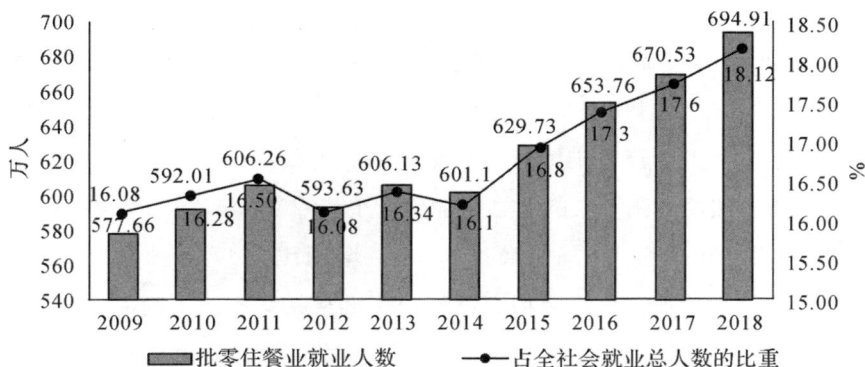

图 3-4 2009—2018 年批零住餐业就业人数及占全社会就业总人数的比重
数据来源:浙江统计局。

3.1.2.3　行业结构持续优化,数字贸易走在全国前列

首先,消费结构加快升级,服务消费需求快速增长。 随着收入水平的持续提高及消费观念的不断转变,浙江省城乡居民的消费逐渐从注重量的满足转向追求质的提升,服务消费需求快速释放,餐饮收入的增长明显快于商品零售。 2018 年,浙江省商品零售额增长 8.5%,增速比 2017 年回落 1.8 个百分点;而餐饮收入增长 12.5%,比商品零售额的增长高 4.0 个百分点。 发展和享受型居民消费支出额稳步增长,农村居民美好生活需要快速增长。 2018年,浙江省城镇居民人均交通通信和教育、文化娱乐支出分别增长 1.1% 和4.6%,人均医疗保健支出增长 22.2%;农村居民教育、文化娱乐和医疗保健支出分别增长 12.4% 和 18.7%,分别比农村居民人均生活消费支出增长高3.5 和 9.8 个百分点。

其次,城乡流通一体化加速发展,乡村市场占比逐年提高。 近年来,浙江省乡村居民消费潜力持续释放,乡村消费品零售额已连续多年保持两位数的增速,而且自 2013 年以来一直高于城镇消费品零售额增速。 2018 年,浙江省乡村消费品零售额为 4324 亿元,增速比城镇高 2.0 个百分点。 2018年,浙江省乡村消费品零售额占全社会消费品零售总额的比重为 17.3%,乡村市场占比已经连续 6 年稳步提高。

再次,浙江省实体零售行业转型升级步伐加快。 近年来,浙江省积极推进批零改造提升工作,不断健全促消费工作机制,高质量举办各类促消费活动,成效明显。 据浙江省市场运行监测网的监测数据,在七大零售业态中,2018 年销售额实现同比增长的业态增加到 5 个。 2018 年,253 家核心零售企业实现销售额 3804 亿元,同比增长 8.5%,增速比 2017 年提高 0.7 个百分点。 同时,流通业连锁化经营和商贸物流标准化持续推进,商品统一配送覆盖面持续扩大,物流成本稳步下降。 2017 年限额以上连锁企业连锁化率达35.0%,商品统一配送率达 92.6%,社会物流总费用占 GDP 的比重为13.5%,比全国平均水平低 1.1 个百分点。

最后,以电子商务为核心的数字贸易在为人们日常生活带来便利的同时,极大地释放了消费潜力,拉动相关产业蓬勃发展,成为助推经济社会转型发展的新引擎。 2018 年,浙江省网络零售额为 16 719.0 亿元,省内居民网络消费额达 8470.5 亿元,网络零售顺差达到 8248.5 亿元。 电子商务的蓬勃发展直接带动了浙江省快递业务的迅速成长。 2018 年,与线上消费相关的快递业务量达 101.1 亿件,业务收入为 779.3 亿元。 同时,农村电子商务呈扩面增长态势,已成为城乡融合发展、推动乡村振兴的重要载体。 截至 2018 年底,全省网络零售额超千万元的电商专业村达 1253 个,淘宝村、淘宝镇数量稳居全国首位,全省农村电商服务站覆盖率达 68.2%,涉农活跃网店有 2.1万家,实现年农产品网络零售额 667.6 亿元。 此外,浙江省跨境电子商务产业也走在全国前列,全省在主要第三方平台上的跨境电子商务出口活跃网店有 8 万余家,2018 年实现跨境网络零售出口 574.4 亿元。

3.1.2.4 行业集约化程度不断提高,企业竞争力持续增强

改革开放以来,浙江省流通业规模不断扩大,行业集约化经营程度显著提高,企业竞争力持续增强。 2018 年末,全省有限额以上批零住餐业法人企业 22 078 家,比 2015 年增长 33.2%。 截至 2018 年底,全省累计培育省重点流通企业 127 家,阿里巴巴、物产集团等已成为具有世界级影响力的知名企业,菜鸟网络等 15 家企业入选全国物流标准化重点推进企业,传化物流等 6

家企业入选智慧物流配送示范企业，A 级物流企业达 577 家。 在流通企业品牌化方面，浙江省加快推进商贸企业品牌化建设，推动老字号传承创新发展，弘扬老字号文化。 浙江省有中华老字号企业 91 家、浙江老字号企业 461 家，销售额达亿元以上的老字号企业超 50 家。

商品市场是浙江经济的特色，各类专业性、综合性市场遍布全省，从桥头纽扣市场到义乌小商品市场，浙江省专业市场发展已经进入"买全球、卖全球"的时代。 近年来，浙江省认真探索全产业链经营、线上线下融合、经营管理输出等转型升级路径，积极推动市场采购贸易试点工作，形成了许多可推广的传统专业市场转型提升路径。 截至 2018 年底，浙江省共有各类商品市场 3759 个，全年交易额为 2.19 万亿元，其中十亿级市场 268 个，百亿级市场 39 个，千亿级市场 2 个，均列全国前茅，义乌小商品市场年度成交额连年居全国第一位。

与此同时，浙江省全力开展现代供应链建设以加快流通领域的创新，杭州、宁波纳入商务部、财政部流通领域现代供应链体系建设试点城市，共获 1.3 亿元中央财政资金，60 余家企业被确定参与试点以支持供应链上下游协同和信息化改造。 杭州、宁波、舟山、义乌等 4 个城市和物产中大、传化智联等 26 家企业被列入商务部等国家 8 部门的全国供应链创新与应用试点，试点企业数量占全国 10%。 此外，浙江省不断召开试点推进和培训会议，提炼总结供应链创新与应用的典型模式与成功经验，推动形式促进供应链创新与应用的良好氛围。

3.2 浙江省与主要流通强省（市）的流通业竞争力比较

为了全面地、科学地、准确地评估浙江省流通业竞争力，本书选取上海市、广东省、江苏省、山东省等流通强省（市）与浙江省流通业发展现状进行比较分析，构建省际流通业竞争力评价指标体系，并基于综合指数对我国五大流通强省（市）的流通业竞争力进行综合评价与比较。

3.2.1　省际流通业竞争力评价指标与评价方法

3.2.1.1　评价指标的选取原则

（1）全面性原则

全面性原则是指指标的选取应客观反映研究对象各个方面的特征和状态。各指标之间应具有系统的逻辑关系，自上而下按层次展开，从宏观到微观层层逐步深入，形成一个密不可分的指标体系。各指标之间应相互独立但又相互关联，不遗漏重要指标，不重复描述现状，以最精简的指标体系协调研究对象的各个方面。

（2）可操作性原则

可操作性原则是指各项指标易于理解、计算规范、数据客观和释意准确。第一，评价指标应当建立在可获得的客观统计数据之上，确保评价结果的信任度，本部分的统计数据均来源于国家统计局和商务部的官方网站，以及浙江省、上海市、广东省、山东省、江苏省这5个省（市）的统计年鉴和统计公报等。第二，评价指标应可量化，避免评价结果受到研究者个人情感因素的影响而违背客观真实性原则。第三，评价指标的计算应简单易行，便于读者研读时理解和验算，增强评价结果的信任度。

（3）可比性原则

可比包括横向可比和纵向可比。每一个指标，不仅要能够反映流通业竞争力的现实状况，也要能够与以往的历史资料衔接并进行对比，以历史为镜反映流通业竞争力的发展趋势。每一个指标，不仅要能够反映5省（市）整体流通业竞争力的客观状态和发展趋势，而且能对各省（市）的流通业竞争力形成客观真实的横向对比。

（4）目的性原则

目的性原则是指评价指标体系的指标构成应当围绕评价目的展开，不可偏离研究的主要方向。每一个评价指标应都能反映研究目的和研究对象的主要性质和趋势，应与指标体系的运行目标保持一致，从而使最后的评价结论准确地反映评价目的。

3.2.1.2　评价指标体系的构成

本部分在省际流通业竞争力总指数下设置 4 个一级指标，分别是发展支撑力、发展现代化、发展国际化和发展贡献度。 在 4 个一级指标中，发展支撑力侧重于测度流通业竞争力发展基础，旨在评价流通业的现行发展基础和未来发展潜力；发展现代化和发展国际化则用于分析流通业的现代化转型程度和开放程度，再综合评价流通业的发展水平；而发展贡献度侧重于揭示流通业对于经济、工业、消费、就业的拉动作用。 4 个一级指标实现了内部与外部、长度与宽度、现状和未来的结合，构成了全面综合的评价指标体系。一级指标间的逻辑关系如图 3-5 所示。

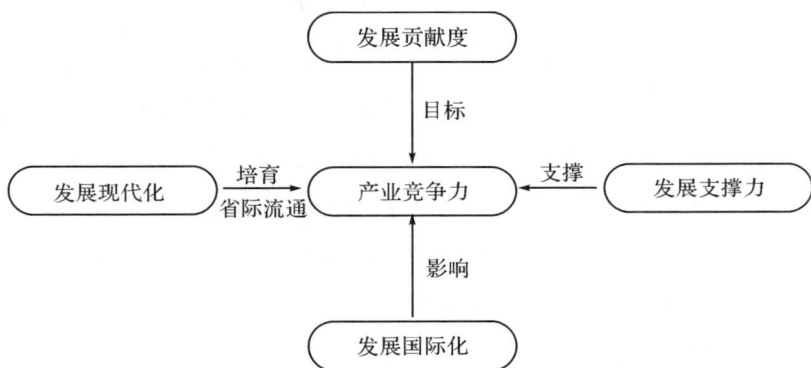

图 3-5　一级指标间的逻辑关系

（1）发展支撑力

流通业发展支撑力是指支撑流通业高质量发展的现实基础和发展潜力。流通业的发展离不开基础设施的保障，更不能脱离消费者的购买需求，因此，本指标从流通业发展基础和流通业发展潜力两个维度对发展支撑力进行测量。 流通业发展基础的测度指标包括人均社会消费品零售总额、流通业固定资产投资额占比和财富流通里程强度。 其中，人均社会消费品零售总额指标反映流通业满足现实消费需求的能力；流通业固定资产投资额占比是限额以上流通业固定资产投资额占全社会固定资产投资额的比重，反映了流通基础设施的产业支撑能力；财富流通里程强度是包括公路、铁路、水运里程的综合指标，反映了交通物流设施的产业支撑能力。 流通业发展潜力用城镇居民家庭人均可支配收入和农村居民家庭人均纯收入来测度，分别反映城镇和农村居民的消费购买力。

（2）发展现代化

流通业发展现代化是指新技术带来的流通业态形式、技术结构和产业布局的现代化转型。 流通业现代化是健全流通体系结构、增强流通业功能、降低流通成本和提高流通效率的关键，本指标主要从流通业交易现代化、流通业管理现代化和城乡流通一体化3个方面对其进行测量。 流通产业交易现代化的测度指标包括人均流通业固定资产原值和电子商务成交额占社会消费品零售总额的比重。 其中，人均流通业固定资产原值指标间接衡量流通业现代化技术的投入水平，电子商务成交额占社会消费品零售总额的比重指标则反映流通业现代化技术的应用水平及信息化程度。 流通业管理现代化的测度指标包括连锁零售企业统一配送商品购进额占比和批发零售企业的连锁经营销售额占比。 其中，连锁零售企业统一配送商品购进额占比反映流通业的物流配送化程度，批发零售企业的连锁经营销售额占比反映流通业的连锁经营化程度。 城乡流通一体化是我国流通业发展方向之一，限于乡村商贸流通统计数据缺失，采用城镇人口比重来测度城乡流通一体化水平。

（3）发展国际化

流通业发展国际化是指流通要素的跨国界流动，是一个双向过程，可概括为外向国际化（流通业外向度）和内向国际化（流通业开放度）两个方面。 流通业发展国际化打破了国内国外市场分割、内外贸易分离的局面，有助于推动资源在全球范围内配置、整合，从而更好地发挥流通业的先导作用。 流通业开放度的测度指标包括流通业实际利用外资占比、限额以上外资商业销售额占比和外资住宿餐饮业营业额占比。 其中，流通业实际利用外资占比反映了流通业对外资的吸引能力，限额以上外资商业销售额占比和限额以上外资住宿餐饮业营业额占比则反映了流通业利用外资的实际效果。 流通业外向度指标用流通业对外直接投资净额增速来测量，反映流通业的对外直接投资情况。

（4）发展贡献度

流通业发展贡献度是指流通业在降低流通成本、提高流通效率，以及促进经济社会发展方面的贡献。流通业是先导性、基础性产业，不仅具有引导生产、促进消费的强大功能，而且创造了可持续的大量就业岗位，在促进经济社会和谐稳定方面具有突出作用。本部分主要从流通效率和经济社会贡献两个方面对流通业发展贡献度进行测量。流通效率的测度指标包括批发零售业的流动资产周转率和库存周转率，即分别从流动资产周转率和库存周转率两个角度反映流通业的流转效率。经济社会贡献的测度指标包括流通业增加值占 GDP 的比重、工业拉动倾向（流通总产出速度/工业总产出增速）、消费促进倾向（流通总产出速度/社会消费品零售总额增速）、流通业就业人数占比，其中流通业增加值占 GDP 的比重反映了流通业对国民经济增长的贡献率，而流通业就业人数占比则反映了流通业的就业贡献率。

综上所述，5 省（市）流通业竞争力评价指标体系如表 3-2 所示。

表 3-2　5 省(市)流通业竞争力评价指标体系

一级指标	二级指标	三级指标	计算公式/说明
发展 支撑力	发展基础	人均社会消费品零售总额	反映流通业满足现实消费需求能力
		流通业固定资产投资额占比	反映流通基础设施的产业支撑能力
		财富流通里程强度	反映交通物流设施的产业支撑能力
	发展潜力	城镇居民家庭人均可支配收入	反映了城镇居民的消费购买力
		农村居民家庭人均纯收入	反映了农村居民的消费购买力
发展 现代化	交易 现代化	人均流通业固定资产原值	反映了人均流通业固定资产投资水平
		电子商务成交额占社会消费品零售总额的比重	反映了流通业现代化技术的应用水平及信息化程度
	管理 现代化	连锁零售企业统一配送商品购进额占比	反映了流通业的物流配送化程度
		批发零售企业的连锁经营销售额占比	反映了流通业的连锁经营化程度
	城乡流通一体化	城镇化率	反映城乡流通一体化水平

一级指标	二级指标	三级指标	计算公式/说明
发展国际化	外向度	流通业对外直接投资净额增速	反映了流通业的对外直接投资情况
	开放度	流通业实际利用外资占比	反映了流通业对外资的吸引能力
		限额以上外资商业销售额占比	反映了在商业领域利用外资的实际效果
		限额以上外资住宿餐饮业营业额占比	反映了住宿餐饮业利用外资的实际效果
发展贡献度	流通效率	流动资产周转率	主要指批发零售业的流动资产周转率,反映了流通业的流转效率
		库存周转率	主要指批发零售业的库存周转率,反映了流通业的流转效率
	经济社会贡献	流通业增加值占 GDP 的比重	反映了流通业对国民经济增长的贡献率
		工业拉动倾向	即流通总产出速度/工业总产出增速,反映了流通业对工业增长的贡献
		消费促进倾向	流通总产出速度/社会消费品零售总额增速,反映了流通业对消费增长的贡献
		流通业就业人数占比	反映了流通业的就业贡献率

3.2.1.3　流通业竞争力综合评价方法

对五大流通强省（市）的流通业竞争力进行综合评价，在选择评价方法和评价模型时，首先要考虑评价方法是否符合实际意义，其次看合成的模型是否适用于所选取的指标，最后看评价结果是否符合公众的一般认知意识。 本书采用效用函数平均法，既能从各个层次分析流通业竞争力，还能立足于整体综合分析流通总状态。 效用函数平均法的具体操作步骤为：①将每一个指标按一定的方法转化为"评价当量值"；②采用一定的统计合成模型计算总评价值。

（1）指标数据无量纲化

指标同度量化就是把每一个评价指标按照一定的方法量化，消除单位不同导致的数值变化影响，使其成为对评价问题测量的一个量化值，即效用函数值。 在众多方法中，综合指数法不仅简单，而且含义更直观，意含绝对目标的相对实现程度。 因此，本书采用综合指数法对指标同度量化，综合指数法同度量化的一般计算公式为：

$$z_{ijk} = \begin{cases} 100 \times y_{ijk} / y_{ikB} & （正指标） \\ 100 \times y_{ikB} / y_{ijk} & （逆指标） \end{cases} \qquad （3\text{-}1）$$

其中，z_{ijk} 为第 i 单位 j 子系统 k 指标的单项评价分数；y_{ijk}，y_{ikB} 分别为第 j 指标的实际值和标准值。 当实际值等于标准值时，单项指数等于 100；当实际值优于标准值时，单项指数大于 100；当实际值劣于标准值时，单项指数小于 100。 对于适度指标，则先通过单项化处理再用上述公式做无量纲化处理，或采取分段函数做无量纲化处理。

对于综合指数法，确定指标标准值是其关键。 常用的标准值有最大值、最小值、算术平均值、变量总值、历史标准值等。 由于流通业竞争力评价是一个动态过程，而实际运用中又需要固定标准值等，将标准值设为历史标准值。

（2）权重分配——AHP 法

在整个评价指标体系中，各个指标的作用和重要性都是不同的，因此需要设定权重来反映各指标的相对重要性和作用。 AHP 法即层次分析法，它是把一个复杂决策问题表示为有序的递阶层次结构，通过人们的比较判断，计算各种决策方案在不同准则及总准则之下的相对重要性量度，从而据此对决策方案的优劣进行排序。

（3）加权合成模型——普通加权算术合成法

加权合成模型为 $\phi_j (j = 0, 1, \cdots, m)$，考虑到实际评价工作的现实可操作性和可直观理解性，以及所选指标的特点，本书采用普通加权算术合成方式，公式表达为：

$$z_{ij} = \frac{\sum_{k=1}^{p_j} (z_{ijk} \times w_{jk})}{\sum_{k=1}^{p_j} w_{jk}} \quad (i = 1, \cdots, n; j = 1, \cdots, m) \quad (3\text{-}2)$$

3.2.2 流通强省(市)间的流通业竞争力比较分析

3.2.2.1 流通业竞争力的总体评价

本书选择上海市、江苏省、山东省、广东省与浙江省进行流通业竞争力比较分析,以 2010 年浙江省数据为基准测算其他省(市)的流通业竞争力综合指数,以此来分析浙江省的流通业竞争力。2010 年、2015 年、2017 年 5 省(市)流通业竞争力指数及其排名情况分别如表 3-3、表 3-4、表 3-5 所示。

表 3-3　2010 年 5 省(市)流通业竞争力各指数及总指数的排名情况

	发展支撑力	发展现代化	发展国际化	发展贡献度	总指数	排名
浙江省	100.00	100.00	100.00	100.00	100.00	5
上海市	105.99	150.58	507.13	126.49	222.55	1
江苏省	84.95	134.43	176.55	107.80	125.93	3
山东省	91.55	97.60	106.80	123.03	104.74	4
广东省	95.93	119.44	202.63	100.04	129.51	2

数据来源:浙江省、上海市、江苏省、山东省及广东省的统计局。

表 3-4　2015 年 5 省(市)流通业竞争力各指数及总指数的排名情况

	发展支撑力	发展现代化	发展国际化	发展贡献度	总指数	排名
浙江省	140.01	96.35	114.03	113.74	116.03	4
上海市	150.58	153.35	610.18	54.91	242.25	1
江苏省	118.62	98.12	177.40	93.04	121.79	2
山东省	118.05	96.30	75.13	136.81	106.57	5
广东省	120.14	105.49	176.50	72.62	118.69	3

数据来源:浙江省、上海市、江苏省、山东省及广东省的统计局。

表 3-5 2017 年 5 省(市)流通业竞争力各指数及总指数的排名情况

	发展支撑力	发展现代化	发展国际化	发展贡献度	总指数	排名
浙江省	158.64	119.56	156.25	106.81	135.31	3
上海市	173.11	251.40	568.66	127.24	280.11	1
江苏省	133.43	118.56	183.75	79.75	128.87	4
山东省	127.68	138.40	67.21	109.20	110.62	5
广东省	128.52	151.29	174.62	90.96	136.35	2

数据来源:浙江省、上海市、江苏省、山东省及广东省的统计局。

从表 3-3 至表 3-5 可以发现,浙江省流通业竞争力总指数在 5 个流通强省(市)中的排名呈现逐步升高的趋势,流通业竞争力从 2010 年的第五名、2015 年的第四名到 2017 年的第三名,可见浙江省流通业竞争力在 2010 年之后有着较为快速的发展。其中,发展现代化指数和发展国际化指数的排名基本上稳定在第四位且波动幅度较小,发展支撑力指数则一直名列 5 省(市)前茅,发展贡献度指数则由 2010 年的第五名上升至 2017 年的第三名。

可以用雷达图来进一步反映发展支撑力指数、发展现代化指数、发展国际化指数和发展贡献度指数对浙江省流通业竞争力总指数的贡献,如图 3-6 所示。从雷达图可以看出,各指数对总指数的贡献均为正。发展支撑力指数对浙江省流通业竞争力总指数的贡献最大,对总指数的贡献点数为 29.31;其次是发展国际化指数,对总指数的贡献点数为 28.87;再次是发展现代化指数,对总指数的贡献点数是 22.09;发展贡献度指数对浙江省流通业竞争力总指数的贡献点数为 19.73。以上分析表明,浙江省流通业竞争力较多依赖于发展支撑力指数和发展国际化指数,即发展基础、发展潜力及对外开放程度是浙江省流通业竞争力的重要来源。由上可知,浙江省流通业发展现代化水平相对落后,因此为了提高流通业的现代化水平,应进一步提高连锁化、配送化业态组织程度,推动城乡流通一体化布局水平。

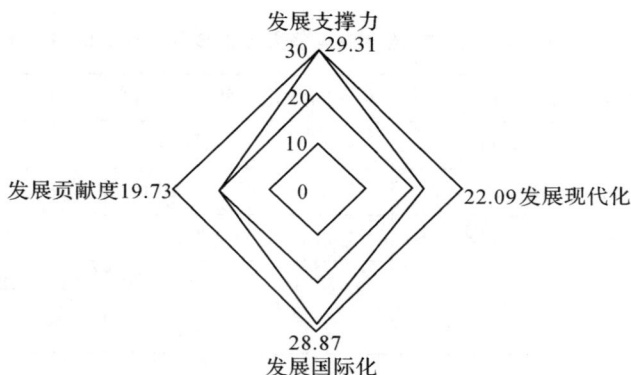

图 3-6　2017 年各指数对浙江省流通业竞争力总指数的贡献情况

3.2.2.2　流通业竞争力的构成因素分析

（1）流通业发展支撑力分析

2010 年至 2017 年间，5 省（市）流通业发展支撑力指数排名都有明显的上升，但 5 省（市）流通业发展支撑力指数的相对排名则几乎保持不变，浙江省流通业发展支撑力在 2010 年、2015 年和 2017 年的排名都在前两位（见图 3-7）。流通业发展支撑力指数是浙江省流通业竞争力 4 个一级指标中排名最靠前的指标，其优势来自流通业发展基础指标和流通业发展潜力指标的全面发展。图 3-8 和图 3-9 分别为浙江省流通业发展支撑力指数的两个二级指标（发展基础指标和发展潜力指标）的变化情况。

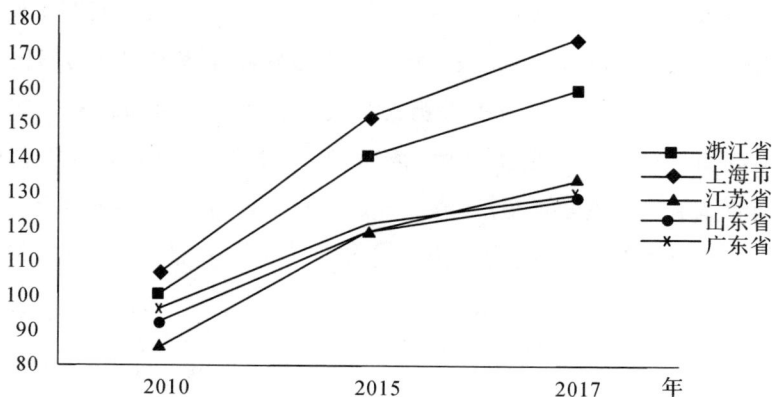

图 3-7　5 省(市)流通业发展支撑力指数变化情况

数据来源：浙江省、上海市、江苏省、山东省及广东省的统计局发布的数据。

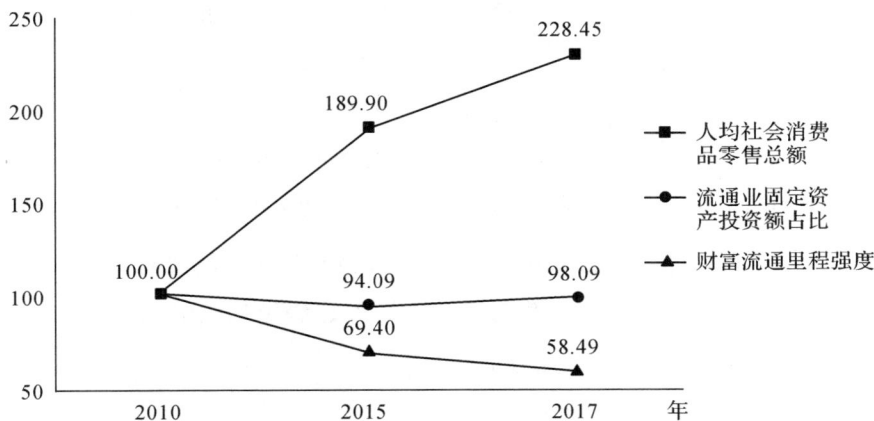

图 3-8　浙江省流通业发展基础指标变化情况

数据来源:浙江省、上海市、江苏省、山东省及广东省的统计局发布的数据。

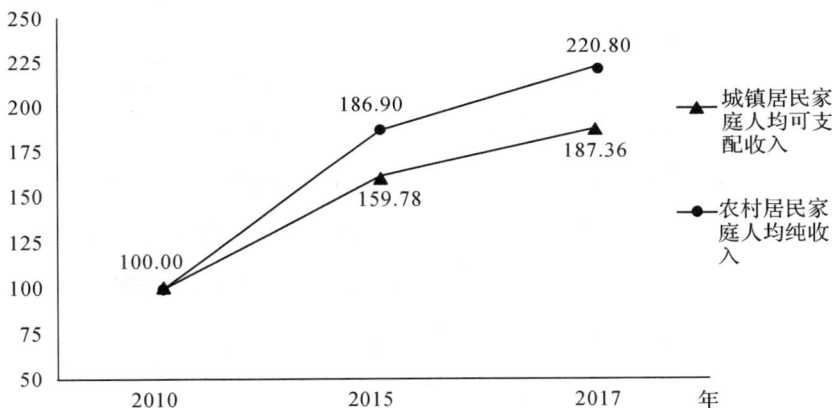

图 3-9　浙江省流通业发展潜力指标变化情况

数据来源:浙江省、上海市、江苏省、山东省及广东省的统计年鉴。

　　流通业发展基础指标由人均社会消费品零售总额、流通业固定资产投资额占比和财富流通里程强度 3 个指标构成。 在 2010 年、2015 年和 2017 年,浙江省的人均社会消费品零售总额分别是 18 809.25 元、35 718.90 元和42 970.66元,2017 年人均社会消费品零售总额较 2010 年上升了 128.45%。浙江省流通业固定资产投资额由 2010 年的 1423.30 亿元增长到 2017 年的3575.40 亿元,增长了 151.20%,指标数值变化比较平稳;2015 年和 2017 年浙江省流通业固定资产投资额占比指标数值分别为 94.09 和 98.09。 浙江省财富流通里程强度指标数值的下降趋势较明显，2015 年和 2017 年分别降至 69.40 和 58.49，主要是由于浙江省交通网络已基本建成，近年来公路、铁路和水运的里程数增速均低于 GDP 增速。

流通业发展潜力指标由城镇居民家庭人均可支配收入和农村居民家庭人均纯收入两个指标构成，分别反映了浙江省城镇居民的消费购买力和乡村居民的消费购买力。 浙江省城镇居民的消费购买力和乡村居民的消费购买力的变化趋势较为接近，但乡村的居民消费购买力的增长趋势更加明显。 从 2010 年到 2017 年，浙江省流通业发展潜力分指标的数值分别增长至 187.36 和 220.80，城镇居民人均可支配收入由 27 359.02 元增至 51 260.70 元，增幅为 87.36%，农村居民人均纯收入由 11 302.55 元增至 24 955.8 元，增幅为 120.80%。 这表明浙江省的消费购买潜力呈现不断增长的趋势，尤其是农村居民的消费购买潜力。

（2）流通业发展现代化分析

从 5 省（市）流通业发展现代化指数排名情况看，浙江省在 2010 年、2015 年、2017 年都保持在第四位，流通业现代化指数与江苏省较为接近，但是距离上海市和广东省有较大差距，见图 3-10。 流通业发展现代化指数由流通业交易现代化、流通业管理现代化和城乡流通一体化 3 个指标构成，图 3-11、图 3-12 和图 3-13 分别为浙江省流通业交易现代化指标、流通业管理现代化指标和城乡流通一体化指标的变化情况。

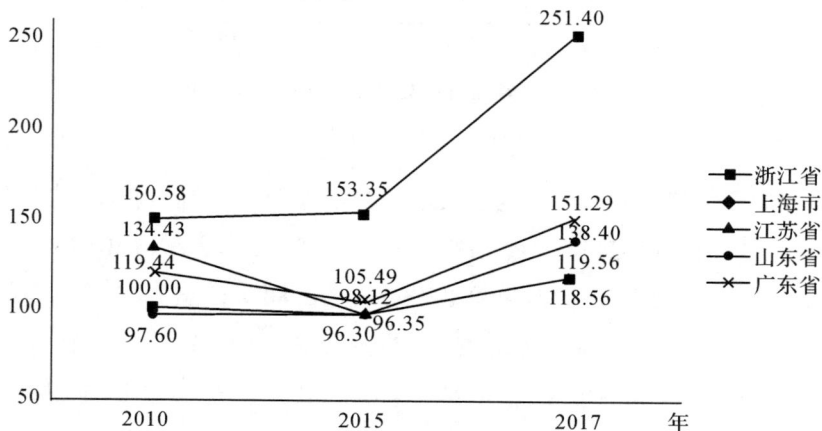

图 3-10　5 省(市)流通产业发展现代化指数变化情况

数据来源:浙江省、上海市、江苏省、山东省及广东省的统计局发布的数据。

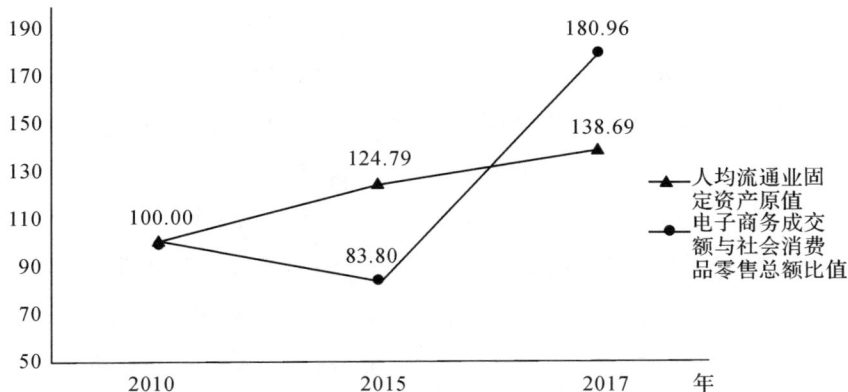

图 3-11 浙江省流通业交易现代化指标变化情况

数据来源:浙江省、上海市、江苏省、山东省及广东省的统计年鉴。

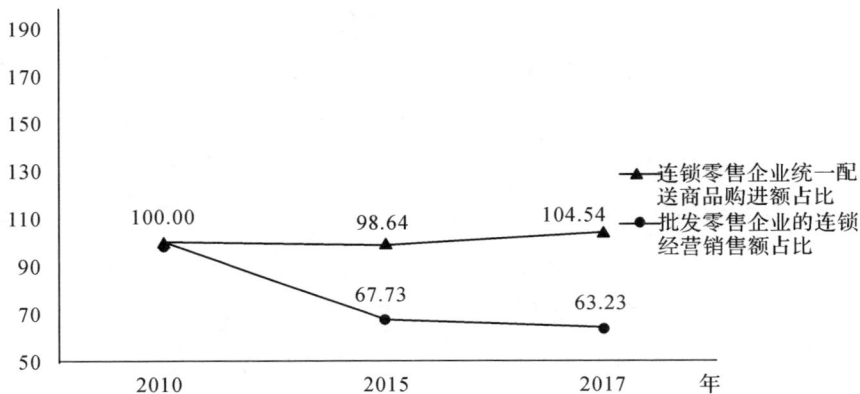

图 3-12 浙江省流通业管理现代化指标变化情况

数据来源:浙江省、上海市、江苏省、山东省及广东省的统计年鉴。

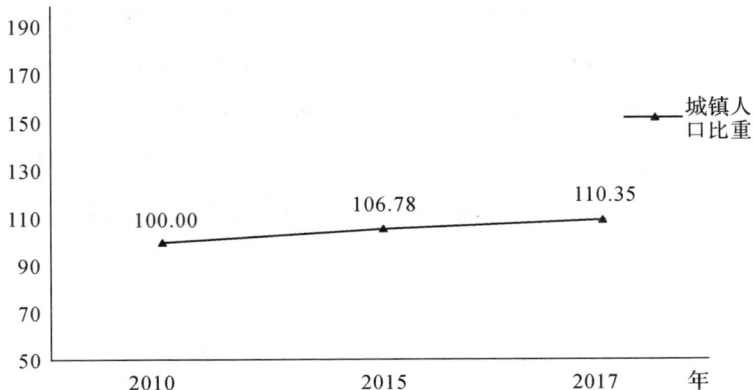

图 3-13 浙江省流通业城乡流通一体化指标变化情况

数据来源:浙江省、上海市、江苏省、山东省及广东省的统计年鉴。

流通业交易现代化指标由人均流通业固定资产原值和电子商务成交额占社会消费品零售总额的比重两个指标构成。 人均流通业固定资产原值主要反映了人均流通资本，浙江省人均流通业固定资产原值指标的数值在 2015 年和 2017 年分别增至 124.79 和 138.69，呈现稳健上升趋势。 浙江省 2015 年企业电子商务交易额为 5581.20 亿元，相较于 2013 年，数值明显增高，但是电子商务成交额占社会消费品零售总额的比重指标的数值却明显下降，而 2017 年浙江省企业电子商务交易额和电子商务成交额占社会消费品零售总额的比重指标的数值都有显著提高，说明浙江省流通业数字化程度逐步提高。

流通业管理现代化指标由连锁零售企业统一配送商品购进额占比和批发零售企业的连锁经营销售额占比两个指标构成。 连锁零售企业统一配送商品购进额占比反映了流通业的物流配送化程度。 从绝对数值变化看，2010 年到 2017 年间，浙江省连锁零售企业统一配送商品购进额由 1453.6 亿元增至 1687.9 亿元，增长了 16.12％，连锁零售企业商品购进额从 1589 亿元增至 1928.9 亿元，增长了 21.39％。 从指标排名看，浙江省的连锁零售企业统一配送商品购进额占比指标的排名由 2010 年的第五位上升至 2017 年的第四位，说明浙江省的物流配送化建设有一定的改善。 批发零售企业的连锁经营销售额占比反映了流通业的连锁经营化程度。 从绝对数值变化看，2010 年至 2017 年间，浙江省连锁零售业销售额从 1700.5 亿元增加到 2116.2 亿元，增长了 24.45％，限额以上零售业销售总额从 4267.6 亿元增至 8398.9 亿元，增长了 96.80％。 从指数排名看，浙江省批发零售企业的连锁经营销售额占比指标一直稳居 5 省（市）的第四位。 总体而言，浙江省的物流配送化程度和连锁化经营程度在绝对量上有着很大的提高，但还有较大的发展空间。

城乡流通一体化指标用城镇化率来测量。 浙江省 2010 年、2015 年和 2017 年的城镇化率分别为 62％，66％和 68％，城镇化程度越来越高。 从城镇化率指标的 5 省（市）排名情况看，浙江省城镇化率不仅低于上海市的 88％，而且落后于广东省的 70％和江苏省的 69％，说明浙江省在城镇化发展方面还有较大空间。

（3）流通业发展国际化分析

流通业发展国际化指数反映了流通业外向度和开放度情况。 2010 年，浙江省流通业发展国际化指数在 5 省（市）中排名第五位，而 2015 年和 2017 年的排名均为第四位，如图 3-14 所示。 从 2010 年至 2017 年间，浙江省流通业发展国际化取得了长足进展，不仅在 5 省（市）排名方面超越山东省而跃居第四位，而且国际化指数在数值上与江苏省和广东省的差距也大幅度缩小。 但浙江省流通业在发展国际化方面与排名全国首位的上海市还存在着较大的发展差距。 流通业发展国际化指数由流通业外向度指标和开放度指标测量，图 3-15 和图 3-16 分别为浙江省流通业外向度指标和开放度指标的变化情况。

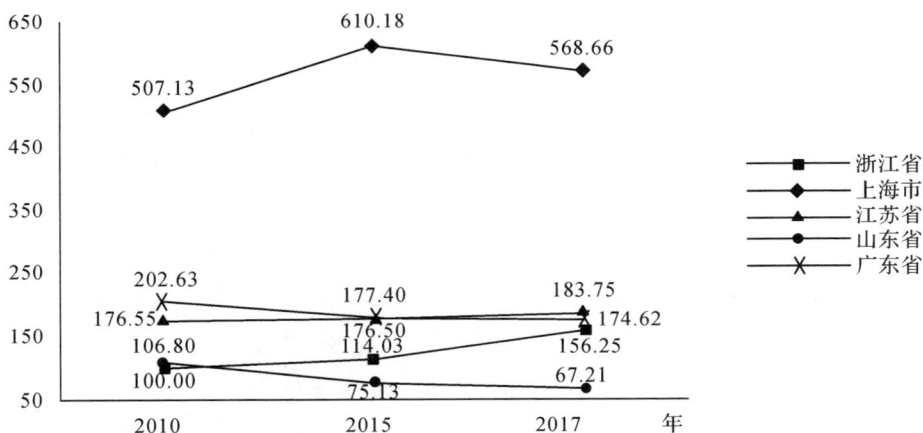

图 3-14　5 省（市）流通业发展国际化指数变化情况

数据来源：浙江省、上海市、江苏省、山东省及广东省的统计局。

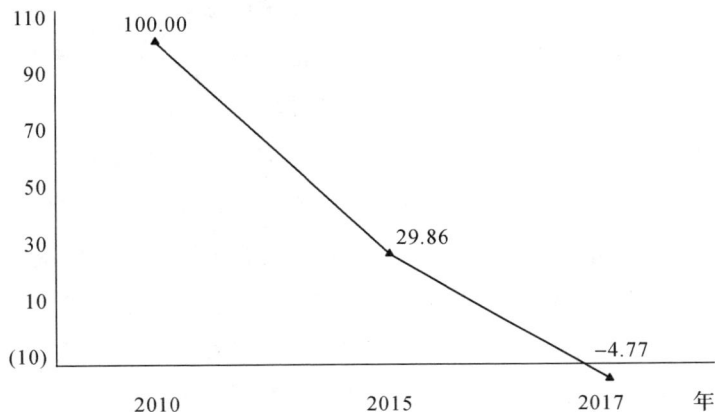

图 3-15　浙江省流通业外向度指标变化情况

数据来源：浙江省、上海市、江苏省、山东省及广东省的统计局。

流通业外向度指标用流通业对外直接投资净额增速来测量。从指数排名变化看，浙江省流通业外向度指数在 2010 年至 2017 年间一直稳居 5 省（市）的前两名。从绝对量来看，非金融类对外直接投资额从 2010 年的 267 915 万美元上升至 2017 年的 1 066 004 万美元，增长为 297.89%，而从增速来看，2010 年浙江省非金融类对外直接投资额增速为 281.50%，2015 年下降到 84.07%，2017 年甚至变成了－13.43%，说明随着近年来浙江省的对外投资总量不断增加，增速不断下降并逐渐趋于稳定。

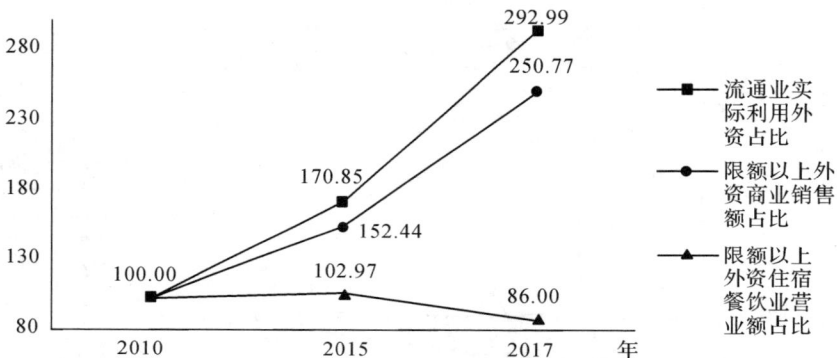

图 3-16 浙江省流通业开放度指标变化情况

数据来源：浙江省、上海市、江苏省、山东省及广东省的统计局。

流通业开放度指标用流通产业实际利用外资占比、限额以上外资商业销售额占比、限额以上外资住宿餐饮业营业额占比等指标来测量。从绝对量来看，浙江省流通业实际利用外资从 2010 年的 63 496 万美元升至 2017 年的 302 718 万美元，增幅高达 376.75%；限额以上批发业外资商业销售额从 2010 年的 118.12 亿元增至 2017 年的 2214.24 亿元，增长了 2096.12 亿元；限额以上零售业外资商业销售额从 2010 年的 318.22 亿元增至 424.39 亿元，增长了 33.36%。这些绝对量的增长对流通业开放度指标数值的增加有着不可或缺的贡献作用。从指数变化情况看，浙江省流通业实际利用外资占比和限额以上外资商业销售额占比指标的数值呈现飞速增长的趋势，分别增加了 192.99 和 150.77，而限额以上外资住宿餐饮业营业额占比则从 2010 年的 10.66% 下降至 2017 年的 9.17%。

（4）流通业发展贡献度分析

流通业发展贡献度指数反映了流通业的流通效率和经济社会贡献。2010

年，浙江省流通业发展贡献度指数在 5 省（市）中排名第五位，2015 年排名上升至第二位，2017 年则排名第三位，如图 3-17 所示。 虽然浙江省流通业发展贡献度指数的变化趋势有一定波动，但是整体上呈现上升发展的态势。流通业发展贡献度指数由流通效率和经济社会贡献指标构成，图 3-18 和图 3-19 为浙江省流通业流通效率指标和经济社会贡献指标的变化情况。

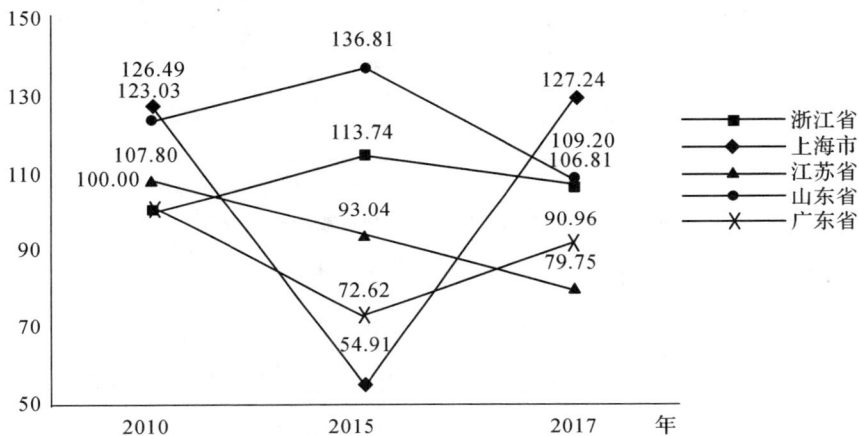

图 3-17　5 省(市)流通业发展贡献度指数变化情况

数据来源：浙江省、上海市、江苏省、山东省及广东省的统计局。

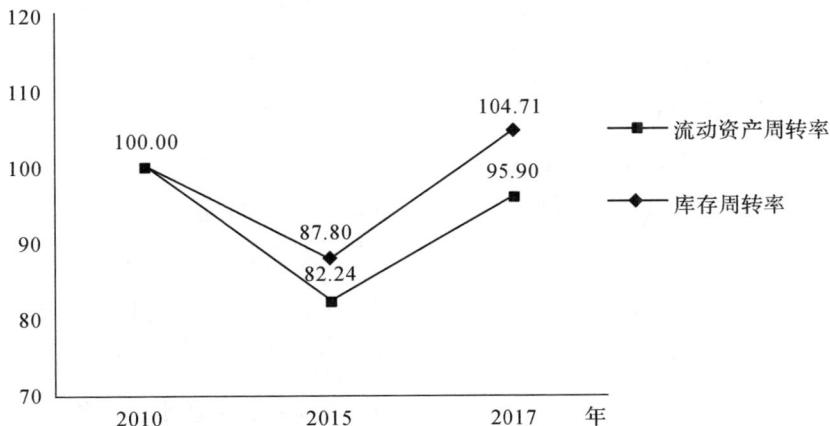

图 3-18　浙江省流通业流通效率指标变化情况

数据来源：浙江省、上海市、江苏省、山东省及广东省的统计局。

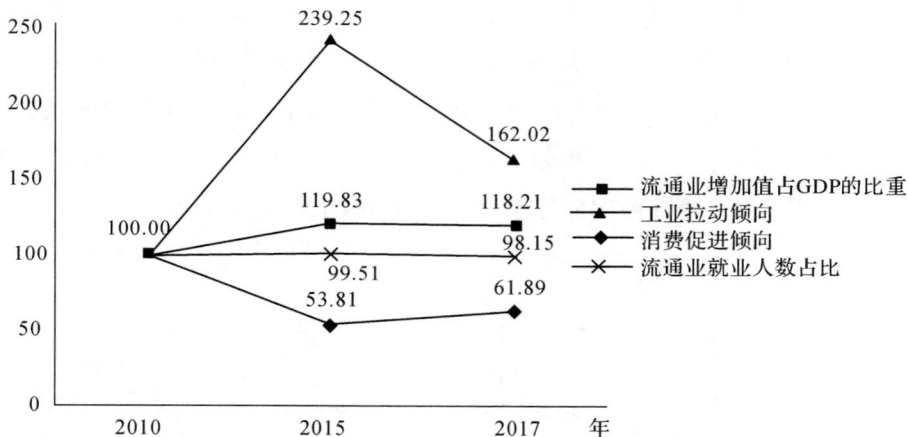

图 3-19　浙江省流通业经济社会贡献指标变化情况

数据来源：浙江省、上海市、江苏省、山东省及广东省的统计局。

　　流通效率指标用流动资产周转率和库存周转率两个指标来测量。 从绝对值来看，2010 年至 2017 年间，浙江省限额以上批发零售业的主营业务收入净额由 20 927.1 亿元升至 49 271.9 亿元，增长了 135.45％；限额以上批发零售业的平均流动资产从 6821.4 亿元增至 16 747.9 亿元，增幅高达 145.52％；限额以上批发零售业的期末库存金额由 1131.25 亿元增至 2605.35 亿元，增长了 130.31％。 从指标变化来看，2015 年浙江省流动资产周转率指标的数值降至 82.24，2017 年又升至 95.90；库存周转率指标的数值于 2015 年降至 87.80，2017 年又升至 104.71，如图 3-18 所示。 这说明，整体而言，浙江省的流通效率呈现稳定上升的趋势。

　　流通业经济社会贡献指标用流通业增加值占 GDP 的比重、工业拉动倾向、消费促进倾向和流通业就业人数占比 4 个指标来测量。 2010 年至 2017 年间，影响浙江省流通业经济社会效率指标的 4 个三级指标中，工业拉动倾向指标的波动最大。 从指标来看，工业拉动倾向指标数值在 2015 年飙升到 239.25，到 2017 年下降到 162.02；而从绝对值来看，工业生产总值则从 2010 年的 12 657.78 亿元上升到 2017 年的 19 474.48 亿元，上升了 53.85％。 流通业增加值占 GDP 的比重指标和流通业就业人数占比指标的变化趋势相似且相对较为平稳。 流通业增加值占 GDP 的比重指标反映了流通业对国民经济

的贡献率。 2010 年、2015 年和 2017 年浙江省流通业增加值分别为 4246.48
亿元、7871.95 亿元和 9373.97 亿元，其占全省 GDP 的比重分别为 15.32％，
18.36％和 18.11％，说明近几年浙江省流通业对经济增长的贡献率保持在
18％左右，呈现稳定上升的趋势。 流通业就业人数占比指标反映了流通业的
就业贡献率。 从 2010 年至 2017 年，浙江省流通业的就业人数占比一直平稳
保持在 8％左右，就业人数增加了 12.3 万人，说明流通业为浙江省吸纳就业
的重要领域。 2010 年至 2017 年间，浙江省流通业消费促进倾向指标的数值
处于下滑的趋势。

3.3 浙江省各地市流通业竞争力比较研究

在了解浙江省整体流通业竞争力的情况下，为了更加精确地剖析浙江省
流通业竞争力的具体情况，本节秉承科学实用的原则构建面向浙江省市际流
通业竞争力评价的指标体系，然后基于综合指数方法对浙江省 11 市的流通业
竞争力进行评价与比较分析。

3.3.1 评价指标体系与评价方法

3.3.1.1 评价指标体系的构成

鉴于研究目的和指标选取原则，本节在浙江省市际流通业竞争力总指数
下设置 5 个一级指数，分别是规模指数、能力指数、潜力指数、现代化指数和
贡献指数。 其中，规模指数和能力指数侧重于测度流通业竞争力发展基础，
即立足于流通业的发展现状，评价流通业发展的基础；潜力指数和现代化指
数着眼于流通业的未来，从流通业的潜力和现代化程度来评价流通业发展的
水平；贡献指数侧重于揭示流通业对社会经济的拉动作用。 5 个一级指数实
现了内部与外部、长度与宽度、现状和未来的结合，构成了城市流通业竞争力
全面、综合的评价指标体系。 5 个一级指数的逻辑关系如图 3-20 所示。

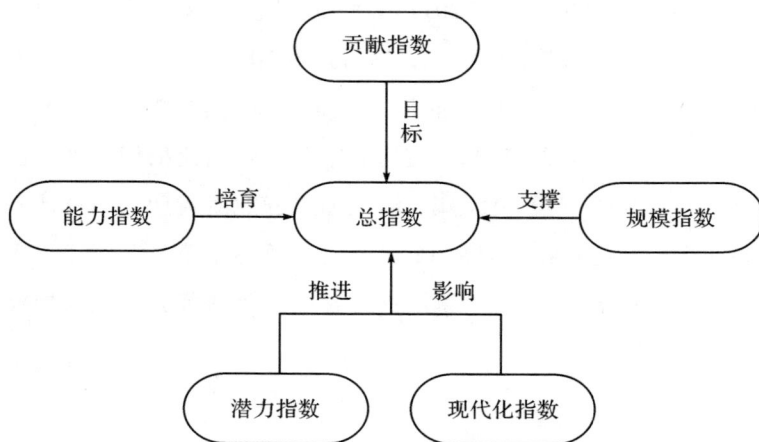

图 3-20　5 个一级指数逻辑关系

（1）规模指数

流通规模是直接反映城市流通业发展现状的重要内容之一，通过分析各城市的投入和产出规模，可以了解各城市流通业竞争力的整体情况。 流通业竞争力的规模指数分别用社会消费品零售总额、流通业城镇就业人员数、第三产业生产总值和全社会货运量来测度。 其中，社会消费品零售总额指标反映城市消费总体规模，体现了流通业满足现实消费需求的能力；流通业城镇就业人员数指标反映了流通业的就业规模，揭示了流通业吸纳就业的能力；而第三产业生产总值指标则反映了流通业的经济总量，揭示了流通业的价值创造能力；全社会货运量指标是指一段时期内的城市运输工具实际运输的货物数量，反映了交通物流设施运转的水平和能力。

（2）能力指数

流通能力的测度指标包括限额以上批发零售企业数、电商产业园数、A级物流企业数量和亿元以上交易市场数。 其中，限额以上批发零售企业数指标用来测度流通业的发展水平，反映了流通业整体生产经营的基础水平和资金实力；而电商产业园数、A级物流企业数量和亿元以上交易市场数指标分别反映了电商产业基础设施的完善程度、物流企业的竞争力水平和交易市场的完善程度，从不同的维度反映了流通业基础设施的支撑能力。 随着限额以上批发零售企业基数不断变大，A级物流企业数量持续增加，电商产业园和亿元以上交易市场逐渐增多，商贸综合服务功能全面提升。

（3）潜力指数

流通业的发展潜力是指在流通业现有发展的基础上，能够支撑未来商贸流通业可持续发展的潜在能力。 浙江省流通体系是一个多层次、多行业、多变量的系统，涉及城市建设、经济发展、民生保障等。 地区生产总值指标反映了经济增长对流通业未来发展的支撑能力，而年末常住人口和消费者购买力指标则揭示了本地人口相关因素对流通业未来发展的支撑能力，其中消费者购买力指标是由城镇农村居民人均可支配收入来综合测量的；而实际利用外资额和进出口总额指标则用来测度各城市的产业外向度和对外贸易的规模，反映了整合外部资源来支撑流通业发展的能力。

（4）现代化指数

流通业现代化是新技术带来的流通业态形式、技术结构和产业布局的现代化转型。 随着电子商务、人工智能、云技术等技术的不断发展，商贸流通业领域也呈现出跨越式发展的趋势。 流通业现代化主要是从产业网络化程度、居民消费网络化程度、跨境电商发展程度3个方面来反映，分别用网络零售额、居民网络消费额、跨境网络零售出口额和活跃出口网店数指标来测度。其中，网络零售额指标反映流通业的网络化程度，体现了流通业整体上运用新技术的成效；居民网络消费额指标反映居民消费的网络化程度，体现了流通业运用新技术带动居民消费所获得的成效；跨境网络零售出口额和活跃出口网店数指标主要反映了跨境电商发展程度，体现了在跨境电商细分市场运用新技术的成效。 互联网赋能流通业形成"互联网＋流通"的新业态，促使网络零售额呈指数级增长，并带动居民消费额不断增加，而跨境电商更是引领商贸流通业现代化发展、带动传统流通业转型升级的重要举措。

（5）贡献指数

流通业贡献是指流通业在降低流通成本、提高流通效率，以及促进经济社会发展方面的贡献。 流通业是国民经济运行的基础性和先导性产业，辐射于整个城市的各个区域和各行各业，起着经济桥梁的重要作用。 流通业贡献主要由第三产业生产总值占比、流通业城镇就业人数占比和流通业对城市的消费促进率3个指标进行测量，第三产业生产总值占比和流通业城镇就业人数占比指标分别体现了流通业对城市的经济贡献率和就业贡献率。 而流通业对城市的消费促进率指标是由第三产业生产总值增长率/社会消费品总额增长率来衡量的，体现了流通业发展对城市整体消费水平的拉动能力。

浙江省 11 市流通业竞争力评价指标具体情况如表 3-6 所示。

表 3-6　浙江省 11 市流通业竞争力评价指标体系

一级指标	二级指标	计算公式/说明
规模指数	社会消费品零售总额	反映了城市消费总体规模
	流通业城镇就业人员数	反映了各地市流通业城镇就业规模
	第三产业生产总值	反映了流通业的经济总量
	全社会货运量	反映了交通物流设施运转的水平和能力
能力指数	限额以上批发零售企业数	反映了流通业的发展水平
	电商产业园数	反映了各城市电商产业基础设施的完善程度
	A 级物流企业数量	反映了各城市物流企业竞争力水平
	亿元以上交易市场数	反映了各城市交易市场的完善程度
潜力指数	地区生产总值	反映了经济增长对流通业未来发展的支撑能力
	消费者购买力	反映了城市消费的收入潜力,以城镇居民、农村居民人均可支配收入结合计算
	年末常住人口	反映了城市消费人口潜力
	实际利用外资额	反映了各城市的产业外向度
	进出口总额	反映了各城市进出口贸易的规模
现代化指数	网络零售额	反映了各城市流通业的网络化程度
	居民网络消费额	反映了各城市居民消费的网络化程度
	跨境网络零售出口额	反映了各城市跨境电商的出口规模
	活跃出口网店数	反映了各城市跨境电商主体培育情况
贡献指数	第三产业生产总值占比	反映了流通业对城市的经济贡献率
	流通业城镇就业人数占比	反映了流通业对城市的就业贡献率
	流通业对城市的消费促进率	反映了流通业对城市消费的贡献,采用第三产业生产总值增长率/社会消费品总额增长率来衡量

3.3.1.2　综合评价方法

对浙江省 11 市流通业竞争力的综合评价，同样采用效用函数平均法，并采用指标数据无量纲化法将每个评价指标同度量化，再根据 AHP 法确定各指标的权重，最后以普通加权算术合成法将计算出来的各指数加权合成，由此来评价浙江省各市流通业竞争力。具体计算方法和步骤参见本章第 2 节。

3.3.2　浙江省各地市流通业竞争力分析

3.3.2.1　浙江省 11 市流通业竞争力总体情况

本部分以浙江省 11 个地级市的评价指标均值为基准，用流通业竞争力总指数及 5 个一级指数来比较分析 2018 年浙江省 11 市的流通业竞争力情况。2018 年浙江省各地市的流通业竞争力指数情况如表 3-7 所示。由表 3-7 可知，11 市可分成三大梯队：第一梯队为流通业竞争力排名前四位的城市，包括杭州市、宁波市、金华市、温州市；第二梯队为排名第五至第七位的城市，包括绍兴市、台州市、嘉兴市；第三梯队为排名在第八至第十一位的城市，包括湖州市、舟山市、衢州市和丽水市。

表 3-7　2018 年浙江省各地市流通业竞争力指数情况

	规模指数	能力指数	潜力指数	现代化指数	贡献指数	总指数	排名
杭州市	296.28	227.42	231.24	268.07	110.70	226.74	1
宁波市	206.76	210.82	213.78	118.96	140.38	178.14	2
温州市	107.25	122.94	96.74	121.06	82.93	106.18	4
嘉兴市	73.02	75.57	118.07	59.71	75.47	80.37	7
湖州市	57.71	53.33	64.64	23.69	81.44	56.16	8
绍兴市	74.63	93.03	95.85	38.37	131.92	86.76	5
金华市	70.98	134.59	90.03	379.84	93.67	153.82	3
衢州市	32.56	40.23	33.38	13.41	84.84	40.88	10

	规模 指数	能力 指数	潜力 指数	现代化 指数	贡献 指数	总指数	排名
舟山市	64.30	19.02	44.94	6.81	136.09	54.23	9
台州市	92.99	100.96	79.42	52.48	78.74	80.92	6
丽水市	23.52	22.09	31.92	17.60	83.82	35.79	11

如上所述，第一梯队中，杭州市的流通业竞争力总指数以 226.74 位居全省第一，同时其规模指数、能力指数和潜力指数的排名均位居全省第一，现代化指数位居全省第二。 宁波市的流通业竞争力总指数以 178.14 位居全省第二，其贡献指数排名居全省第一，而其规模指数、能力指数、潜力指数均居于全省第二。 金华市以 153.82 的流通业竞争力总指数位居全省第三，但其现代化指数以 379.84 位居全省第一，远高于其他地市，条形码技术、冷藏链技术、电子商务等在金华流通领域的应用逐步普及。 2018 年，温州市的流通业竞争力总指数为 106.18，居全省第四名。 入选第一梯队的 4 个城市，与浙江省四大都市区的空间布局相一致。

第二梯队中，2018 年绍兴市、台州市和嘉兴市的流通业竞争力总指数分别为 86.76、80.92 和 80.37，位居全省第五至七名，3 个城市的流通业竞争力整体上差距不大。 由表 3-7 可知，绍兴市的贡献指数的排名位居全省第二，而规模指数、能力指数、现代化指数和潜力指数方面处于全省中游水平；台州市流通业的整体发展呈现出产业规模较大、流通能力较强等态势；而嘉兴市在规模指数、潜力指数、现代化指数方面的排名都处于相对靠前位置，但是其贡献指数排名相对靠后。 总的来说，第二梯队中的城市相较于前四名城市仍有较大的差距。

第三梯队中，2018 年湖州市以 56.16 位居全省第八名，其各分项指数都表现得比较平稳，流通产业呈现稳步发展的态势。 舟山市以 54.23 位居全省第九名，舟山市的贡献指数表现突出，以 136.09 位居全省第一名，但是在能力指数、现代化指数方面则具有较大的劣势，政府应加大引入新型业态的力度，从而促进交易模式创新。 2018 年衢州市和丽水市的流通业竞争力总指数数值分别为 40.88 和 35.79，其整体流通业竞争力与其他城市差距较大，短板较多，制约了两个城市流通业的整体发展。

3.3.2.2 流通业竞争力构成因素分析

（1）规模指数分析

由上述内容可知，流通规模指数由社会消费品零售总额、流通业城镇就业人员数、第三产业生产总值、全社会货运量 4 个指标来测度。 2018 年浙江省各地市规模指数及 4 个指标情况如表 3-8 所示，排名前三位的依次是杭州市、宁波市和温州市。 杭州市规模指数的数值遥遥领先于其社会消费品零售总额指标、流通业城镇就业人员数指标和第三产业生产总值指标。 宁波市则得益于其得天独厚的区位优势——世界第三大港口城市，2018 年全社会货运量为 58 759.57 万吨，是杭州市全社会货运量的 168.36%。 温州市的社会消费品零售总额指标、流通业城镇就业人员数指标、第三产业生产总值指标的数值都紧跟杭州市、宁波市。

表 3-8　2018 年浙江省各地市流通规模指数及其构成指标情况

	社会消费品零售总额	流通业城镇就业人员数	第三产业生产总值	全社会货运量	规模指数	规模指数排名
杭州市	251.39	465.75	317.02	150.97	296.28	1
宁波市	182.76	208.97	181.14	254.17	206.76	2
温州市	146.79	85.14	127.99	69.10	107.25	3
嘉兴市	85.27	58.71	78.32	69.78	73.02	6
湖州市	57.06	44.14	48.40	81.25	57.71	9
绍兴市	88.31	53.13	95.82	61.25	74.63	5
金华市	99.10	60.35	81.49	42.99	70.98	7
衢州市	31.56	14.98	26.74	56.95	32.56	10
舟山市	23.61	41.28	27.39	164.93	64.30	8
台州市	104.11	52.58	89.17	126.10	92.99	4
丽水市	30.04	14.98	26.54	22.51	23.52	11

数据来源：根据浙江省统计局数据计算得到。

社会消费品零售总额是企业或单位通过交易售给个人、社会集团非生产经营用的实物商品的金额，以及提供餐饮服务所取得的收入金额，由社会商品供给和有支付能力的商品需求的规模决定。 浙江省各地市 2018 年社会消费品零售总额情况如图 3-21 所示，排名前五位的分别是杭州市、宁波市、温州市、台州市和金华市。 其中，杭州市、宁波市和温州市的社会消费品零售总额均超过 3000 亿元，分别为 5715.33 亿元、4154.93 亿元和 3337.11 亿元；台州市和金华市分别为 2366.88 亿元和 2253.00 亿元，均超 2000 亿元。社会消费品零售总额排名第六至第十一位的城市分别为绍兴市、嘉兴市、湖州市、衢州市、丽水市和舟山市。

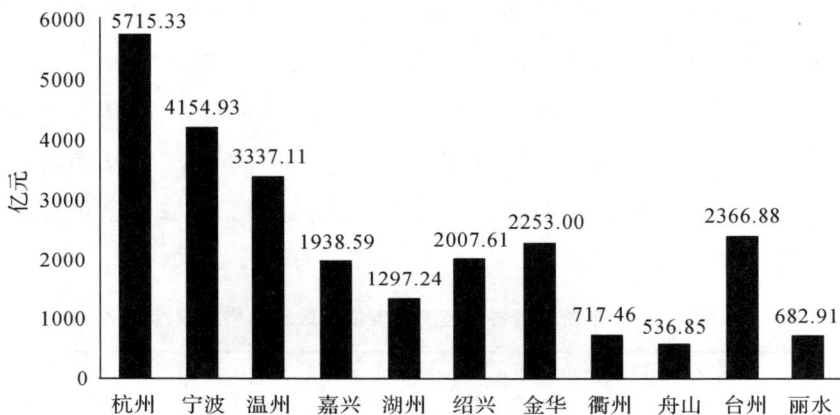

图 3-21　2018 年浙江省各地市社会消费品零售总额情况

数据来源：浙江省统计年鉴。

　　流通业城镇就业人员数主要反映了流通业的就业规模。 杭州市和宁波市作为浙江省重要的经济和金融中心城市，区位优势明显，经济发展水平高，融资能力强，人才集聚效应强，流通业城镇就业人员数远高于其他城市，2018年分别达 34.19 万人和 15.34 万人，可见，流通业对促进就业有重要作用。衢州市和丽水市由于地理位置的劣势，流通业城镇居民就业人员数均低于 3万人，流通产业吸纳就业能力相对较弱。 详见图 3-22。

　　由于各地市的流通业生产总值数据缺失，故用第三产业生产总值来反映流通业的经济总量。 第三产业生产总值是城市地区生产总值的重要组成部分，是流通业价值创造能力最直观的体现。 杭州市、宁波市和温州市的第三产业生产总值均超过 3000 亿元，绍兴市、台州市、金华市、嘉兴市、湖州市紧随杭州市、宁波市和温州市之后，均超过 1000 亿元，舟山市、衢州市和丽水市 3 个城市的第三产业生产总值也均在 700 亿元以上。 详见图 3-23。

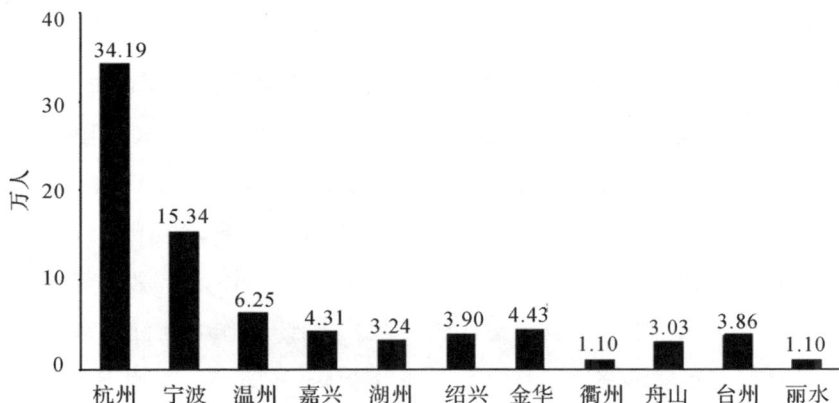

图 3-22　2018 年末浙江省各地市流通业城镇就业人员数

数据来源:浙江省统计年鉴。

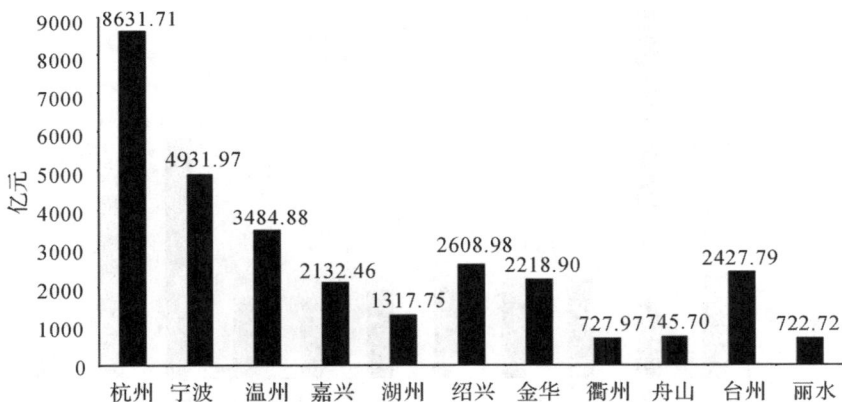

图 3-23　2018 年浙江省各地市第三产业生产总值情况

数据来源:浙江省统计年鉴。

全社会货运量是一定时期内城市各种运输工具实际运送的货物数量,是反映运输业为国民经济和人民生活服务的定量指标,是各主要城市物流枢纽等建设的成效体现。 2018 年浙江省的全社会货运量为 254 303.89 万吨,其中宁波市、舟山市、杭州市、台州市、湖州市和嘉兴市 6 个城市的货运规模在省内处于领先地位,这 6 个城市的地理位置都具有极大的优势。 宁波市为国际第三大港口城市,水运规模巨大,其也是长三角南翼经济中心,公路和航空运输规模也较大；舟山市已初步建成一个大型临港粮食物流基地——舟山国际粮油集散中心，港口设计年吞吐能力达 3500 万吨，同时，舟山市最大的综合性物流中心——陆港物流产业园建成，预计货物仓储量将达到每年 30 万吨，物流辐射范围覆盖全国；杭州市是浙江省省会城市和国际重要的电子商务中心，航空网、铁路网、公路网等货运基础设施发达，可运输商品品类丰富；台州市属于沿海城市，承担着区域内众多的水路运输任务；湖州市致力于完善共同配送信息平台和标准化建设，深化城乡共同配送体系；嘉兴市则作为沪杭、苏杭交通干线中枢，货物运输比较便利。温州市作为浙江三大中心城市之一，综合交通运输网络发达，货运规模也较大；绍兴市、衢州市的货物运输业虽然相较于其他城市发展落后，但是其 2018 年的货运规模也在 10 000 万吨以上，而金华市和丽水市的货运总量与其他城市相比较少。详见图 3-24。

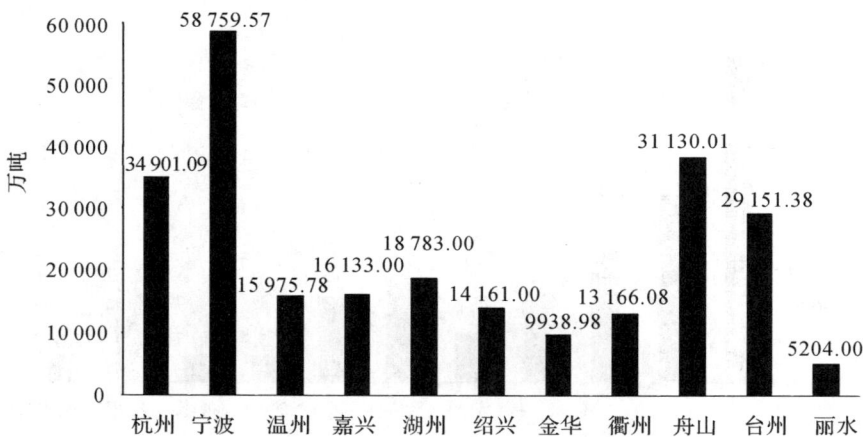

图 3-24　2018 年浙江省各地市全社会货运量情况 (万吨)

数据来源：浙江省统计年鉴。

（2）能力指数分析

能力指数由限额以上批发零售企业数、电商产业园数、A 级物流企业数量、亿元以上交易市场数 4 个指标来测度。能力指数排名前五位的城市依次是杭州市、宁波市、金华市、温州市和台州市，排名第六至第十一位的依次为绍兴市、嘉兴市、湖州市、衢州市、丽水市和舟山市。详见表 3-9。

表 3-9   2018 年浙江省各地市流通能力指数及其构成指标情况

	限额以上批发 零售企业数	电商产 业园数	A 级物流 企业数量	亿元以上 交易市场数	能力 指数	能力指 数排名
杭州市	253.96	264.22	166.94	224.55	227.42	1
宁波市	246.72	129.41	283.58	183.59	210.82	2
温州市	127.29	137.50	104.05	122.90	122.94	4
嘉兴市	90.90	51.23	60.03	100.14	75.57	7
湖州市	44.42	35.05	68.61	65.24	53.33	8
绍兴市	132.99	118.63	53.74	66.76	93.03	6
金华市	74.10	169.85	206.39	88.00	134.59	3
衢州市	23.75	70.10	29.16	37.93	40.23	9
舟山市	21.76	26.96	9.15	18.21	19.02	11
台州市	66.29	64.71	102.91	169.93	100.96	5
丽水市	17.83	32.35	15.44	22.76	22.09	10

数据来源:根据浙江省统计局、浙江省商务厅的数据计算得到。

　　批发零售业是商贸流通业的主力军,限额以上批发零售企业数可以反映流通业产业活动单位数量及流通业整体实力情况。 限额以上批发零售企业数越多,说明该城市流通业活动单位数量越多,流通业的基础建设越扎实,流通业整体实力越强。 杭州市、宁波市、绍兴市和温州市的限额以上批发零售企业数都在 2000 个以上,嘉兴市、金华市和台州市的限额以上批发零售企业数均在 1000 个以上。 详见图 3-25。

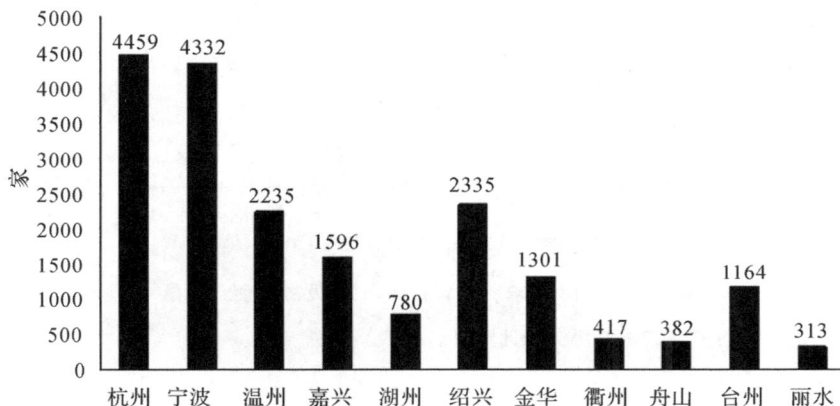

图 3-25   2018 年浙江省各地市末限额以上批发零售企业数

数据来源:浙江省统计年鉴。

杭州市和金华市的电商产业园数量分别为 98 个和 63 个，遥遥领先于其他城市。 嘉兴市、湖州市、丽水市和舟山市 4 个城市的电商产业园数量均低于 20 个，落后于其他城市。 宁波市和金华市的 A 级物流企业总数均超越杭州市，居全省前两位，这 3 个城市的 A 级物流企业数量均超过 80 家。 温州市和台州市的 A 级物流企业数量均在 50 家以上，而舟山市和丽水市的 A 级物流企业数量都小于 20 家，5A 级、4A 级物流企业也相对缺乏。 详见图 3-26、图 3-27。

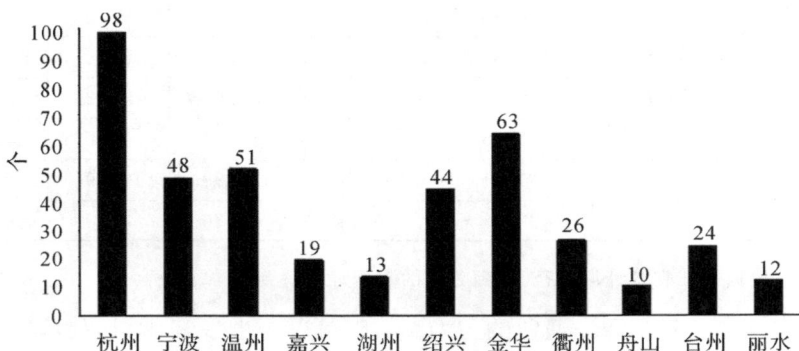

图 3-26　2018 年末浙江省各地市电商产业园数量

数据来源:浙江省商务厅的相关资料。

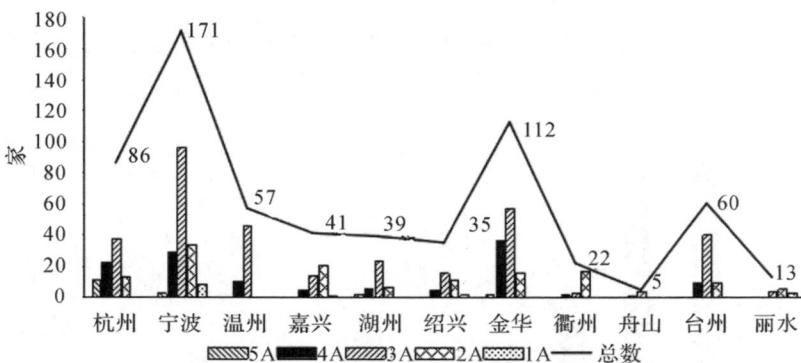

图 3-27　2018 年末浙江省各地市 A 级物流企业数量

数据来源:浙江省物流协会统计资料。

商品交易市场是我国商品流通的重要形式，在促进产业升级、拉动经济发展、满足消费者需求方面做出了巨大的贡献，而亿元以上交易市场数反映了城市的交易市场完善度。 由于 2018 年该数据缺失，使用 2017 年浙江省各地市的亿元以上交易市场数进行评价。 杭州市、宁波市和台州市的亿元以上交易市场的数量均在 100 个以上，温州市和嘉兴市则分别拥有 81 个和 66 个亿元以上交易市场，金华市、绍兴市和湖州市的亿元以上交易市场数也均高于 40 个，丽水市、衢州市和舟山市亿元以上交易市场数则相对较少。 详见图 3-28。

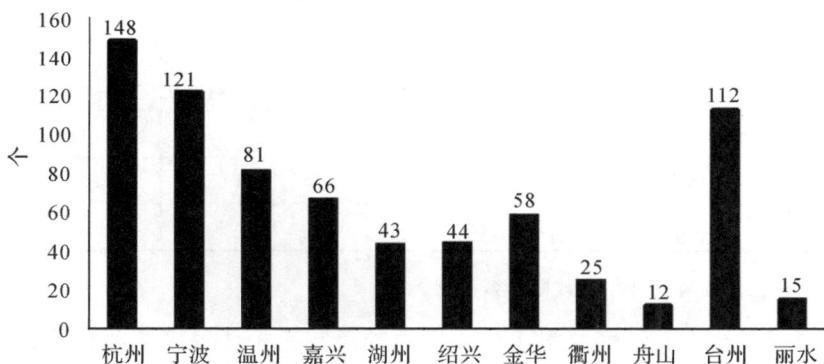

图 3-28　2017 年末浙江省各地市亿元以上交易市场数

数据来源：浙江省商务厅。

（3）潜力指数分析

潜力指数由地区生产总值、消费者购买力、年末常住人口、实际利用外资额、进出口总额 5 个指标来测度。 2018 年浙江省各地市流通业潜力指数及其5 个构成指标情况如表 3-10 所示，排名前五位的分别是杭州市、宁波市、嘉兴市、温州市和绍兴市。 杭州市潜力指数的各测度指标都居于全省领先地位，除进出口总额指标外，均居于全省第一名。 得益于优越的地理位置，宁波市的进出口总额指标居于全省第一名，且指标数值远远领先于其他地市。潜力指数排名第六至第十一位的依次为金华市、台州市、湖州市、舟山市、衢州市和丽水市。

表 3-10　2018 年浙江省各地市流通潜力指数及其构成指标情况

	地区生产总值	消费者购买力	年末常住人口	实际利用外资额	进出口总额	潜力指数	潜力指数排名
杭州市	263.36	112.28	188.02	402.88	189.66	231.24	1
宁波市	209.48	111.57	157.26	254.96	335.61	213.78	2
温州市	117.09	99.44	177.36	30.87	58.95	96.74	4
嘉兴市	94.98	109.13	90.62	185.30	110.33	118.07	3
湖州市	53.01	102.52	58.04	75.04	34.61	64.64	8
绍兴市	105.60	109.64	96.54	79.76	87.69	95.85	5
金华市	79.93	96.50	107.45	18.80	147.45	90.03	6
衢州市	28.67	77.80	42.35	4.39	13.69	33.38	10
舟山市	25.67	107.61	22.49	24.65	44.27	44.94	9
台州市	95.03	99.16	117.71	17.05	68.13	79.42	7
丽水市	27.19	74.34	42.16	6.31	9.61	31.92	11

数据来源:根据浙江省统计年鉴数据计算得到。

　　经济总量和人口规模反映了一个城市经济发展和社会繁荣的程度,下面分别采用地区生产总值指标和年末常住人口指标来测量。 地区生产总值指标排名前五位的城市分别为杭州市(13 509.15 亿元)、宁波市(10 745.46 亿元)、温州市(6006.16 亿元)、绍兴市(5416.90 亿元)、台州市(4874.67 亿元)。 嘉兴市和金华市的生产总值也都在 4000 亿元以上,湖州市的生产总值在 2000 亿元以下,而衢州市、丽水市和舟山市的生产总值则均在 2000 亿元以下。 浙江省各地市年末常住人口指标的排名与生产总值规模的排名基本保持一致。 详见图 3-29、图 3-30。

　　消费者购买力指标由城镇居民人均可支配收入和农村居民人均可支配收入共同测量。 浙江省城镇居民人均可支配收入为 54 652.27 元,其中 8 个地级市高于全省平均水平。 城镇居民人均可支配收入低于全省平均水平的城市中,湖州市城镇居民人均可支配收入为 54 393 元,紧跟金华市之后,衢州市和丽水市也都接近于 45 000 元。 浙江省农村居民人均可支配收入为 29 389.55 元,其中 7 个地级市高于全省平均水平。 低于全省平均水平的温州市、金华市、衢州市

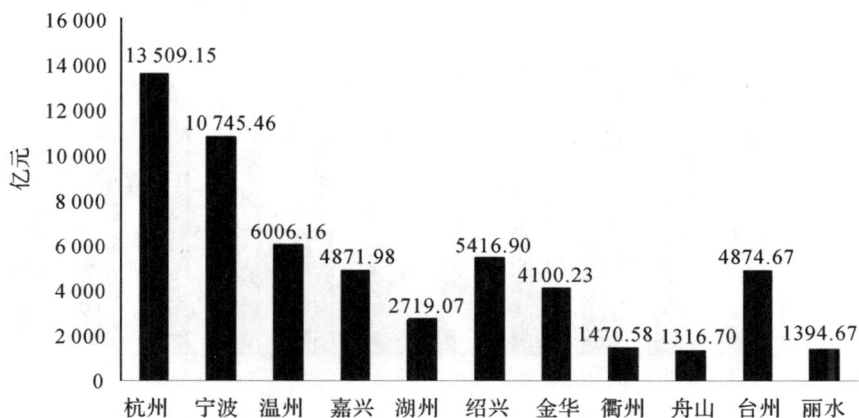

图 3-29 2018 年浙江省各地市地区生产总值

数据来源：浙江省统计年鉴。

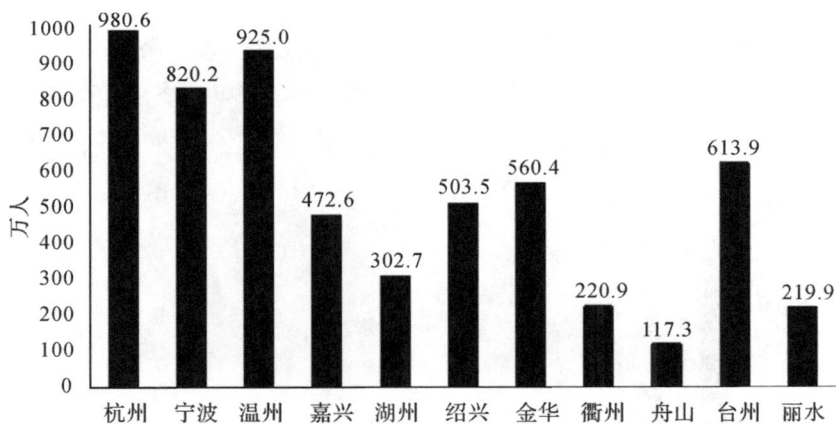

图 3-30 2018 年浙江省各地市年末常住人口情况

数据来源：浙江省统计年鉴。

的农村居民人均可支配收入也都高于 20 000 元。 详见图 3-31。

城市流通业外向度是衡量一个城市商贸流通业潜力的重要指标，主要采用各地级市实际利用外资额指标来测度。 实际利用外资额指标表现为城市吸引外资的绝对值，体现一定时期内城市对外资的吸引度，在一定程度上反映了各地级市经济环境、政策环境和产业环境的完善程度。 2018 年，杭州市、宁波市、嘉兴市、绍兴市、湖州市的实际利用外资额都高于 100 000 万美元，

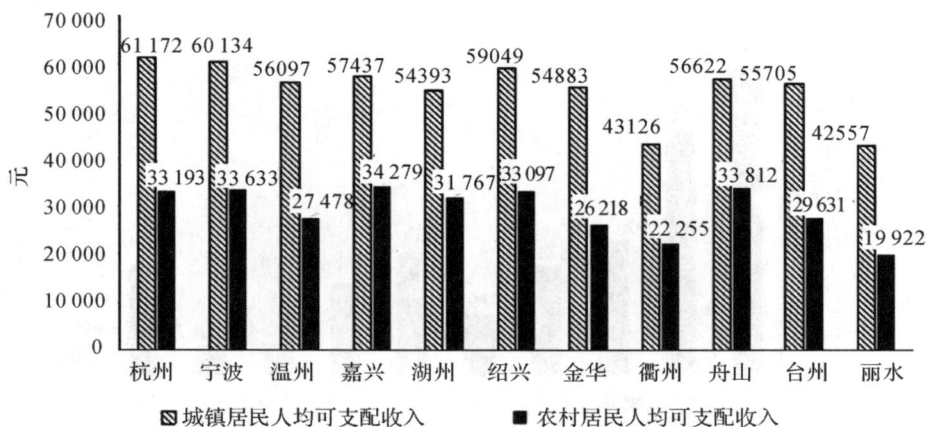

图 3-31 2018 年浙江省各地市居民人均可支配收入情况

数据来源:浙江省统计年鉴。

其中杭州市为 682 658 万美元，宁波市为 432 017 万美元，嘉兴市为 313 980
万美元。 温州市、舟山市、金华市和台州市的实际利用外资额也均在 20 000
万美元以上。 详见图 3-32。

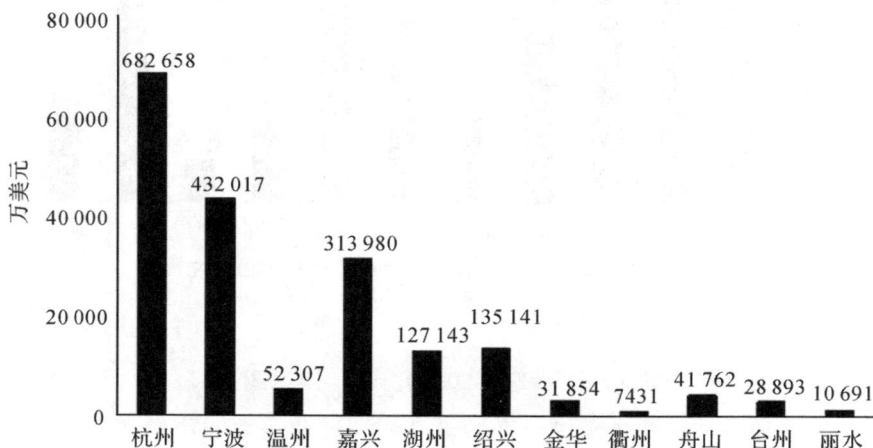

图 3-32 2018 年浙江省各地市实际利用外资情况

数据来源:浙江省统计年鉴。

进出口总额反映了各城市进出口贸易的规模。 2018 年，宁波市以 1301.05 亿
美元的进出口总额高居全省榜首，杭州市和金华市的进出口总额均超过 500 亿美

元,分别为 735.26 亿美元和 571.63 亿美元,嘉兴市、绍兴市、台州市、温州市、舟山市、湖州市的进出口总额均在 100 亿美元以上,其中嘉兴市和绍兴市的进出口总额分别为 427.72 亿美元和 339.94 亿美元,均超过 300 亿美元。 详见图 3-33。

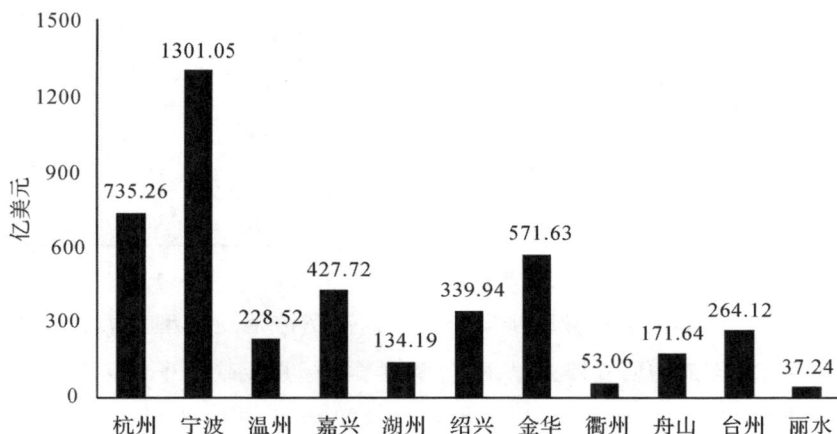

图 3-33　2018 年浙江省各地市进出口总额情况

数据来源:浙江省统计局。

(4)现代化指数分析

现代化指数由网络零售额、居民网络消费额、跨境网络零售出口额和活跃出口网店数 4 个指标来测度,分别反映了流通业的网络化程度、居民消费的网络化程度、跨境电商的发展程度。 2018 年浙江省各地市流通业现代化指数及其构成指标情况如表 3-11 所示。 现代化指数排名前三位的城市分别是金华市、杭州市和温州市。

表 3-11　2018 年浙江省各地市流通现代化指数及其构成指标情况

	网络零售额	居民网络消费额	跨境网络零售出口额	活跃出口网店数	现代化指数	现代化指数排名
杭州市	349.00	309.68	221.19	192.42	268.07	2
宁波市	117.00	163.45	103.60	91.78	118.96	4
温州市	129.50	146.42	100.54	107.78	121.06	3
嘉兴市	119.63	86.16	18.58	14.49	59.71	5
湖州市	37.42	46.59	4.98	5.77	23.69	8

	网络零售额	居民网络消费额	跨境网络零售出口额	活跃出口网店数	现代化指数	现代化指数排名
绍兴市	35.21	77.47	17.24	23.55	38.37	7
金华市	188.80	112.06	594.24	624.27	379.84	1
衢州市	18.26	21.40	7.09	6.88	13.41	10
舟山市	3.74	21.12	1.92	0.48	6.81	11
台州市	78.39	88.34	20.49	22.71	52.48	6
丽水市	23.06	27.31	10.15	9.87	17.60	9

数据来源:2018 年浙江省电子商务发展报告。

浙江省近几年电子商务稳步发展,成为商贸流通业转型发展、拓展新市场、培育新业态的重要支撑力。 网络零售额指标是反映电子商务整体发展程度的重要指标。 杭州市的网络零售额遥遥领先于其他地市,2018 年达5304.40 亿元,金华市网络零售额紧随杭州市之后,为 2869.60 亿元,温州市、嘉兴市、宁波市和台州市的网络零售额也都在 1000 亿元以上,衢州市和舟山市的网络零售额则相对较少。 详见图 3-34。

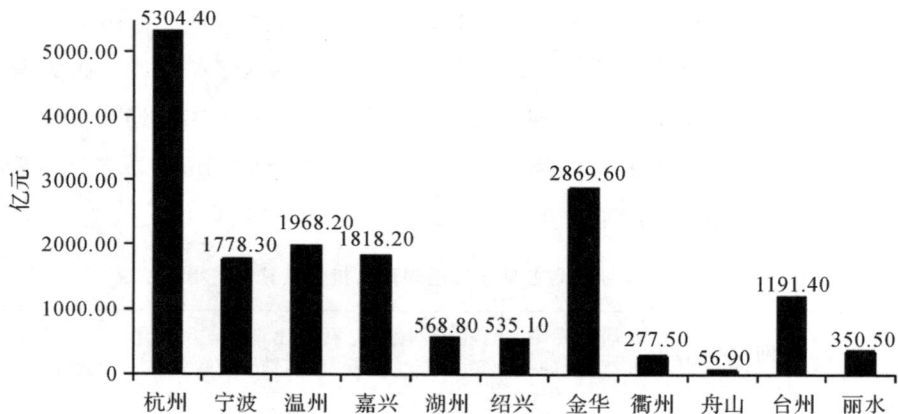

图 3-34　2018 年浙江省各地市网络零售额情况

数据来源:浙江省统计局、浙江省商务厅。

居民网络消费额反映了居民消费的网络化发展程度,浙江省居民网络消费额平均值为 770.06 亿元。 从居民网络消费区域结构来看,区域集中度有所降低。杭州市、宁波市、温州市 3 个城市的居民网络消费需求居全省前三位，排名前三位的地市的居民网络消费额占全省总额的 56.4%，区域结构逐渐优化。其中，杭州市的居民网络消费额远远领先其他城市，高达 2384.70亿元，占全省的比重为 28.2%；宁波市居民网络消费额为 1258.70 亿元，占比为 14.9%，位居全省第二；温州市居民网络消费额为 1127.50 亿元，占比为 13.3%，位居全省第三；金华市、台州市、嘉兴市的居民网络消费额均超过 600 亿元，分别为 862.90 亿元、680.30 亿元和 663.50 亿元。详见图 3-35。

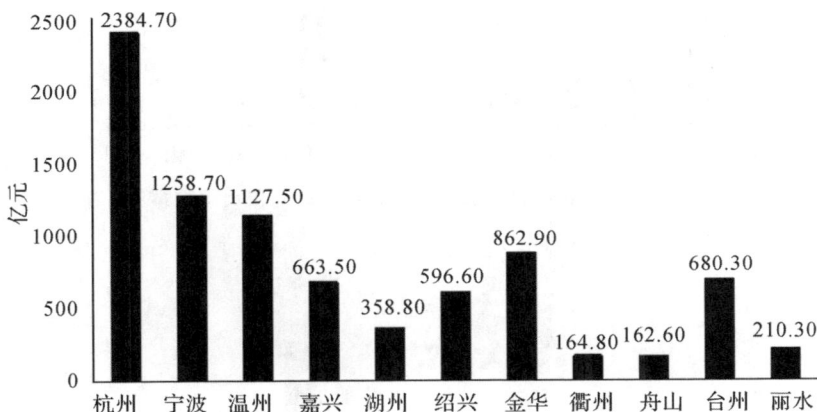

图 3-35　2018 年浙江省各地市居民网络消费额情况

数据来源：浙江省统计年鉴。

浙江跨境电商在 2018 年继续保持良好的发展态势，经营主体持续增多，销售规模迅速扩大，产业链不断完善，多元化经营趋势明显。2018 年浙江省跨境网络零售出口额为 574.40 亿元，其中金华市以 310.30 亿元远远超越其他城市居第一，杭州市以 115.90 亿元的跨境网络零售出口额排名全省第二位，而宁波市和温州市跨境网络零售出口额分别为 54.10 亿元和 52.50 亿元，台州市跨境网络零售出口额为 10.70 亿元，其余 6 个城市跨境网络零售出口额则均在 10 亿元以下。而 2018 年浙江省活跃出口网店数量高达82 012家，其中金华市以46 543家活跃出口网店数远远领先其他城市，位居全省第一，杭州市、温州市和宁波市的活跃出口网店数均超过 6000 家，分别为 14 346 家、

8036 家和 6843 家。 绍兴市、台州市和嘉兴市的活跃出口网店数均超过 1000 家，其他 4 个城市的活跃出口网店数则均在 1000 家以下。 详见图 3-36、图3-37。

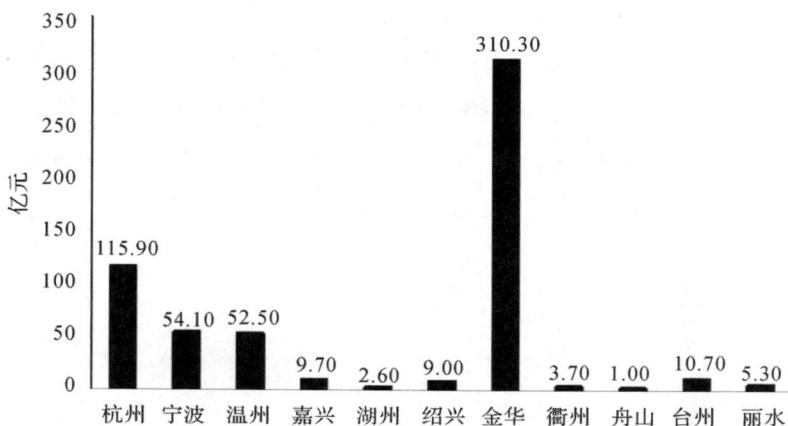

图 3-36 2018 年浙江省各地市跨境网络零售出口额情况

数据来源:2018 年浙江省电子商务发展报告。

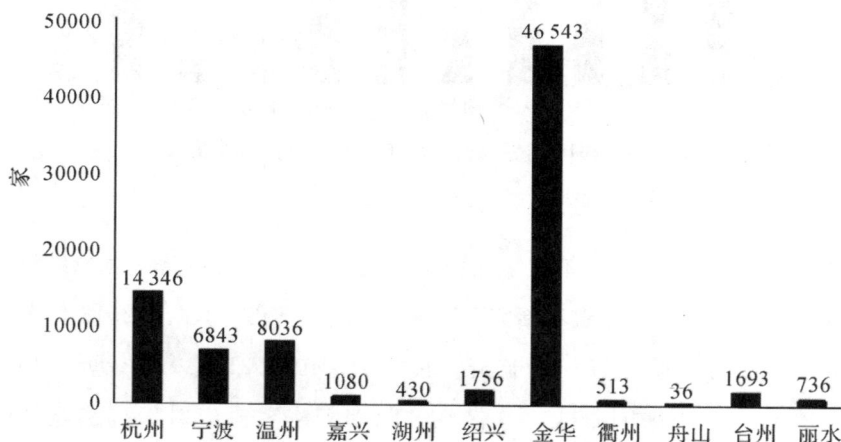

图 3-37 2018 年末浙江省各地市活跃出口网店数

数据来源:2018 年浙江省电子商务发展报告。

（5）贡献指数分析

贡献指数由第三产业生产总值占比、流通业城镇就业人数占比、流通业对城市的消费促进率 3 个指标来测度。 随着商贸流通业的规模持续扩大、基础能力逐步加强、发展潜力不断凸显、现代化程度日渐攀升，流通业内部逐渐分层，将吸纳更多层次的就业人群，促进整个城市的经济消费飞速增长，从而提升城市竞争力。 如表 3-12 所示，浙江省各地市贡献指数排名前五位的城市依次是宁波市、舟山市、绍兴市、杭州市和金华市，这几个城市的商贸流通业处于快速发展期，成为城市经济社会发展的重要推动力量。 总体而言，排名相对靠后的城市的流通业贡献指数的数值与排名靠前的城市差距并不大，这也进一步反映了流通业对经济社会发展的重要贡献。

表 3-12　2018 年浙江省各地市流通贡献指数及其构成指标情况

	第三产业生产总值占比	流通业城镇就业人数占比	流通业对城市的消费促进率	贡献指数	其构成排名
杭州市	123.29	165.22	43.60	110.70	4
宁波市	88.56	137.21	195.37	140.38	1
温州市	111.95	78.54	58.30	82.93	8
嘉兴市	84.45	77.26	64.68	75.47	11
湖州市	93.51	92.28	58.53	81.44	9
绍兴市	92.93	45.73	257.09	131.92	3
金华市	104.42	68.72	107.87	93.67	5
衢州市	95.52	76.77	82.24	84.84	6
舟山市	109.28	225.35	73.63	136.09	2
台州市	96.10	54.85	85.28	78.74	10
丽水市	99.99	78.07	73.42	83.82	7

数据来源：浙江省统计年鉴。

第三产业生产总值占比反映了流通业对城市经济的贡献率。 2018 年，第三产业对浙江各地市经济发展的贡献率的平均水平为 51.83％，其中杭州市、温州市、舟山市和金华市都高于平均水平。 浙江省 11 个地市第三产业对经济的贡献率都保持在 43％以上，表明了各地市商贸流通业都处于高速发展阶段。 详见图 3-38。

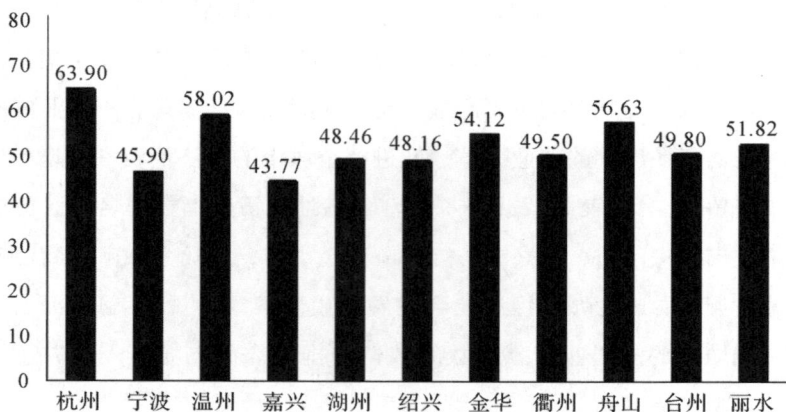

图 3-38　2018 年浙江省各地市流通业对经济增长的贡献率情况

数据来源:根据浙江省统计年鉴计算得到。

流通业城镇就业人数占比反映了流通业对城市就业的拉动率。 2018 年,流通业对浙江省各城市就业拉动率的平均水平为 7.41%。 舟山市以 16.70%的就业拉动率超越杭州市, 居全省第一位,这主要得益于其得天独厚的区位优势, 相对其他城市而言, 商贸流通业更是舟山市吸纳多层次劳动力的主要渠道。 杭州市以 12.25%的就业拉动率列全省第二位,远高于除舟山市外的其他城市。 除了绍兴市和台州市之外,浙江省其余地市的就业拉动率也均在5%以上。 详见图 3-39。

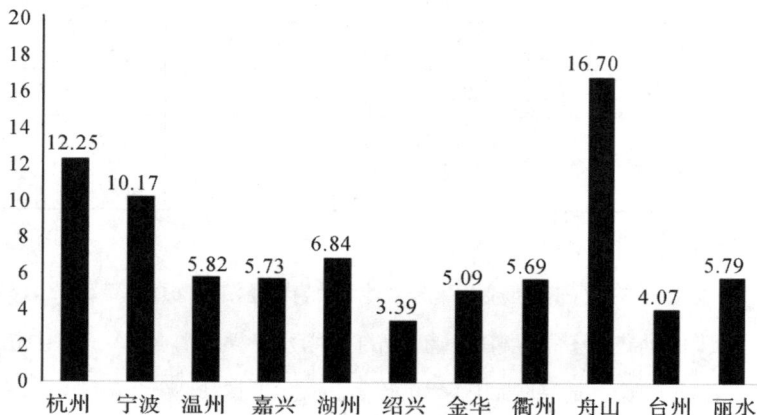

图 3-39　2018 年浙江省各地市流通业的就业拉动率情况

数据来源:根据浙江省统计年鉴计算得到。

流通业对城市的消费促进率反映了流通业产出的增长率与整个城市消费规模增长率之间的关系。从各地市流通业对城市的消费促进率排名看，绍兴市的消费促进率为 579.97％，居全省首位；宁波市的消费促进率为440.75％，居全省第二位，两者均远高于其他城市；金华市、台州市、衢州市、舟山市、丽水市的消费促进率均在 150％以上，嘉兴市、湖州市和温州市的消费促进率也均在 130％以上。 详见表 3-13。

表 3-13　2018 年浙江省各地市流通业消费促进率情况

	第三产业 GDP 增长率/％	排名	社会消费品 总额增长率/％	排名	消费 促进率/％	排名
杭州市	8.85	9	9.00	2	98.35	11
宁波市	11.66	4	2.65	10	440.75	2
温州市	11.79	3	8.96	3	131.52	10
嘉兴市	10.66	7	7.30	5	145.92	8
湖州市	12.12	2	9.18	1	132.05	9
绍兴市	8.78	10	1.51	11	579.97	1
金华市	6.86	11	2.82	9	243.35	3
衢州市	10.83	6	5.84	8	185.52	5
舟山市	10.24	8	6.16	6	166.11	6
台州市	11.29	5	5.87	7	192.38	4
丽水市	12.23	1	7.38	4	165.62	7

数据来源:浙江省统计年鉴。

4 浙江省批发零售业发展成效、创新经验与思路

4.1 浙江省批发零售业发展成效评估

批发零售业是浙江省传统优势产业，在引导生产、促进消费、保障就业、改善民生等方面发挥至关重要作用。 自 2008 年以来，浙江省始终以建设流通强省和消费大省为目标，以流通升级为主线，加快批发零售业转型发展，推动零售模式创新、业态创新，推进线上线下融合发展，释放发展活力，增强发展动力，显著提升批发零售业的综合竞争力，促使消费升级步伐加快。

4.1.1 行业规模持续扩大

2008 年以来，浙江省批发零售业增加值总量持续攀升，总体规模持续扩大。 2008 年，批发零售业增加值为 1899.02 亿元，占全省生产总值的 8.84％。 截至 2018 年，批发零售业增加值为 6709.27 亿元，较 2008 年增长 4810.25 亿元，年均增长率为 13.45％（见表 4-1）；增加值总量占全省生产总值的 11.94％，较 2008 年增长 3.10 个百分点。 可见，批发零售业已经成为浙江省国民经济体系中的重要产业，并对区域经济的发展做出了巨大贡献。

从批发零售贸易商品销售总额的结构来看，2008 年，浙江省批发零售贸

易商品销售总额为 26 896.90 亿元,其中批发业商品销售额为 19 396.41 亿元,零售业商品销售额为 7500.49 亿元。 截至 2017 年,浙江省社会批发零售贸易商品销售总额为 109 093.37 亿元,较 2008 年增长 82 196.5 亿元,年均增长率为 16.83%。 其中,批发业商品销售额为 78 147.97 亿元,年均增长率为16.75%;零售业商品销售额为 30 945.40 亿元,年均增长率为 17.05%。 从限额以上批发零售贸易商品销售总额构成来看,2008 年,限额以上批发零售贸易商品销售总额为 14 212.79 亿元,其中批发业商品销售总额为 11 602.92亿元,零售业商品销售总额为 2609.87 亿元。 截至 2017 年,限额以上批发零售贸易商品销售总额为 52 507.45 亿元,较 2008 年增长 38 294.65 亿元,年均增长率为 15.63%。 其中,批发业商品销售总额为 43 694.52 亿元,年均增长率为 15.87%; 零售业商品销售总额为 8812.93 亿元,年均增长率为14.48%。 详见表 4-2、图 4-1。

由上述统计数据可以看出,批发零售业总体规模稳步上升,增加值总量占第三产业增加值的比重由 2008 年的 21.58% 增长到 2018 年的 21.84%。 同时,随着浙江省消费升级进程持续加快,居民消费结构不断优化,消费需求快速增长,批发零售业商品销售规模也呈现逐年稳定增长趋势。 从总体来看,批发零售业商品销售总额的年均增长率高于限额以上批发零售企业商品销售总额 1.2个百分点,表明限额以下批发零售企业销售规模增长较快,限额以上企业亟待加强。 从构成来看,批发零售业商品销售总额中,批发业的年均增长率低于零售业 0.3 个百分点;限额以上批发零售业商品销售总额中,批发业的年均增长率高于零售业 1.39 个百分点,表明批发业的行业市场集中度趋于增强。

表 4-1　2008—2018 年浙江省批发零售业发展情况

年份	批发零售业增加值/亿元	第三产业增加值/亿元	批发零售业在第三产业中的占比/%	批发零售业增长速度/%
2008	1899.02	8799.31	21.58	15.08
2009	2162.16	9975.01	21.68	13.86
2010	2753.66	12 199.74	22.57	27.36
2011	3491.36	14 449.07	24.16	26.79

年份	批发零售业增加值/亿元	第三产业增加值/亿元	批发零售业在第三产业中的占比/%	批发零售业增长速度/%
2012	3993.39	16 071.16	24.85	14.38
2013	4589.13	17 948.72	25.57	14.92
2014	4911.71	19 220.79	25.55	7.03
2015	5245.03	21 341.91	24.58	6.79
2016	5754.19	24 091.57	23.88	9.71
2017	6217.29	27 602.26	22.52	8.05
2018	6709.27	30 724.26	21.84	7.91

数据来源:浙江省统计局《浙江统计年鉴》、统计公报。

表 4-2　2008—2017 年浙江省限额以上批发零售贸易商品销售总额

年份	批发零售业/亿元	批发业/亿元	零售业/亿元
2008	14 212.79	11 602.92	2609.87
2009	16 772.38	13 435.62	3336.76
2010	22 326.41	18 175.06	4151.35
2011	28 334.06	23 179.60	5154.45
2012	31 392.44	25 725.36	5667.08
2013	35 525.32	29 183.95	6341.37
2014	39 371.78	32 424.52	6947.25
2015	41 333.92	33 618.01	7715.91
2016	45 154.00	36 492.49	8661.51
2017	52 507.45	43 694.52	8812.93

数据来源:浙江统计信息网国内贸易进度数据。

4.1.2　社会消费零售总额平稳增长

截至 2018 年,浙江省消费品市场呈现稳中提质的良好态势。 2008 年,社会消费品零售总额为 7533.30 亿元,2013 年超 15 000 亿元,2018 年再创新高,达 25 007.9 亿元,居全国第四位,比 2008 年增长 231.96%。 详见表 4-3。 从 2008 年到 2018 年,社会消费品零售总额年均增长率为 12.75%,消费对浙江省

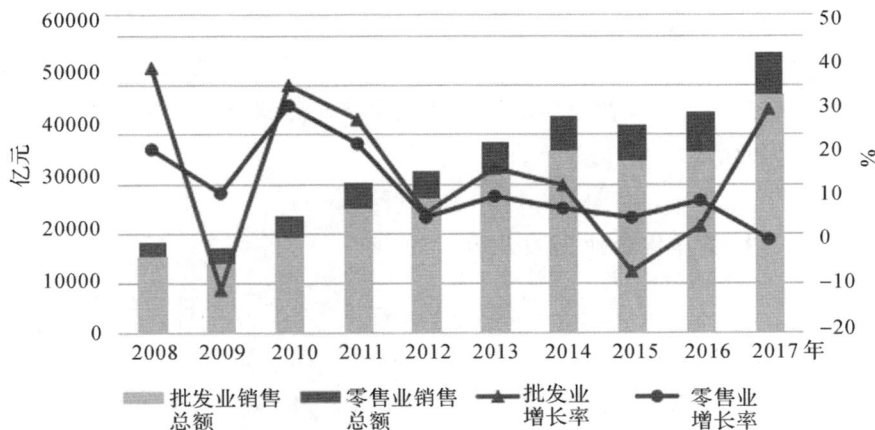

图 4-1　2008—2017 年浙江省限额以上批发零售贸易商品销售总额及其增速
数据来源：浙江省统计局《浙江统计年鉴》。

经济增长的贡献有所提高。 其中，对比 2018 年，城镇消费品零售额达20 684亿元，较 2008 年增长 15 723.60 亿元，年均增长率为 15.35%，增速较快；乡村消费品零售额为 4324.00 亿元，较 2008 年增长 1842.70 亿元，年均增长率为 5.71%。

表 4-3　2008—2018 年浙江省社会消费品零售总额及其增长速度

年份	社会消费品零售总额/亿元	同比增长率/%
2008	7533.30	20.12
2009	8666.19	15.04
2010	10 387.02	19.86
2011	12 532.80	20.66
2012	14 199.59	13.30
2013	15 970.84	12.47
2014	17 835.34	11.67
2015	19 784.74	10.93
2016	21 970.79	11.05
2017	24 308.48	10.64
2018	25 007.9	2.88

数据来源：浙江省统计局《浙江统计年鉴》。

由上述统计数据可以看出，随着消费市场持续较快增长，消费对区域经济增长的拉动作用不断增强。 2018 年，浙江省最终消费支出对区域经济增长的贡献率接近 60％，消费已经成为浙江省经济平稳运行的"主引擎"，是区域经济增长的第一驱动力。

4.1.3 批发零售企业提质升级

2008 年以来，浙江省商业经营形式发生巨大变革，多种零售业态共同发展，大型综合超市、便利店、专卖店、仓储式商场、购物中心不断涌现。 截至 2018 年，浙江省批发零售业法人企业共有 465 896 家，年均增长 17.46％，其中批发企业 294 814 家，零售企业 171 082 家。 详见表 4-4。 其次，限额以上批发零售业法人企业数量由 2008 年的 9316 家增长到 2018 年的 19 601 家，年均增长 7.72％。 其中，限额以上批发业法人企业由 2008 年的 6767 家增长到 2018 年的 13 794 家，年均增长 7.38％；限额以上零售业法人企业由 2008 年的 2549 家增长到 2018 年的 5807 家，年均增长 8.58％，增速较快。 详见图 4-2。

表 4-4 2010—2018 年浙江省批发零售业法人企业数量

单位:家

年份	批发零售业	批发业	零售业
2010	133 479	103 017	30 462
2011	165 076	128 006	37 070
2012	196 799	153 731	43 068
2013	253 573	179 338	74 235
2014	335 289	231 190	104 099
2015	374 159	255 427	118 732
2016	430 889	282 745	148 144
2017	536 211	337 932	198 279
2018	465 896	294 814	171 082

数据来源:浙江省统计局《浙江统计年鉴》。

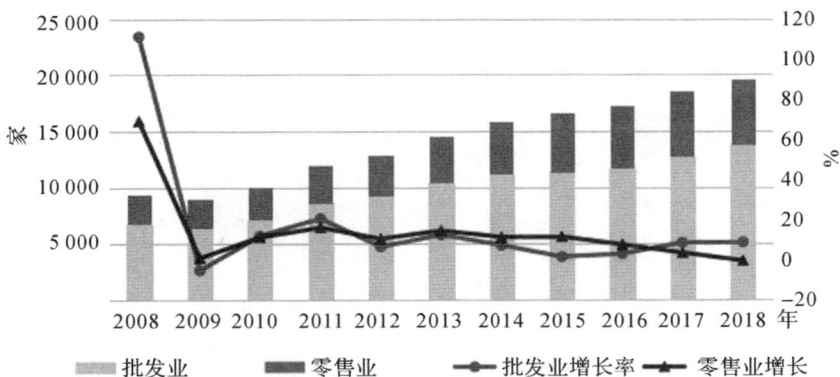

图 4-2　2008—2018 年浙江省限额以上批发零售业法人企业数量及其各自增速

数据来源：浙江省统计局《浙江统计年鉴》、浙江统计信息网。

随着经济发展水平的不断提高，连锁经营逐渐向多业态、规范化方向发展，新型商业网点不断涌现，超级市场、连锁经营和新型业态规模进一步扩大。从零售业连锁化来看，2008 年，浙江省连锁零售企业门店共有 20 074家，2008 年到 2012 年间连锁零售企业门店数量保持稳定增长态势且增速较快，并在 2012 年达到 29 496 家，年均增长 4.37%。但是 2012 年之后，电子商务的逐渐崛起，挤压了实体零售的市场份额，导致连锁零售企业门店数量有所减少，截至 2018 年，门店数量减少至 23 443 家。详见图 4-3。

从零售业业态构成来看，2017 年浙江省零售市场仍以超市、便利店和专业店为主，其中专卖店等其他业态表现出较快的发展势头。三大业态的典型零售企业的门店数中，便利店数量最多，有 3612 家，其次是超市 2560 家，专业店有 1482 家。其他业态如大型超市、专卖店、百货店等的企业门店数虽然相对较少，但均有不同程度的增加。详见图 4-4。便利店、精品超市、社区型购物中心等社区商业成为零售企业寻求转型升级的重要方向。

从专业市场的发展来看，2008 年末浙江省共有商品交易市场 4087 个，其中超 10 亿元级的市场有 139 个，超 100 亿元级的市场有 15 个，商品交易市场成交额达 9794.0 亿元。2008 年至 2014 年间，浙江省商品交易市场的数量基本保持稳定增长，在 2014 年达到最高的 4321 个，之后数量逐年减少，在 2018 年减少到 3759 个，但 10 亿元级及以上交易市场的数量稳定增长，其中

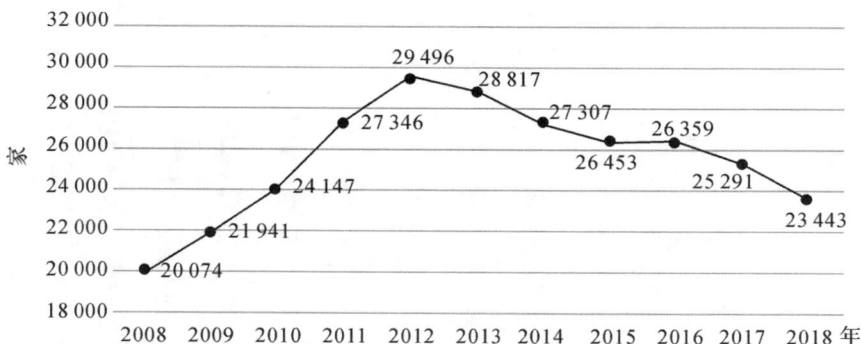

图 4-3　2008—2018 年浙江省连锁零售企业门店总数

数据来源：国家统计局。

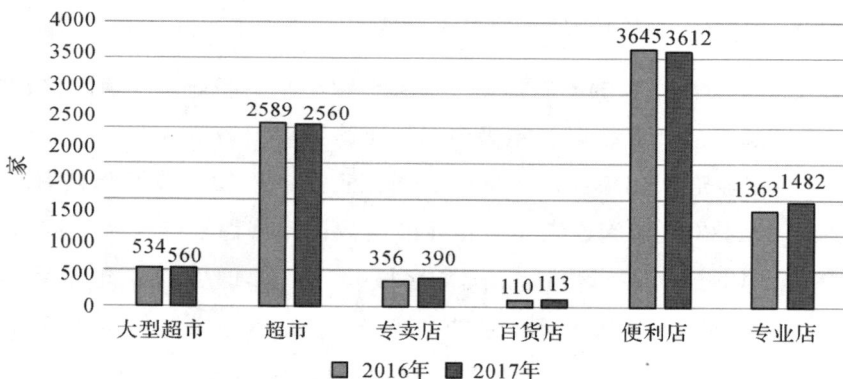

图 4-4　2016—2017 年典型零售企业中各门店数对比情况

数据来源：2017 年浙江省零售业发展分析报告。

10 亿元级市场有 268 个，100 亿元级市场有 39 个，1000 亿元级市场有 2 个。
同时，商品交易市场成交额也由 2008 年的 9794.0 亿元增长到 2018 年的
21 900.0 亿元，年均增长 8.38%。详见表 4-5。从上述统计数据可以看出，
专业市场的资源配置进一步优化，市场的专业化、集中化水平逐步提高，交易
总量稳定增长，仍具有较好的发展前景。

表 4-5　2008—2018 年浙江省商品交易市场情况

年份	交易市场数/个	超 10 亿元级/个	超 100 亿元级/个	商品市场成交额/亿元	增长率/%
2008	4087	139	15	9794.0	5.03
2009	4194	180	18	10744.9	9.71
2010	4146	202	22	12717.3	18.36
2011	4212	210	25	14500.0	14.02
2012	4297	233	31	15816.6	9.08
2013	4316	225	38	17800.0	12.54
2014	4321	225	33	19500.0	9.55
2015	4243	243	33	20500.0	5.13
2016	3951	294	32	20500.0	0.00
2017	3824	284	35	21500.0	4.88
2018	3759	268	39	21900.0	1.86

数据来源:浙江省统计局《浙江统计年鉴》。

4.1.4　就业人口总量稳定增长

批发零售业作为劳动密集型行业,是吸纳就业的主力军,具体如表 4-6 所示。 2008 年,浙江省批发零售业从业人数为 434.47 万人,占第三产业就业人员的 37.57%。 截至 2018 年,浙江省批发零售业从业人数为 570.51 万人,年均增长 2.76%,从业人员规模稳定增长,占第三产业就业人员的 34.22%,虽然较 2008 年降低 3.35 个百分点,但仍然在第三产业中占 30%以上,依旧是吸纳大众就业的重要渠道。 从批发零售业从业人口构成来看,限额以上批发零售业从业人数由 2008 年的 43.05 万人增长到 2018 年的 80.10 万人,年均增长 6.40%。 其中,2008 年限额以上批发业从业人数为 21.41 万人,限额以上零售业从业人数为 21.64 万人;2018 年限额以上批发业从业人数为 41.97 万人,年均增长 6.96%,限额以上零售业从业人数为 38.13 万人,年均增长 5.83%。 详见图 4-5。

从连锁零售企业从业人员发展特征来看,2008 年浙江省连锁零售企业从业人员共有 12.62 万人，2008 年到 2012 年间连锁零售企业从业人数保持较快增长，在 2012 年达到 17.71 万人，年均增长 3.84%。但在 2012 年之后实体经济受到互联网经济的冲击，传统零售业出现大规模"闭店潮"，导致从业人数逐年减少（见图 4-6）。截至 2018 年，连锁零售企业从业人数减少到 12.19 万人，是 2008 年以来的最低水平。但从综合连锁零售企业商品销售额来看，商品销售额从 2008 年的 1460.3 亿元增长到 2018 年的 2337.7 亿元，年均增长 4.82%，整体规模持续扩大，表明从业人数的减少在一定程度上是由连锁零售企业专业化、集约化水平逐渐提高所导致的。

表 4-6　2008—2018 年浙江省批发零售业从业人员数量、增速及其占比

年份	批发零售业从业人员/万人	同比增长率/%	批发零售业在第三产业的占比/%
2008	434.47	0.03%	37.57%
2009	438.21	0.86	36.28
2010	446.98	2.00	35.94
2011	456.96	2.23	35.98
2012	454.95	−0.44	35.31
2013	486.95	7.03	36.11
2014	490.32	0.69	35.89
2015	517.26	5.49	36.00
2016	538.41	4.09	35.62
2017	550.65	2.27	34.56
2018	570.51	3.61	34.22

数据来源：浙江省统计局《浙江统计年鉴》。

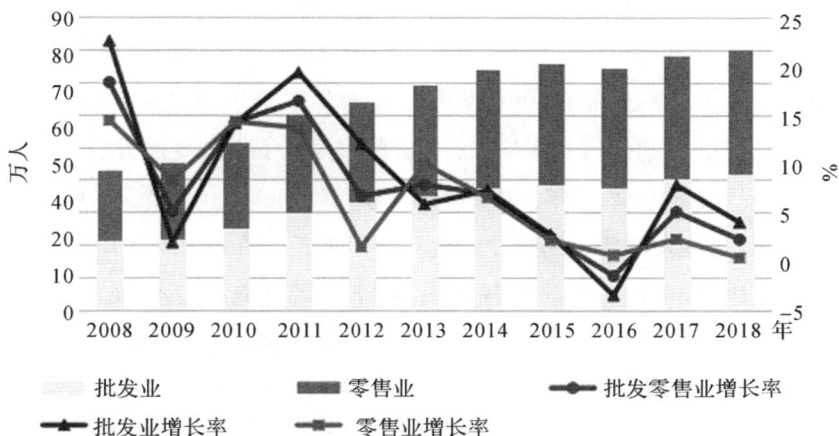

图 4-5　2008—2018 年浙江省限额以上批发零售业从业人数及其各自增速

数据来源：浙江省统计局《浙江统计年鉴》、浙江统计信息网。

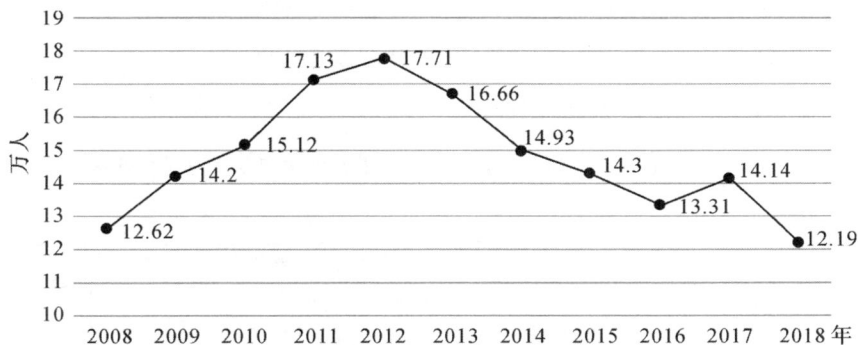

图 4-6　2008—2018 年浙江省连锁零售企业从业人数

数据来源：国家统计局。

4.1.5　经营效益显著改善

从限额以上批发零售贸易企业的资产负债来看，2008 年浙江省限额以上批发零售贸易企业资产总计 6608.00 亿元，负债合计 4926.80 亿元，资产、负债逐年增长，截至 2018 年，限额以上批发零售贸易企业资产总计 25 138.99 亿元，年均增长 14.30%，负债合计 18 684.50 亿元，详见表 4-7。 对企业资产负债率进一步分析可以发现,从 2008 年至 2012 年,限额以上批发零售贸易企业资产负债率逐年攀升,由 2008 年的 74.56％增长到 2012 年的 77.92％,企业财务风险相对较高。 但在 2012 年之后,企业通过减少商品流通环节与加快流通速度,大大提高了批发零售贸易企业经济运行效率和效益,促使限额以上批发零售贸易企业的资产负债率逐年降低,截至 2018 年,资产负债率降低到 74.32％,如图 4-7 所示。

从限额以上批发零售贸易企业的盈利能力来看,首先,2008 年浙江省限额以上批发零售贸易企业主营业务利润为 886.94 亿元,截至 2018 年增长至 2827.90 亿元,年均增长 12.29％。 其次,浙江省限额以上批发零售贸易企业的利润总额从 2008 年的 274.49 亿元增长到 2011 年的 407.73 亿元,年均增长 4.49％,增速较为平缓;但在 2012 年受到电子商务及经济下行等因素的影响,利润总额有所下降,下降至 352.50 亿元。 在此背景下,浙江省委、省政府从战略和全局高度做出部署,积极推动批发零售业转型升级,加快培育商贸流通龙头企业,构建行销全球的浙货网络销售体系,推动批发零售企业盈利能力进一步提高。 截至 2018 年,浙江省限额以上批发零售贸易企业利润总额达到 909.47 亿元,较 2008 年增长 634.98 亿元,年均增长 12.73％,如表 4-7 所示。

表 4-7　2008—2018 年浙江省限额以上批发零售贸易企业财务状况

单位:亿元

年份	资产总计	负债合计	商品销售收入净额	商品销售成本	主营业务利润	利润总额
2008	6608.00	4926.80	16248.40	15339.70	886.94	274.49
2009	7661.40	5728.60	15171.80	14232.10	897.11	308.82
2010	9678.10	7412.80	20927.10	19729.80	1134.66	376.72
2011	12417.10	9650.10	26913.80	25435.30	1404.17	407.73
2012	13925.58	10850.65	29083.68	27524.14	1476.47	352.50
2013	16605.02	12893.32	34510.37	32563.71	1739.19	493.37
2014	18648.98	14525.48	39122.87	37049.63	1879.87	520.93
2015	19422.55	14853.51	37632.81	35405.56	1963.40	546.35
2016	20827.30	15833.63	39951.43	37552.61	2221.37	699.10
2017	22698.86	17098.69	49271.85	46570.83	2516.30	815.96
2018	25138.99	18684.50	57773.11	54745.24	2827.90	909.47

数据来源:浙江省统计局《浙江统计年鉴》。

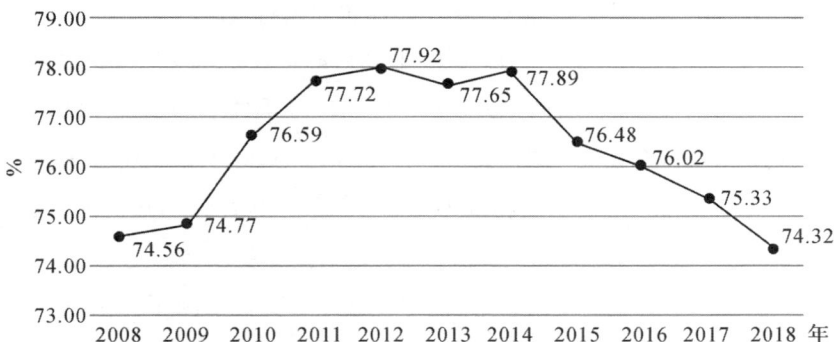

图 4-7　2008—2018 年浙江省限额以上批发零售贸易企业资产负债率

数据来源：由浙江省统计局浙江省统计年鉴计算得出。

4.2　浙江省批发零售业对区域经济发展的贡献分析

4.2.1　批发零售业对经济增长的贡献分析

　　浙江省批发零售业在 2008 年至 2012 年发展迅速，其规模的扩大与效益的提高带动了区域经济的发展，对经济增长的促进作用较为明显。 尽管在 2012 年之后，随着电子商务的蓬勃发展，在一定程度上挤压了实体批发零售业的市场份额，但同时也加快了批发零售企业的线上化进程，促进批发零售业涌现了许多新模式、新业态。

　　总体来看，浙江省批发零售业在经历了 2010 年的快速增长阶段后，增速逐渐降低。 根据浙江省统计年鉴数据，2008—2018 年间，批发零售业增加值年均增速为 13.45%，增速在 2010 年最高，达到了 27.36%，之后便逐年降低，2018 年增速仅为 7.91%。 从批发零售业增加值占 GDP 的比重来看，2008 年至 2013 年间，批发零售业占 GDP 的比重稳步提升，由 8.85% 提高到 12.15%，并在 2014 年、2015 年达到 12.23%，随后增长逐渐放缓，截至 2018 年下降至 11.94%，但仍然超过了 10%。 详见表 4-8。 进一步从批发零售业对区域经济增长的贡献率来看，2008 年至 2009 年贡献率由 9.19% 增长到 17.13%，增长 7.94 个百分点，增速较快，但在 2010 年下降至 12.46%。 2010 年之后贡献率有所回升，并在 2012 年达到最高，即 21.13%。 批发零售

业增加值对区域经济增长的贡献率在 2018 年下降至 11.11％，较 2017 年的
10.25％有所提升，但仍低于近 11 年的平均贡献率 14.03％，具体如图 4-8 所
示。 从批发零售业增加值对区域经济增长的拉动率来看，2008 年至 2009 年
的拉动率由 0.93％增长到 1.52％，但在 2009 年至 2011 年呈缓慢下降趋势，
并在 2011 年下降至 1.44％。 拉动率在 2011 年之后有所回升，并在 2012 年
达到最高（1.69％）后逐年降低，截至 2018 年，批发零售业对经济增长的拉
动率下降至 0.79％，是 2008 年以来的最低水平，具体如图 4-9 所示。

　　尽管浙江省批发零售业对区域经济增长的贡献率及拉动率近年来有所下
降，但批发零售业作为浙江省传统优势产业仍有较大的发展潜力，是衡量地
区经济发展快慢的重要标志。

表 4-8　2008—2018 年浙江省批发零售业对经济增长的贡献分析

年份	浙江省 GDP /亿元	批发零售业 增加值/亿元	批发零售业 占 GDP 比重 /％	批发零售业 对 GDP 的贡 献率①/％	GDP 增 长率/％	批发零售业 对 GDP 的拉 动率②/％
2008	21462.69	1899.02	8.85	9.19	10.1	0.93
2009	22998.58	2162.16	9.40	17.13	8.9	1.52
2010	27747.65	2753.66	9.92	12.46	11.9	1.48
2011	32363.38	3491.36	10.79	15.98	9.0	1.44
2012	34739.13	3993.39	11.50	21.13	8.0	1.69
2013	37756.58	4589.13	12.15	19.74	8.2	1.62
2014	40173.03	4911.71	12.23	13.35	7.6	1.01
2015	42886.49	5245.03	12.23	12.28	8.0	0.98
2016	47251.36	5754.19	12.18	11.66	7.6	0.89
2017	51768.26	6217.29	12.01	10.25	7.8	0.80
2018	56197.15	6709.27	11.94	11.11	7.1	0.79

数据来源:由 2008—2018 年浙江省统计年鉴、统计公报整理计算得出。

---

① 贡献率＝$\dfrac{批发零售业增加值}{GDP}$×100％。

② 拉动率＝贡献率×GDP 增速。

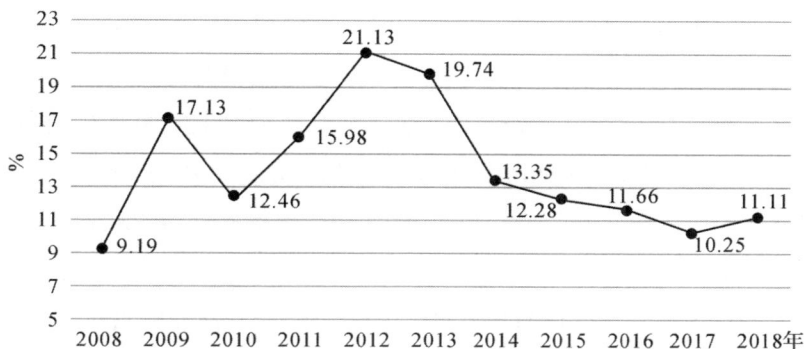

图 4-8　批发零售业对经济增长的贡献率

数据来源:由 2008—2018 年浙江省统计年鉴、统计公报整理计算得出。

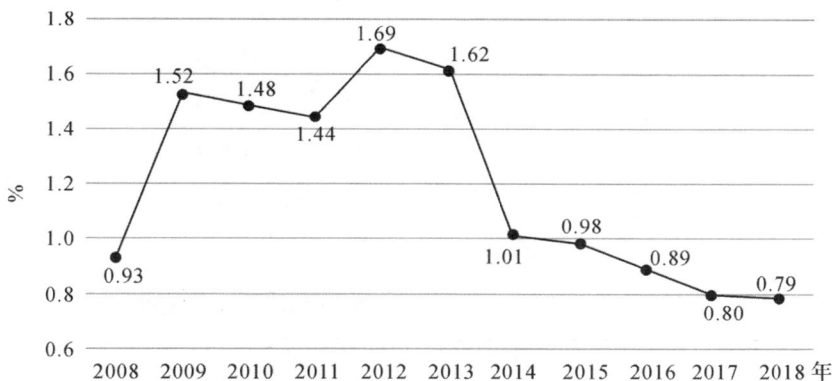

图 4-9　批发零售业对经济增长的拉动率

数据来源:由 2008—2018 年浙江省统计年鉴、统计公报整理计算得出。

4.2.2　批发零售业对第三产业的贡献分析

根据浙江省统计年鉴数据,2008 年以来浙江省批发零售业在第三产业中的比重持续增加,并在 2013 年达到最高,为 25.57%,随后便持续下降,截至 2018 年下降至 21.84%,低于近 11 年的平均水平(23.53%)。 详见表 4-9。

从近 11 年批发零售业增加值对第三产业的贡献率来看,波动较为明显。 2008 年至 2011 年贡献率呈现稳定增长态势,由 20.99% 增长到 32.80%,增加 11.81 个百分点,但贡献率在 2012 年短暂下降后又在 2013 年有所回升。 2013 年以来,批发零售业增加值对第三产业的贡献率大体上呈下降趋势,截至 2018 年下降至 15.76%，低于近 5 年的平均贡献率（17.71%），但较 2017 年的 13.19% 有一定程度的提升。 详见图 4-10。 从批发零售业增加值对第三产业的拉动率来看，2008 年至 2010 年拉动率由 2.48% 增长到 3.22%，并在 2010 年达到最高，2010 年之后则呈现逐年下降趋势，截至 2018 年，批发零售业对第三产业的拉动率下降至 1.23%，低于近 5 年的平均拉动率（1.62%），但较 2017 年的 1.16% 有所提升。 详见图 4-11。

从图 4-8 至图 4-11 可以看出，批发零售业对第三产业的贡献率与拉动率从整体趋势上来看，与批发零售业对经济增长的贡献率及拉动率基本一致，总体来看，浙江省批发零售业对经济增长的贡献率与拉动率均高于同期全国水平，充分体现了浙江省"市场大省"的特征。 但从数据分析中可以看出，近年来批发零售业发展形势不容乐观，网络购物等新兴消费模式的发展分流了部分线下的传统消费，挤压了传统批发零售企业的利润空间，导致传统批发零售业对第三产业的拉动作用持续削弱。 但随着数字技术应用的深度和广度不断提高，传统批发零售业的转型创新步伐不断加快，未来其对第三产业的拉动作用会保持相对平稳的发展态势。

表 4-9 2008—2018 年浙江省批发零售业对第三产业的贡献分析

年份	第三产业增加值/亿元	批发零售业增加值/亿元	批发零售业占第三产业的比重/%	批发零售业对第三产业的贡献率①/%	第三产业增长率/%	批发零售业对第三产业的拉动率②/%
2008	8799.31	1899.02	21.58	20.99	11.80	2.48
2009	9975.01	2162.16	21.68	22.38	12.50	2.80
2010	12199.74	2753.66	22.57	26.59	12.10	3.22
2011	14449.07	3491.36	24.16	32.80	9.40	3.08
2012	16071.16	3993.39	24.85	30.95	9.30	2.88
2013	17948.72	4589.13	25.57	31.73	8.70	2.76

---

① 贡献率 = $\dfrac{\text{批发零售业增加值}}{\text{第三产业增加值}} \times 100\%$。

② 拉动率 = 贡献率 × 第三产业增速。

续　表

年份	第三产业增加值/亿元	批发零售业增加值/亿元	批发零售业占第三产业的比重/%	批发零售业对第三产业的贡献率/%	第三产业增长率/%	批发零售业对第三产业的拉动率/%
2014	19220.79	4911.71	25.55	25.36	8.70	2.21
2015	21341.91	5245.03	24.58	15.71	11.30	1.78
2016	24091.57	5754.19	23.88	18.52	9.40	1.74
2017	27602.26	6217.29	22.52	13.19	8.80	1.16
2018	30724.26	6709.27	21.84	15.76	7.80	1.23

数据来源:由 2008—2018 年浙江统计年鉴、统计公报整理计算得出。

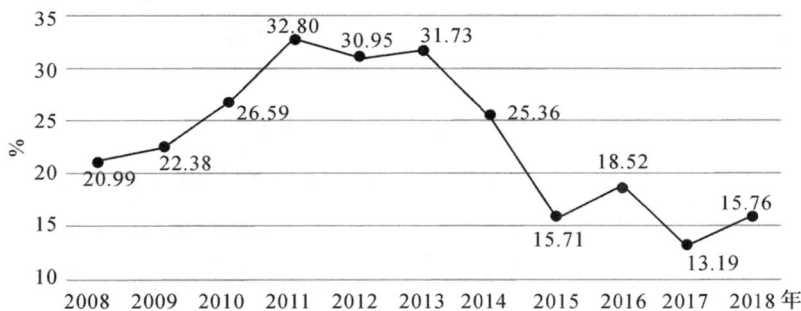

图 4-10　批发零售业增加值对第三产业的贡献率

数据来源:由 2008—2018 年浙江统计年鉴、统计公报整理计算得出。

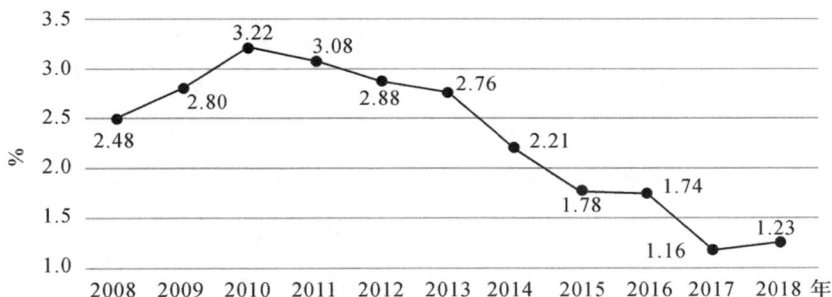

图 4-11　批发零售业对第三产业的拉动率

数据来源:由 2008—2018 年浙江统计年鉴、统计公报整理计算得出。

4.2.3 批发零售业对经济增长影响的测算分析

4.2.3.1 计量模型

本书利用柯布-道格拉斯函数进行测算，公式为

$$Y = AK^{\alpha}L^{\beta}M^{\gamma}e^{\mu} \tag{4-1}$$

式中，Y 代表浙江省地区生产总值（GDP），A 代表一定技术条件下的产出，K 和 L 分别代表资本和劳动要素投入量，α 与 β 分别代表资本和劳动投入产出弹性，M 表示批发零售业产业规模，γ 表示批发零售业的产出弹性，e^{μ} 为随机误差项。将等式两边取对数得到式（4-2）。

$$\ln Y = \ln A_0 + \alpha \ln K + \beta \ln L + \gamma \ln M + \mu x \tag{4-2}$$

4.2.3.2 数据来源和处理

针对模型中变量 M 采用批发零售业增加值指标（WRVA）衡量，变量 Y 采用浙江省地区生产总值（GDP）指标作为批发零售业产业规模指标，以上所有数据均来源于浙江省统计局公布的浙江省统计年鉴中的相关数据，时间跨度为 2004—2018 年。

对于 L，采用劳动投入指标（年末从业人员数）来衡量。在国内外相关研究中，常见的劳动投入指标有：①劳动者人数，大多采用从业人员数表示；②总劳动时间，通过平均劳动时间乘以从业人数得到；③劳动者报酬。其中，选用从业人员数作为劳动投入测度指标的占绝大多数。用从业人员数作为劳动投入测度指标的优点很明显：数据易取得；不存在价格调整；可直接看出劳动规模，意义明确。当然其也有缺点：一方面，我国目前实行的是低报酬、高就业的机制，要素的利用效率低，从业人员数尚未准确反映劳动需求量；另一方面，从业人员数量无法区分劳动者质量，没有区分不同职称、不同级别的劳动者，显然不太合理。因此，要综合考虑各项因素，从数据可获得性、统计制度健全性与统计口径一致性来看，本部分选择年末从业人员数作为劳动投入指标，其数据来源是浙江省统计年鉴。

针对 K，采用物质资本存量来表示。本部分遵循大多数学者所采用的方

法，即永续盘存法测算。其中，采用相对效率几何递减模型，资本存量的估算公式：

$$K_t = K_{t-1}(1 - \delta_t) + I_t \qquad (4-3)$$

如式（4-3）所示，准确估算出资本存量需要涉及 3 个变量：当年投资 I、经济折旧率 δ 和基年资本存量 K。本部分基年资本存量根据 1978 年浙江省 R&D 资本存量（0.2672 亿元）进行推算。当年投资选取全社会固定资产投资总额的数据，其中由于 1978—2002 年固定资产投资数据缺失，用相差不大的全社会投资数据进行替代，其数据均来自浙江省统计年鉴。经济折旧率指标则根据浙江省统计年鉴公布的工业企业固定资产原值和固定资产净值数据，大致估算出当年投资变化情况，其年度变化大致等于折旧数据，再将折旧数据与上一年固定资产原值相比，大致可以得到当年的折旧率数据。据此，本部分在计算资本存量时采用平均折旧率 4.80%。

根据上述说明，用永续盘存法计算出了 2004—2018 年浙江省资本存量的指标数据，如表 4-10 所示。

表 4-10　2004—2018 年浙江省资本存量值

年份	资本存量/亿元
2004	24 745.33
2005	29 695.91
2006	35 234.75
2007	41 248.33
2008	47 819.07
2009	55 430.15
2010	64 221.41
2011	75 215.95
2012	88 701.44
2013	104 637.73
2014	123 169.74
2015	143 922.15
2016	166 584.69

续　表

年份	资本存量/亿元
2017	189 714.40
2018	213 943.79

数据来源:由 2004—2018 年浙江省统计年鉴、统计公报整理计算得出。

4.2.3.3　计量分析

利用上述数据和模型,并通过 SPSS 23.0 软件,我们计量了浙江省批发零售业对经济增长的影响作用,结果如表 4-11 所示。

从表 4-11 中的回归结果可以知道:①回归模型的判定系数达到了 0.998,接近于 1,表明模型拟合程度较好;②3 个自变量的回归系数的 t 统计值伴随概率明显小于显著性水平 0.05,表明 3 个自变量均通过 t 检验;③回归模型的 F 统计值的 p 值小于 0.05,表明通过 F 检验,回归方程显著;④自变量的系数均为正,即与实际相符,经济检验通过;⑤根据柯布-道格拉斯函数的特点,经检验, $\alpha + \beta + \gamma = 1.016$,基本满足 $\alpha_0 + \beta_0 + \gamma_0 = 1$ 的柯布-道格拉斯函数的要求,所以回归方程具有经济意义。

表 4-11　回归分析结果

变量	系数	标准误差	t 统计量	p 值
C	-7.927	1.493	-5.308	0
$\ln L$	0.240	0.202	7.581	0
$\ln K$	0.380	0.060	4.577	0.001
$\ln M$	0.396	0.074	4.314	0.001
R^2	0.998	F 统计量		2381.053
调整后 R^2	0.998	显著性(F 统计量)		0

4.2.3.4　研究结论

在对经济增长影响方面,批发零售业的发展与经济增长之间存在长期的均衡关系,其对经济增长的促进作用较为明显,即批发零售业产业规模每增长 1%，则浙江省 GDP 就增加 0.396%，表明批发零售业作为国民经济基础性、先导性产业，其高质量发展能够有效推动浙江省经济结构调整和发展方式转变。

另外，在 2012 年之后，批发零售业的行业规模虽然持续扩大，但发展逐渐疲弱，究其原因：一是国内需求疲弱。经济下行压力已经传导到收入端，对居民消费的下拉作用开始显现。二是贷款难度加大。批发零售业中小企业居多，它们的不良贷款率偏高，导致银行系统普遍收紧其贷款规模，批发零售行业融资日益困难。三是经营成本不断提高。批发零售业是典型的劳动密集型行业，劳动力收入的连续增加抬高了行业的生产成本。此外，商业房屋租赁费用不断上涨，严重挤压了批发零售企业特别是个体户的盈利水平。四是网络购物的冲击。网络购物等新兴消费模式的发展和共享经济的快速推广，分流了部分线下的传统消费，挤压了传统批发零售企业的利润空间。

4.3　浙江省批发零售业创新举措与主要经验

4.3.1　流通渠道效率不断提升，分销体系进一步完善

流通渠道承载着商品从生产领域向消费领域转移的职责，对流通经济的发展起着重要的影响作用。浙江省流通渠道的升级加快，使畅通迅捷、安全高效的浙货分销体系初步形成。

内外一体工业品分销体系进一步健全。政府推进商品市场转型，制定出台政策意见，支持商品市场进行改造提升，创建一批浙江商品国际采购中心。实施工业制造与电商融合工程，工业企业通过自建电商营销渠道或依托第三方电商平台，进一步加强分销、物流、服务、大数据应用等核心能力，其中工业企业开设天猫店 2.1 万家。为推进特色产业集群与电商平台对接，确定了一批网络个性化定制试点项目，加快特色产品网上专区建设，使集线上平台优势和线下网点资源于一体的工业品网络分销体系进一步健全。支持流通企业整合品牌、产品、渠道和服务等资源，通过直营连锁和特许加盟等方式，加

强连锁网点体系建设。 同时，深入推进"名品进名店"，推动浙江品牌入驻大型知名零售终端，提高了浙货市场占有率和竞争力。

农产品流通骨干网络加快完善。 通过实施农产品流通体系建设提升工程，流转顺畅、安全高效、调控有力的农产品流通骨干网络进一步完善，覆盖重要集散地、产销地，并将 22 个市县纳入省级农产品市场体系公益性建设试点。 实施农村电商增效工程，搭建农商互连平台，创新农产品流通方式，截至 2018 年，浙江省累计建成农村电商服务站 1.78 万个，电商服务站点覆盖全省超 68.2% 的行政村，有效衔接了农户和市场方面的产销信息。 推进电子商务进万村，浙江省建成电商专业村 1573 个，建成 39 个淘宝特色馆，入驻网商1 万余家，销售额突破百亿元，通过整合供销、邮政、电信等系统资源，使农村电子商务配送服务网络进一步完善。 同时，推动丽水、衢江省级农村（农产品）电商创新发展示范区建设，促进农旅电商融合。

现代生产资料分销体系不断完善。 首先，推进中国（浙江）自由贸易试验区和中国（浙江）大宗商品交易中心建设，以铁矿石、石油化工等为重点，推动油品、铁矿石等大宗商品贸易自由化，打造国际大宗商品储运、加工和贸易中心，推动现代生产资料分销体系进一步完善。 其次，流通 4.0 模式探索初见成效，大型生产资料流通龙头企业通过应用互联网建设供应链协同平台，向生产、销售、金融等环节延伸，实现由生产资料批发向供应链整合转变。

案 例

物产中大深化流通 4.0，探索现代生产分销体系

物产中大集团股份有限公司是浙江省首家完成混合所有制改造，实现整体上市的省属特大型国有控股企业，是我国最大的大宗商品流通服务集成商之一，拥有各级成员公司 350 余家，员工近 2 万人。集团自 2011 年起连续入围世界 500 强（2017 年排名第三百四十八位），是国内同行中唯一入选高盛"新漂亮50"的上市公司，荣登全国流通业上市公司竞争力排行榜首，荣获中国上市公司品牌价值榜之海外榜第二十四位，是全国首家获得中诚信和大公国际双 AAA信用评级的地方流通企业，并荣获浙江省"四个强省"领军企业称号。

从发展历程来看,1996—2006 年集团主要通过大宗商品贸易赚取价差盈利,盈利模式包括统购分销(批零差价)、跨期套利(时间差价)和跨市套利(空间差价)。2006 年,集团从赚取买卖差价的传统贸易商正式转型为供应链集成服务商,主要通过依托现有优势模式,向客户提供增值服务而盈利。2015 年,集团提出流通 4.0 的概念,打造流通 4.0 新型综合商社,其核心内涵是以信息技术为支撑,以消费者驱动为理念,以大型流通企业为核心,以供应链上的供应商、制造商、消费者等利益相关方跨界融合共建生态圈实现共生共赢为宗旨,以线上线下结合的平台式运营为特征,从卖商品向卖服务转变。在流通 4.0 的指引下,集团依托强大的资源组织、网络渠道、品牌运营等专业优势,紧紧围绕客户的痛点、难点和需求点,通过"五化"(即平台化、集成化、智能化、国际化、金融化)系统能力打造,联动"四流"(即商流、物流、资金流、信息流),为产业链上下游企业提供集中采购、生产备货、仓储物流、产品销售、融资租赁、存货质押等多方位高效的供应链集成服务。2018 年,为进一步践行流通 4.0 理念,集团以产业生态组织者为目标,按照"以供应链思维、做产业链整合、构建物产中大生态圈"的实施路径,推进"一体两翼"(供应链集成服务、金融服务、高端实业)发展战略,巩固提升供应链集成服务核心主业的行业龙头地位,加快打造智慧供应链物流体系和特色供应链金融体系两大支撑平台,努力塑造战略协同、周期对冲、产融互动的产业格局,全面聚焦可持续高质量发展。

目前,集团已形成包括浙江大学能源工程学院、物产中大集团供应链创新与应用研究中心等研发机构,宝钢、鞍钢、沙钢、神华、山煤、中石化、中石油、中化、一汽大众、上汽通用等 3000 余家上游制造与资源商,宁波舟山港、秦皇岛港、营口港等 2000 余家中游物流与加工服务商,中交、中铁、万科、西子奥的斯、玖龙纸业、华祥高纤、福建联合石油化工、省内外产业集群中小客户等超过 30 000 家下游客户,以及包括工行、农行、中行、建行、浙商银行、进出口银行等 20 家金融机构在内的供应链生态网络。依托这一强大的产业生态网络,集团创新供应链集成服务模式,通过围绕产业链上下游各主体、各环节、各要素搭建集成化服务平台,以拥有大量优质客户资源为基础,以重要经济领域的分销网络、物流网络为布局,联动商流、物流、资金流、信息流,构建产融互动业务格局。其中,集团重点推进四大供应链集成服务平台建设:一是基于系统解决方案的金属材料供应链集成服务平台。面对工程项目和制造企业终端客户,通过上游资源组织、中游物流及定制化加工、下游门到门配送,包括中间环节金融工具嵌入及期现结合手段应用等,为客户提供定制化的系统解决方案。二是基于全生命周期的汽车供应链集成服务平台。打造车家佳、二手车、零部件、金融保代、救援、回收、绿色出行等七大平台,新车与二手车结合、线上与线下结合、整车与零部件结合、静态4S店与动态绿色出行平台结合,为客户打造覆盖汽车全生命周期的集成服务。三是基于贸实协同的煤炭供应链集成服务平台。通过上游的集中采购,中游的物流组织、配煤筛煤等增值服务及下游的热电板块延伸,打造贸实协同、风险对冲、上中下游互通的煤炭供应链集成服务。四是基于垂直产业链整合的化工供应链集成服务。通过上游渠道延伸、中游生产主导、下游市场衔接,为生产型企业提供主辅料采购、集中备库、物流配送、期现结合、价格管理和融资租赁等垂直产业链整合服务。

通过践行流通4.0理念,推动供应链集成服务模式创新、业态创新、平台创新和技术创新,集团的系统性集成服务能力、把握客户需求能力、满足客户个性化需求的及时响应能力、客户满意度等显著提高,在供应链集成服务主业的核心竞争优势显著提升,中国供应链集成服务引领者的地位凸显。2018年,集团实现营业收入3001.25亿元,同比增长8.66%;实现净利润23.97亿元,同比增长7.27%。此外,集团已连续8年位列世界500强,2018年排名提升至第二百七十位(比2017年上升78位)。供应链集成服务作为其核心主业,2018年营业收入为2899.71亿元,同比增长7.77%,占集团总营业收入的96.62%,利润贡献率为72.82%。其中,钢铁、铁矿石、煤炭、化工等四大生产资料核心品种营业规模均位列全国前三,汽车服务业务在全国汽车经销商集团中位列综合实力排名第九。

资料来源:根据相关资料及课题调研整理得到。

4.3.2 流通业态创新步伐加快,消费服务体系已具雏形

零售和社区商业等领域涌现一批新业态、新模式,业态多元、服务优质的消费服务体系已具雏形。

零售业加快转型发展。实施商贸企业转型升级工程,推动零售模式创新,鼓励大型实体店向智能化、主题商城等综合服务体转型,并支持企业开展实体商业转型升级试点。 支持传统流通企业主动利用互联网、大数据等新技术,重塑商业经营模式,推进线上线下融合,通过店铺数字化改造,以及线上精准营销和线下真实体验等优势融合,发展"商品＋服务＋体验"模式,使得全渠道营销的新零售体系进一步完善。

社区商业持续发展。为促进社区商业发展,提升居民消费品质,省级 5 部门联合出台全省邻里中心(街区)建设方案,支持 13 个城市 23 个社区试点建设,推动优质商业资源向社区商业领域集聚,优化社区消费环境,加快实体零售创新转型,缓解大型商业综合体数量有限、便利性不足的弊端,充分挖掘各大社区的消费潜力,实现消费市场的百花齐放。 同时,结合"未来社区"建设,支持发展将多种商业和功能集聚一体的新社区商业。

餐饮服务业提升转型。实施流通品牌提升工程,着力规范和引导餐饮服务业向标准化、品牌化、规模化、连锁化和信息化发展,加大活动宣传营销力度,加强浙菜品牌推广,助推传统餐饮转型升级,推进杭州国家级餐饮业优化发展环境试点,打造服务业发展新优势。 同时,大力支持浙菜开拓国内、国际市场,扩大影响力,并通过连续举办中国浙江(国际)餐饮美食博览会,传播浙菜文化。

消费促进稳步推进。实施流通促消费工程,建立消费促进工作机制,形成商旅文融合消费促进体系,以"浙里来消费"为主题,以消费促进月、金秋购物节等为平台,政府搭台、企业唱戏、媒体助力,集聚多方资源,运用现代营销方式,牵头搭建融合商贸、信息、旅游、文化等领域的消费促进平台,打造全省性、综合性的消费促进活动,进一步激发居民消费潜力,推动消费升级加快,创新促消费方式,形成消费新增长点。

（案）（例）

联华华商启动数字化战略，探索新零售模式创新

杭州联华华商集团有限公司是一家由联华超市股份有限公司控股，杭州市商贸旅游集团有限公司和宁波联合集团股份有限公司参股的有限责任公司。公司致力于成为国内领先的多业态连锁联动发展的商业企业，主要业务涵盖购物中心、大卖场、综合超市、标准超市、精品超市、便利店、无人值守智慧商店等零售业态，涉及全渠道零售、仓储物流、餐饮、消费服务、数据服务、金融业务、跨境贸易等领域。目前，公司有下属控股子公司60家，销售规模近150亿元，拥有"天华世纪城""世纪联华""Citylife""Green&Health""鲸选"等多个业态品牌，是浙江省内销售规模最大的连锁企业，位列中国服务业500强、浙江省商贸业百强、浙江省服务业百强。

近年来，随着消费升级和电商的冲击，传统超市的大卖场业务受到不小冲击。如何突出重围，进行转型升级，成为不少零售企业亟待解决的问题。作为浙江最大的本土超市企业，公司积极采用数字化技术，探索零售业转型创新的新业态和新模式。具体来看，在O2O方面，公司已在100余家门店开展到家业务，推进线上线下融合。在自助支付方面，公司和火星兔子、阿里巴巴等企业合作，在卖场实现了扫码购、自助购，目前自助收银机已基本覆盖中型以上门店。在智慧物流建设上，2018年，公司生鲜物流基地落地商超行业首例AGV生鲜分拣项目，率先在实体超市经营中尝试使用仓储机器人。在顾客管理上，公司搭建了数据中台，在经营数据和消费数据之间建立起有效联结。在业态创新方面，一是研发全自动完成商品销售过程的无人值守门店业态，并在杭州奥体国际博览中心开出了浙江省内首家无人值守便利店，截至2019年底已在省内4个城市8个城区开出30余家门店。二是高端母婴集成馆"妙喵城baby＋"落地杭州大厦和杭州大厦501购物中心。公司"妙喵城baby＋"专业服务0—14岁宝宝家庭，注重打造场景化体验购物和亲子育儿社交平台。三是Green&Health国大店和黄龙万科店先后开业，其核心是打造"餐厅＋超市＋社交"的精品生活超市3.0版本。四是首家零食独立店"零嘴工坊"落地杭州西联

广场,其以严品质、众参与、差异化的场景重新定义零食新体验。五是首家鲸选未来店落地西湖文化广场。公司将鲸选未来店定义为融黑科技、美食娱乐、次世代购物为一体,线下体验线上服务的体验式新零售实体店。

其中,鲸选未来店被视为公司实体零售转型探索的重要试点,侧重于消费体验的升级改造,打造集家庭消费、社交体验、时尚消费、文化消费等一站式潮人购物体验于一体的实体店。主要创新点包括:一是数字化技术的应用。即把人工智能等新技术运用于自助收银、人脸识别、精准营销、线上购物等各个方面,搭建线上线下一体化的新零售体系。在鲸选未来店,消费者可以使用鲸选App实现购物、叫餐、自主扫码买单等,还能通过 App 下单购物和点外卖等。二是专业店思维。即从运营模式来看,以专业店思维对商品结构、商品品质、卖场服务等要素进行升级,按照品项精选化、品质高端化、品牌精致化、品类集中化的思路,将不同品类划分为"精品馆"形式运营。三是场景营销思维。涵盖了美食集市、居家生活、日常消费、娱乐社交等消费领域,美食集市、姿研舍美妆空间、AR/VR 等体验消费与商品经营相互嵌套融合,形成新的营销场景。四是跨界业态整合。业态布局既有经营传统特产的浙江特产馆、主打新奇特的宏图Brookstone、分布全场的微型盒子美术博物馆、时尚的新华书店、优雅的茶艺表演,还有网红直播间、文化小剧场等。

公司在零售业创新方面的探索顺应了当前消费方式多样化、重视消费品质和体验的消费趋势,其本质是基于联华的线下零售业务积累进行的战略性试点,为传统实体零售业转型创新提供了可借鉴的思路。

来源:根据相关网络资料等整理得出。

4.3.3　流通主体培育向纵深推进,企业综合竞争力稳步提升

流通主体升级取得初步成效,"大而强""小而优"的企业不断增加,流通企业综合竞争力稳步提升。

大型企业稳步壮大。实施流通主体培育工程,持续培育涵盖阿里巴巴、物产集团等行业领军企业的 194 家省重点流通企业,省、市、县三级培育机制和动态管理机制进一步健全。 支持具有全球影响力的龙头企业,整合省内外

和国内外优质资源，构建线上线下、内外市场、城乡流通融合发展的大流通生态圈，使重点流通企业示范引领性进一步增强。 推动企业实施产业多元化和联盟发展战略，大中型制造企业向贸工一体化公司和综合商社转型升级进一步加快。

中小企业活力增强。 推动传统中小微流通企业转型发展，通过大数据、云平台、物联网等技术，创新流通业态，进一步满足消费需求。 加强中小流通企业公共服务平台建设，资源集聚、多方互动的服务体系已具雏形。 以电子商务产业园、特色小镇等众创空间为依托，引导中小微流通企业集聚发展。发展商圈融资、供应链融资等集群融资模式，引导众筹等新兴融资方式健康发展，缓解中小企业的融资压力。

流通品牌培育成效显著。 实施流通品牌提升工程，省级 23 个部门出台促进老字号传承创新发展意见，加强老字号挖掘保护，认定 490 家浙江老字号，对流通企业商标、商号等知识产权保护力度进一步加大；推动老字号传承创新，支持老字号发展"老字号＋互联网"，建设老字号博物馆和工匠创新工作室。 同时，结合产业集群特色，对优势产业商业品牌进行宣传和推广，打造了一批浙江制造商业品牌企业。

特种行业服务水平不断提升。 实施商贸特种行业规范促进工程，深入推进"最多跑一次"改革，推动成品油、融资租赁、典当、拍卖等特种行业事中事后监管机制进一步完善。 深入推进医药流通体制改革，推动药品流通企业探索拓展 B2B，B2C 等网上业务，促进药品零售连锁店的城乡一体化进程进一步加快。

案 例

楼外楼：以文兴楼，创新发展

楼外楼创建于清道光二十八年(1848)，地处风景秀丽的孤山南麓，是一家具有 170 多年历史的餐饮老字号企业，以经营杭州传统名菜而享誉中外。浙江省公布的 12 道非物质文化遗产菜肴烹饪技艺，其中 6 道是楼外楼的看家菜，如西湖醋鱼、龙井虾仁、宋嫂鱼羹、东坡焖肉、叫花童鸡、干炸响铃等风味独具一格，成为中外宾客所倾慕品尝的名菜。秉承"以菜名楼，以文兴楼"的发展精髓，经过多年的发展,楼外楼已经成为以餐饮为龙头、集工商贸于一体的多元化股份有限公司。2018 年 5 月,CCTV-1 黄金档播出的史诗剧《楼外楼》在生动形象地展示楼外楼历史变迁和文化传承的同时,更是让楼外楼这家百年中华老字号企业成为关注的热点。

相比大多数传统老字号企业在大众脑海里的传统保守、创意意识不够的形象,楼外楼一直坚持与时俱进、以创新求发展的思路,在经营发展中注重用现代企业管理制度与科学创新理念,特别是利用数字化技术来进行品牌观念、营销方式、管理机制等方面的创新。在品牌观念创新方面,针对如何在新时代语境下寻求新的品牌形象突破,楼外楼注重挖掘传统文化中独特的个性与价值点,颠覆年轻消费者的固有观念,在守住经典的同时,进行传承与创新。如凭借史诗剧《楼外楼》的热播,适时推出民国菜肴和民国风的产品,让更多的老百姓爱上杭帮菜。在楼外楼 170 周年之际,与"2018 淘宝造物节"跨界组合,以线下体验式互动营销作为新的切入点,放大名菜佳肴背后的历史文化内涵,并将菜品核心卖点与逗趣的表达方式相结合,让每一道传统菜肴与糕点都焕发出不可名状的吸引力,推翻了老字号在年轻人心中的固有定位与认知,重构年轻一代对其品牌的认知。在营销方式创新方面,楼外楼强调运用互联网思维进行跨界创新,用传统企业触网的视角,积极寻找跨界的入口,加快推动企业线上化进程。近年来,楼外楼充分利用天猫、淘宝、京东、微商城、东家等电商平台建立线上营销渠道,让更多的楼外楼产品走入了千家万户。不仅如此,楼外楼还利用大数据分析技术对用户精准画像,通过发掘和洞察数据背后隐含的信息,不断改进产品。如针对年轻化、个性化需求,开设小而美的特色单品类餐厅。在品牌营销上,尝试与数字技术嫁接,把每一道传统菜肴背后的匠心和故事都讲给顾客听,拉近与年轻人之间的距离。在管理机制创新方面,楼外楼借助食品工厂实现从菜品到产品的升级转化,创办了一流的现代食品加工企业——楼外楼食品有限公司,研制开发"楼外楼"中秋月饼、名菜系列真空包装、腌腊制品、宋嫂鱼羹半制成品等七大系列百余种产品。2003 年率先导入 ISO 22000 食品安全管理体系,提升了企业的标准化、科学化管理水平。2014 年,楼外楼以"人均劳效第一、单位面积效益第一"成为全国餐饮业的典范。

目前,楼外楼旗下已拥有楼外楼菜馆、孤山餐厅、杭州楼外楼食品有限公司、杭州湖畔居花港茶楼有限公司、杭州天外天菜馆有限公司、杭州楼外楼艺术品有限公司等经营实体,有近40家遍布杭城的直营门店。近年来,公司先后被授予中国商业名牌企业、全国十佳中华老字号餐饮品牌企业、中华金厨奖等称号,并正通过拥抱新技术、新市场,不断擦亮新名片,在新时代赢得新消费。

来源:根据相关网络资源等整理得出。

4.3.4 流通平台作用持续增强,成为引领流通发展的重要引擎

流通改革深入推进,一批流通大平台、商贸集聚区成为引领流通发展的重要引擎,绿色流通生态圈加快形成。

流通大平台快速发展。实施流通综合改革试点工程,义乌内贸流通综合改革、舟山江海联运中心、金华现代服务业3个国家级试点和上虞等10个省级流通业改革试点任务进一步深化。其中,内外贸一体化的商品市场发展机制等3条具有义乌特色的试点经验在全国推广;金华现代服务业试点工作取得显著成效,试点红利逐步释放,发展模式向省内外辐射,成为拉动浙中西南地区流通发展的重要引擎。推动实施电商平台提升发展,在全省范围内建设新型综合性、跨境贸易、行业垂直、生活服务业、农产品、专业市场O2O融合等六大类300多家电商平台。实施跨境电商升级工程,推进杭州市、宁波市国家级跨境电商综试区和义乌、瑞安省级创新发展示范区建设,新兴流通发展平台建设加快,各类资源进一步整合。

高品质商贸集聚区加快形成。推进省级特色商业街区建设,出台省级管理技术标准,创新开发经营模式,推动特色商业街改造,打造"一街一品"区域特色。积极推动省级高品质步行街创建示范工作,将20条高品质步行街纳入省级试点与培育。实施现代商贸特色镇创建工程,结合电子商务发展、特色历史文化、农产品流通、旅游休闲等优势,推进转塘街道等省级现代商贸特色镇创建试点工作,打造乡镇流通样板;实施城市智慧商圈建设工程,推进武林智慧商圈等城市智慧商圈建设的省级试点工作,推动商圈信息化水平提升,各具特色的城市商贸发展中枢初步形成。

绿色流通生态圈进一步健全。引导绿色生产,推动绿色产品和技术认

证，支持流通企业与绿色低碳商品生产企业对接，打造绿色低碳供应链，推动绿色产品标准、认证、标识体系改革进一步深化。 推动绿色发展，推广绿色低碳节能设备设施，培育一批集节能改造、节能产品销售和废弃物回收于一体的绿色市场、商场和饭店。 其中，湖州市获批全国首个绿色产品认证试点城市，其3家企业入选全国首批"绿色商场"。

案例

清河坊步行街——历史街区的潮流转身

清河坊历史文化街区位于杭州市吴山脚下，是杭州市为数不多的保存完整的传统老街和传统古巷，具有丰富而深厚的历史文化底蕴、独特而多彩的人文内涵和货真价实的历史风貌。街区北至西湖大道，南至鼓楼，西至吴山广场，东至中河中路，总街巷长度超过2500米，街区总经营面积达到20万平方米。其中，河坊街于2001年重新开街，以清末民初老街为特色，总长约900米，平均宽度约12.5米；南宋御街于2009年重新开街，以南宋时期建筑风格为特色，总长约900米，平均宽度约13米。目前街区内共有店铺521家，其中餐饮业态占比28%，零售业态占比64%，酒店住宿业态占比7%，休闲娱乐业态占比1%，集聚了胡庆余堂、方回春堂、西泠印社、张小泉、王星记、知味观、朱炳仁铜雕、南宋官窑等40余家老字号店铺和20余家非遗企业及多家国际品牌连锁企业。

清河坊历史文化街区总体定位于建设中国文化传承标杆街区，是杭州市独特韵味、别样精彩和世界名城的展示窗口。其中，河坊街是国内首个被评为4A级景区的商业特色街区，体现了清末民初风貌，重在突出文化价值，营造以商业、药业、建筑等为主体的市井文化。目前覆盖中医药、餐饮、古玩艺术、民间手工艺品、土特产等主要业态，集聚特色小吃、古玩字画、老字号、杭州市特色店铺在内的店铺100余家，包括王润兴、潘永泰、朱炳仁、王星记、胡庆余堂、回春堂、同仁堂等一批具有影响力的店铺。南宋御街两侧保留了很多古典建筑和近代商业建筑，集中反映了杭州市民俗、民风和建筑特色，处处体现着江南水乡的韵味意境。2009年重新开街后，把原有的商业文化、民俗文化、建筑文化和商业业态有机融合，打造"宜文、宜旅、宜商、宜居"的国际生活品质之街。除了挖掘传统品牌、传承非遗文化,南宋御街在塑造"杭州新意"方面也有不少突破。开设于 2017 年的南宋序集,是一个以文化创意为核心的文化生活复合式综合体,近 2000 平方米的空间融入艺术展览、文化创意产品、杭州特色伴手礼、旅游纪念品、艺术衍生品等,形成了集艺术、分享、会客、休闲、阅读、观影、培训于一体的城市公共空间。2018年,清河坊历史文化街区全年客流总量达到 2183.18 万人次,其中国内游客2052.22 万人次,国外游客 130.96 万人次,营业收入达到 22.86 亿元。

目前,在原有河坊街和南宋御街的基础上,清河坊历史文化街区正通过资源整合等方式,以"南宋文化"为主题,努力打造"皇家文化、南宋风情、古都商业、宋学经典、宫廷养生"五大特色产业,形成高端文化商旅体验区、传统商业特色体验区、文创休闲体验区、商旅集散综合服务区、特色餐饮服务区等五大功能片区。重点开展:一是合理规划布局。即形成以河坊街和南宋御街为主街,大井巷、打铜巷、后市街、太平巷等为辅街,南宋御街、吴山广场和鼓楼为三大门户节点的空间布局。其中,南宋御街定位为高端文化商旅体验区,河坊街定位为传统商业特色体验区,打铜巷定位为餐饮特色服务区,大井巷定位为文创休闲体验区,吴山广场定位为商旅集散综合服务区。二是优化环境。通过街区立面改造,打造街道界面景观;推动鼓楼入口节点和大井巷入口节点改造,提升重要门户节点景观形象;街道店面门口布设更多休憩设施,布局提升南宋皇城小镇(清河坊)游客咨询中心、南宋御街陈列馆等公共服务设施。三是提升业态品质。重点推进现有业态结构重组,提升传统业态,布局体验业态,发展新兴业态,引进国内国际一线品牌、地方特色品牌、老字号品牌。此外,推进智慧街区建设,探索发展夜间消费经济。四是彰显文化特色。深挖历史文化底蕴,聚焦南宋文化主题,发展遗址展示、文化演艺和实物展示等;聚焦市井文化主题,发展特色美食街、主题演艺馆,以及南宋文化特色的主题酒店等;聚焦艺术文化主题目,发展陶瓷、丝织、音乐等领域专类博物馆和陶瓷手工坊等文化创意业态;聚焦科技文化主题,发展名医堂、养生馆等中医养生业态和以四大发明为重点的主题类博物馆;聚焦名人文化主题,采用说书、影视、作品和祖宅展示等方式,发展以陆九渊、李清照、陆游、文天祥等名人为主题的博物馆。此外,还要和周边文化旅游资源衔接,打造文化旅游线路。

来源:根据相关资料和调研等整理得出。

4.3.5 流通设施建设深入开展,信息化水平稳步提高

流通基础设施不断完善,信息化、标准化、智慧化水平稳步提高,有力推动流通效率提升。

互联网技术设施不断普及应用。实施电商产业体系提升工程,推进商贸流通与互联网技术深度应用,推进流通企业信息化建设,鼓励企业信息系统、大数据中心与第三方电商平台实现互联互通,推动传统流通企业的电子商务应用及农村电商服务站建设进一步加快。其中,累计建成城乡电商服务站点3.56万个,培育发展电商专业村793个;推进电商公共服务平台建设,建成69个市县电子商务公共服务中心,1500余家服务商入驻省级平台。

供应链体系加快建设。实施现代供应链平台建设工程,支持优势电子商务平台和品牌网商整合研发、采购、生产、营销和服务等环节资源,形成全程可控、响应快速的电子商务供应链平台。鼓励有条件的流通企业向供应链集成服务商转型,构建供应链协同平台。同时,开展现代供应链示范城市建设工作,推动杭州市、宁波市、舟山市和义乌市等4个城市,阿里巴巴、传化智联、吉利控股等26家企业,开展国家级供应链创新与应用试点工作,并在温州市等5个城市和百世物流科技(中国)有限公司等96家企业开展省级供应链创新与应用试点工作,形成国省两级试点梯度培育体系,形成一批可复制推广的经验,提高浙江省企业供应链创新与应用水平。

商贸物流发展水平不断提升。推动实施物流综合信息服务平台建设,对线下运输车辆、仓储等资源进行整合优化,加快实现运输工具和货物的实时跟踪和在线化、可视化管理,物流信息的共享和互联互通进一步加强。实施商贸物流提升工程,杭州市国家级物流标准化试点收官,试点企业物流成本占主营业务收入比重降低6.6%,在托盘、仓库、运输车辆等重点领域的标准化设施设备应用进一步深化。完成湖州市等6个城市的省级城市共同配送试点工作,湖州市、舟山市分别实现为600个、400个网点提供共同配送,物流统一配送率逐步提升。

流通基础设施进一步完善。实施流通业投资促进工程,通过定期发布鼓励类流通设施建设指导目录,鼓励社会资本投资流通基础设施建设,引导商

贸流通业有效投资。 加大公共性和公益性农村商贸及农产品流通设施建设，推动集零售、餐饮、文化、休闲、配送等于一体的多功能乡镇商贸中心进一步完善。

4.3.6 流通治理体系优化升级，现代流通发展格局基本形成

流通政策、统计、监管等方面不断健全，营商环境持续优化，加快形成适应现代流通发展的治理格局。

发展环境持续优化。省政府及省政府办公厅出台涵盖批发零售业、电子商务、融资租赁、浙菜等多个领域的支持文件 10 余个，积极探索流通业地方立法，推动全省各城市编制商贸流通发展规划，促进政策法规体系进一步完善。 实施流通业标准推广工程，加强标准制定和推广应用，推进行业标准化，并逐步建立起维护全省市场统一开放、竞争有序的长效机制。 与追溯服务商签订协议，推动重要产品追溯体系建设进一步完善，形成来源可追、去向可查、责任可究的产品信息链。

市场调控能力稳步提高。通过线上线下流通数据整合，强化大数据管理应用，加强市场运行监测和预警分析，推动监测工作体系进一步健全。 按照统一协调、分级负责、快速响应的原则，升级改造应急平台，提高"防风险，兜底线"能力，推动应急调控管理体系进一步完善。 严格落实重要商品分级储备制度，创新储备方式，扩大储备品种，提升管理水平，推动储备改革进一步完善。

信用体系建设走在前列。实施营商环境优化工程，出台黑红名单管理等制度，通过与"信用浙江"等平台对接，建成全省统一的商务信用公众服务平台，入库商家 1000 万家。 强化信用大数据应用，首次实现企业信用状况可视化和精确化。 在全国率先开展互联网领域省际协作"云剑"专项行动，牵头开展长三角和泛珠三角地区"云剑"联盟行动，开创利用互联网大数据打假的先河。

4.4 浙江省推动批发零售业提升改造的思路与对策

4.4.1 加快批发业转型升级

引导商品市场转型。支持工业消费品市场依托当地特色产业，向"产业集群＋电商园＋仓储物流＋商品展览＋研发设计＋综合服务"转型，增加旅游购物、时尚发布等新型功能，打造浙江商品国际采购中心。 引导生产资料市场提高组织化程度，完善物流配送、供需监测、金融服务等功能，逐步形成同类产品的交易中心、定价中心和信息中心。 促进农产品市场增强冷链储运、检验检测、质量认证、产品追溯等服务，加强货源基地和零售终端对接，打造放心市场。 鼓励区域性专业市场整合改造提升，向电商园区、物流园区、社区商业中心转型，优化城市商业设施布局。

推动供应链集成创新。支持批发企业利用供应链优势创新经营模式，推动工业消费品批发企业开展定制或轻定制服务，实行买手制并建立买手制专营店；生产资料批发企业加强与生产企业对接，开展大宗类商品预售服务；支持农产品批发企业建立稳定的货源基地，积极开展农产品订单服务。 推动大型批发企业建设供应链协同平台，向生产、零售环节延伸，整合信息、金融、物流、品牌等要素，向平台化、集成化、智能化、金融化、国际化发展，实现由商品批发向供应链管理服务转变，打造现代综合商社。

加强商品市场"互联网＋"改造。支持批发企业立足线下网点资源，植入互联网基因，加快线上渠道布局，建立线上线下一体分销体系。 支持有条件的批发企业建立电商展示服务专区、仓储物流基地等线下配套设施，完善金融支付、信用评价等线上交易服务体系，提高体验服务品质。 加强数字化管理和大数据应用，推进公共服务信息资源整合，实现现场交易与网上交易相结合，现货交易与合同交易相结合，市场窗口交易与生产企业交易相结合，提高综合营运效率。 加强与电子商务企业对接，加快O2O模式推广，积极培育和引进网商，使批发企业线下设施成为网商采购平台和实物体验平台。

打造全球大宗商品交易中心。抓住建设中国（浙江）自由贸易试验区、舟山江海联运服务中心、义甬舟开放大通道的战略机遇，推动以油品全产业链为核心的大宗商品贸易自由化，打造全球大宗商品储运、中转、加工和交易中心。 建设国际油品交易中心，开展原油、成品油、保税燃料油现货交易；大力发展保税燃料油加注，建设东北亚保税燃料油加注中心；建设国际配矿交易中心，大力发展矿石现货交易和国际贸易，将自贸区建设成为东部地区重要海上开放门户示范区、国际大宗商品贸易自由化先导区和具有国际影响力的资源配置基地，提高我国全球大宗商品资源配置能力和话语权。

推动内外市场一体化。支持批发企业"走出去"，构建省外、海外营销和物流服务网络；鼓励省内知名专业市场制定管理规范，通过标准、模式、服务输出等布局国内外市场，提升国际化经营能力。 推广市场采购贸易方式，积极引入境外企业在市场设立常驻采购分销机构，发展以商品交易市场为依托的跨境电子商务和国际配销网络；积极举办国际性或全国性博览会、交易会，广泛吸引境内外客商到市场采购商品。 扩大进口商品销售，发挥海关特殊监管区作用，探索建设一批集保税、展示、交易于一体的进口商品交易中心。

4.4.2 推动零售业创新发展

创新零售经营模式。支持零售企业创新经营模式，改变引厂进店、出租柜台等传统模式，实行深度联营和买手制经营，降低标签虚标价格，拉近与消费者的距离。 推动企业管理体制变革，构建扁平化组织结构、数据化运营体系、市场化激励机制，增强创新活力。 大力发展连锁经营，支持品牌连锁企业布局城市社区、农村乡镇网点，并积极向省外、境外市场拓展。 引导发展自愿连锁，支持龙头企业建立集中采购分销平台，整合采购、配送和服务等资源，带动中小企业降本增效。 推进商贸物流标准化、信息化、社会化、专业化，整合社会物流资源，提高物流效率，降低物流成本。

积极发展新零售。推进线上线下融合，推动线上企业发挥平台优势拓展线下资源，线下企业发挥体验优势拓展线上业务，培育新零售示范企业。 大力发展服务业电商，鼓励电商平台与商业网点对接，整合区域商业资源，推动线下商品服务在线化，促进供需衔接，便利居民消费。 巩固天猫、淘宝等综合性平台优势，创新发展云集等社交领域电商平台。 结合浙江省产业集群优势，积极发展垂直领域电商平台，完善仓储、物流、支付等服务，增强浙江省零售业商品内容支撑。 强化杭州、宁波—舟山、温州、金华—义乌四大都市区引领作用，支持有条件的城市与全球著名电商平台合作，建设新零售标杆城市。

扩大优质商品供给。加快实施品字标工程，提升浙江消费品制造水平。增加优质商品供给，引导流通企业与国内优质商品生产企业对接，将契合居民消费需求的品质商品引入浙江；扩大品质消费品进口规模，支持引进国外知名品牌。 鼓励零售企业科学调整商品品类，丰富智能、时尚、健康、绿色商品。 积极培育流通领域自主品牌，继续开展老字号认定，支持老字号传承创新发展；支持品牌流通企业贴牌商品，增加自主品牌、定制化商品，促进品牌化、规模化、连锁化经营；支持第三方发布消费者信得过商品，培育一批产品质量好、消费者认可的新品牌。 推进"浙江名品进名店"，支持地方名特优及老字号产品入驻百货企业、商业街（区）等标志性场所。

提升顾客服务体验。推动零售企业由商品销售转向"商品＋服务"并重，鼓励大型百货、购物中心、超市等发展体验式消费，增加餐饮、休闲、娱乐、文化等服务功能，向特色化主题商城转型；支持连锁零售网点完善便民服务功能，增加快餐、缴费、网订店取等配套服务。 支持零售企业开展服务设施场景化、立体化、智能化改造，打造体验式智慧商店；鼓励社会资本参与无线网络、移动支付、自助服务、停车场等设施建设，打造智慧商圈。 支持企业运用大数据分析顾客消费行为，采用网络平台、移动终端、社交媒体与顾客互动，建立健全消费需求反馈机制，做精做深体验式消费。

打造高品质商业集聚区。开展国际消费中心城市建设，引导杭州市、宁波市等基础条件好的城市，以集聚优质消费资源、建设新型消费商圈、推动消费融合创新、打造消费时尚风向标为重点，打造成扩大引领消费、促进产业结构升级、拉动经济增长的新载体和新引擎。 改造提升高品质步行街，深化杭州湖滨步行街国家级试点，打造展现浙江特色的全国样板街区；开展省级高品质步行街创建，在全省开展试点，打造一批历史有根、文化有脉、商业有魂、经营有道、品牌有名、数字引领的省级高品质步行街。 开展现代商贸特色镇建设，推进特色商贸项目建设、商贸服务业集聚和业态创新，挖掘商贸发展潜力。

4.4.3 激发夜间经济新动能

打造夜间消费新地标。要以杭州市、宁波市等城市创建国家级消费中心城市为契机，支持城市商圈延时经营，打造"购物＋美食＋体验"的夜行购物消费街区。 支持浙江省国家级和省级高品质步行街结合夜间消费特点，深挖历史文化资源，丰富商旅文娱业态，打造"购物＋文化＋美食"的复合型夜间商旅文娱街区。 支持文化场馆、影艺场馆和体育场馆等延时开放，策划夜间消费的"文化 IP""体育 IP""娱乐 IP"，打造夜间文体消费街区。 支持核心景区延时服务，丰富景区夜游主题，打造"观光＋休闲＋美食"的夜间旅游消费街区。 支持社区商业中心布局 24 小时药店、便利店、深夜食堂和无人值守门店，打造 24 小时的便民生活服务街区。

培育夜间经济新业态。挖掘"商街夜市"潜力，鼓励零售企业延时经营，增加美食体验、休闲娱乐等业态，打造夜行购物消费概念。 激发"美食夜宵"活力，深入挖掘本地传统美食、餐饮老字号等美食文化资源，植入文化、演艺和娱乐元素，丰富"餐饮＋N"夜间消费体验，培育一批深夜食堂。 打造"景观夜游"亮点，精心培育夜间旅游品牌，开发一批标志性夜间文旅项目，如夜间光影秀、夜间造景、城市主题夜游等。 培育"文创夜赏"精品，支持博物馆夜游、艺术馆夜展、科技馆夜普等文化精品项目，孵化夜间文化艺术活动品牌。 营造"健身夜练"氛围，倡导健康生活理念，鼓励发展体育赛事、竞赛表演、夜间健身、都市夜跑和康养夜疗等新兴业态。

推进夜间经济数字化创新。加快夜间经济消费街区数字化改造，实现Wi-Fi 网络、移动智能支付和智能监控覆盖率 100％，引导有条件的街区配套智能标识导引系统、智能停车管理系统、智能照明控制系统、智能客流分析系统等智能化管理设施。 促进夜间经济线上化进程，引导饿了么等本地生活服务平台结合城市特色，设立夜间经济专项频道。 支持有条件的夜间经济消费街区整体上线，打造一批夜市新网红地标。 鼓励夜间经济模式与业态创新，如主打"夜行购物概念"的夜行商场、无人值守智能书店、24 小时派对空间、24 小时艺术剧场、24 小时共享自习室及博物馆夜游体验等。 此外，在城市夜间消费街区，利用"声、光、电"与艺术、美学相结合，广泛运用 3D 激光投影技术，开发独具风格的夜间灯光、水幕、造型设计等表演艺术，营造夜间经济发展氛围。

建立夜间经济发展协调机制。建立领导挂点联系制度，将夜间经济发展作为年度重点工作，并列入浙江省及各地市高质量发展考核体系。 各市（县、区）可借鉴国内外经验，由各市（县、区）政府主要领导担任夜市街区长，统筹协调夜间经济发展。 创新城市夜间管理模式：经有关部门审批许可，在特定区域、特定时段，在符合有关规定的前提下，放宽夜间消费街区四至范围内的广告及促销活动、广场文化活动、公共空间占用、时段性服务设施摆放等方面的管制和限定条件，部分街区所属道路可调整为分时制步行街。优化交通组织秩序：在夜间出行活跃度较高的夜市街区和重点商圈等区域周边，增加夜间限时停车区域、出租车候客点，优化夜间经济消费集聚区附近公交线路，延长公交地铁夜间运营时间。 此外，充分挖掘停车资源，推行机关、企事业单位内部停车资源夜间面向大众免费开放，逐步解决停车难的问题。

4.4.4 优化流通行业管理

强化商业网点规划。推动《浙江省商务厅等13部门关于完善商业网点规划管理的指导意见》在全省贯彻实施，强化规划引导和管控，优化商业空间布局和业态结构。 强化规划执行刚性，加强商业网点规划与相关规划的衔接联动、同步修编，将流通节点设施和用地纳入城乡总体规划、土地利用总体规划。 建立城市商业面积和业态监测制度，避免盲目投资和重复建设，营造大、中、小型和谐共生商业生态圈。 建立大型商业网点项目建设规划预审制度，发挥规划引导商业用房去库存和流通设施补短板作用。 推动乡镇商业网点建设纳入小城市培育试点镇内容和小城镇建设规划。 加强信息发布，引导各类市场主体合理把握开发节奏、科学配置商业资源。

推进公益性设施建设。扩大公益性、微利性流通设施供给，加强信息化改造。 创新社区商业设施供给模式，加强邻里中心、邻里街区等改造，集合购物、服务、文化、社交等业态，形成"一刻钟"社区商圈。 补齐农村商业设施供给短板，打造多功能乡镇商贸中心，发展农村综合服务社；健全农产品骨干流通网络，推进公益性农产品批发市场建设，完善农贸市场、农产品冷链设施布局。

促进公平竞争。健全部门联动和跨区域协同机制，完善市场监管手段，加快构建生产与流通领域协同、线上与线下一体的监管体系，营造公平竞争的市场环境。 推动电子商务立法，制定系列标准规范，指导和督促电子商务平台企业加强对网络经营者的资格审查。 依法打击网络交易平台商家虚构原价、虚假优惠折扣等价格违法行为，规范线上企业经营行为。 强化连锁经营企业总部管理责任，重点检查企业总部和配送中心，减少对销售普通商品零售门店的重复检查。

规范市场秩序。严厉打击制售假冒伪劣商品、侵犯知识产权、不正当竞争、商业欺诈等违法行为，深入开展互联网领域侵权假冒行为专项整治行动。依法禁止以排挤竞争对手为目的的低于成本价销售的行为，依法打击垄断协议、滥用市场支配地位等排除、限制竞争行为。 充分利用商务信用公众服务平台、国家企业信用信息公示系统（浙江），建立覆盖线上线下的企业及相关主体信用信息采集、共享与使用机制，及时发布信用信息，健全守信联合激励和失信联合惩戒机制。

加强监测调控。加强商贸统计监测能力建设，探索建立包括服务消费和新兴消费在内的大消费统计指标体系和流通业评价指标体系。 加快完善批发零售业统计制度，强化政府部门协作和数据全方位共享。 加强市场运行分析监测，优化样本结构和扩大样本覆盖面，加强专家咨询队伍建设，构建专业的监测分析体系。 发挥商务预报网的"信号灯"作用，拓宽信息发布渠道，促进消费市场供需有效衔接。

强化创新示范带动。深入实施批发零售业提升行动，创建一批改造提升示范城市，培育一批零售业创新示范企业，提升一批"个转企、限下升限上"小微企业。 加强督察激励，由省政府对成效显著的市（县、区）给予表彰，及时总结推广成功经验，示范引领创新转型。 支持流通综合改革等各类试点，发挥先行先试优势，探索推动批发零售业改造升级路径和支持举措，形成可复制推广的经验。

4.4.5 强化产业政策保障

推进简政放权。破除连锁经营障碍，各地各部门不得以任何形式对连锁企业设立的非企业法人门店和配送中心设置壁垒；工商部门推进商事登记改革，为连锁企业提供便利登记注册服务；统计部门完善连锁经营企业销售额（营业额）纳统方式，实行按连锁网点所在市、县（市、区）属地统计社会消费品零售额等统计制度。 放宽对临街店铺装潢装修限制，简化店内装修改造审批程序。 放宽对临时性商业宣传、户外营销活动、公益宣传活动等的审批条件，简化审批程序。 在不影响交通安全、道路通行的前提下，对在商业特色街区、重点商业地段举行的大型商业活动，放宽临时交通限制措施。 完善城市配送车辆通行制度，为企业发展夜间配送、共同配送创造条件。 支持行业协会和中介机构建设双向、开放的商铺租赁信息服务平台，引导供需双方直接对接，减少商铺转租行为，有效降低商铺租金。

加大财政支持力度。省政府给予市、县（市、区）地方适度财政奖励，调动提升工作的积极性。 省财政增加专项资金额度，支持批发零售业改造提升；加大对市、县（市、区）转移支付力度，支持各地促进批发零售业改造提升。 加快政府产业基金投资运作，发挥各级政府产业基金引导作用，吸引社会资本共同设立批发零售业改造提升产业基金，支持创新转型。 省流通与消费工作领导小组各成员单位要发挥财政资金引导作用，推动与民生相关的批发零售业发展。 各级政府应因地制宜，加大对批发零售业改造提升的支持力度；创新财政资金使用方式，运用股权投资、产业基金等手段支持批发零售业转型。

加大税收支持力度。税务部门落实好连锁经营企业总分支机构汇总缴纳企业所得税、增值税相关规定。 对省重点流通企业、农产品流通企业，减免房产税，对其每年上交的地方税收增速超额部分，由当地政府予以奖励。 对单位和个人将房屋出租给"千镇连锁超市"龙头企业及其连锁经营网点用于生产经营活动而取得的租金收入，按规定纳税确有困难的，减免房产税。 新办的连锁经营超市，3年内免征房产税。 对专门经营农产品的批发市场、农贸市场使用的房产、土地，免征收房产税和城镇土地使用税，对同时经营其他产品的按交易场地面积比例确定税收。

降低流通环节费用。清理规范行政事业性收费和政府性基金，坚决取消不合法、不合理的收费基金项目。 鼓励对省重点流通企业合法装载货物配送车辆经常性在必经的道路、桥梁上通行实行通行费减免、统缴等优惠政策。落实好农产品运输"绿色通道"政策。 落实取消税务发票工本费政策，不得强制企业使用冠名发票、卷式发票，大力推广电子发票。 落实银行卡刷卡手续费定价机制改革方案，持续优化银行卡受理环境。 下调失业保险单位缴费比例。

给予规划用地支持。保障流通基础设施用地，优先保障农贸市场、社区菜市场及社区商业网点用地，落实新建社区商业和综合服务设施面积占社区总建筑面积的比例不得低于10%的政策。 创新土地供给利用模式，在符合城乡规划并依法办理相关手续后，支持利用公共场所地下空间、原厂房等土地发展批发零售业。 在不改变用地主体、规划条件的前提下，经依法办理临时改变房屋用途手续后，支持企业利用存量土地拓展符合新产业新业态目录的批发零售业，可在一定期限内保持原土地用途、土地权利类型不变。

加强金融信贷支持。加强产融对接合作，鼓励金融机构开发针对批发零售业改造提升的信贷新品种，进一步优化企业信贷结构，拓宽融资渠道，对改造提升的重点项目优先给予支持。 积极稳妥地扩大消费信贷规模，支持发展消费金融公司。 鼓励金融机构为企业线上线下融合发展提供支付业务便利。积极推广供应链融资、存货质押、仓单质押、知识产权质押、股权质押等创新融资担保方式，继续推广创业担保贷款，稳妥有序推进信用贷款，扶持符合条件的小微企业创新发展，提升金融服务质效。 引导金融机构勇于承担社会责任，对中小商贸企业融资给予利率优惠，稳步推进还款方式创新，降低企业融资成本和转贷成本。

5

浙江省电子商务业发展成效、创新经验与思路

5.1 浙江省电子商务业发展成效评估

近年来,随着"一带一路"倡议和"互联网＋""数字经济"等国家重大战略举措的实施,以及新一轮科技革命和产业变革的深化,浙江省传统产业与电子商务不断融合,经济社会各领域中电子商务应用不断深入。 目前,浙江省电子商务各项主要指标均处于全国前列,其产业规模和专业化程度全国领先。 电子商务已成为浙江经济的一张金名片,是建设创新型省份的重要手段,是培育新业态、创造新需求、拓展新市场、促进转型升级和推动供给侧结构性改革的重要引擎。

5.1.1 产业发展综合实力持续领先

从网络零售额来看,总体上呈逐年上升趋势。 2009 年,浙江省网络零售额为 497.0 亿元。 2012 年,浙江省网络零售额达 2027.4 亿元,网络零售额占全国的比重为 16.22％,增长率达到近几年最高,随后增长率开始放缓,如图 5-1 所示。 尽管 2013 年以后浙江省网络零售额增速逐步回落,但仍保持较高增速。 2018 年,浙江省实现网络零售额 16 718.8 亿元,同比增长

25.4％，网络零售顺差达到 8248.3 亿元。 2018 年，浙江省网络零售额同比增速为 25.4％，高于全国平均增速 1.5 个百分点。

从居民网络消费发展来看，总体上也呈现出逐年上升的趋势，居民网络消费额由 2011 年的 820.3 亿元增长至 2018 年的 8470.5 亿元（见表 5-1）。 其中，2012 年浙江省居民实现网上消费额 1305.5 亿元，占全国的 10.45％。 2013 年，浙江省政府做出"电商换市"总体部署，居民网络消费额为 2261.9 亿元，当年居民网络消费额增长率达到 73.26％，为这几年来最高增长率。 居民网络消费额在 2014 年后进入相对平稳的增长阶段，2018 年浙江省内居民网络消费额上升至 8470.5 亿元，同比增长 25.0％，已成为浙江小消费市场的重要增长点，如图 5-2 所示。

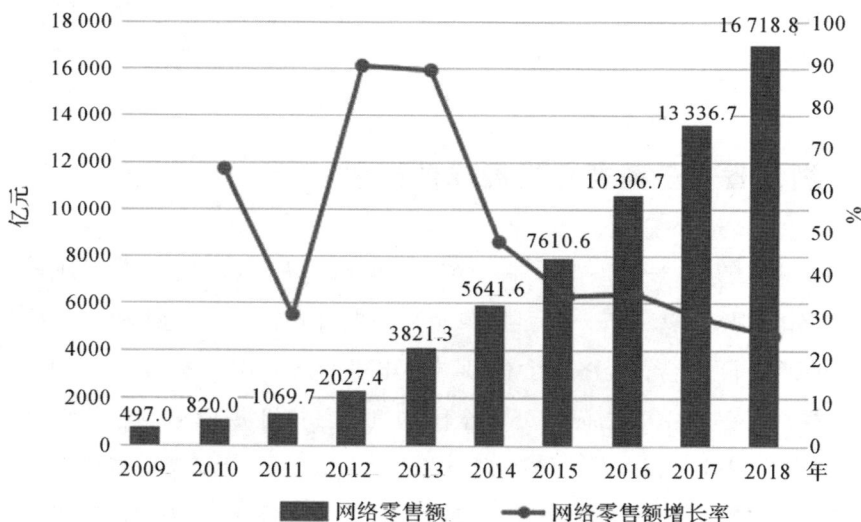

图 5-1　2009—2018 年浙江省网络零售额及增长率

资料来源：根据浙江省商务厅、电子商务研究中心（100EC. CN）等的公开资料整理。

表 5-1　2011—2018 年浙江省居民网络消费额

年份	全省居民网络消费额（亿元）
2011	820.3
2012	1305.5
2013	2261.9

续　表

年份	全省居民网络消费额(亿元)
2014	2873.6
2015	4012.3
2016	5253.5
2017	6777.0
2018	8470.5

数据来源:根据浙江省商务厅、电子商务研究中心(100EC.CN)等的公开资料整理。

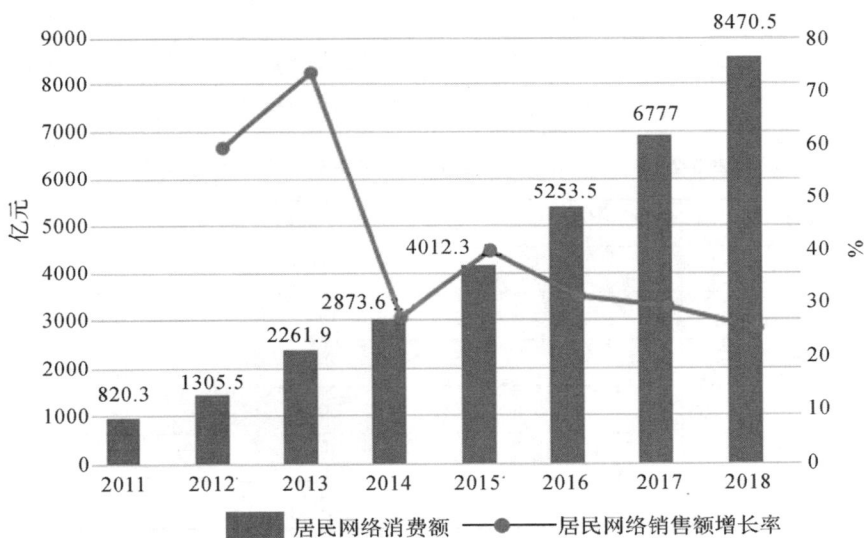

图 5-2　2011—2018 年浙江省居民网络消费额及增长率

资料来源:根据浙江省商务厅、电子商务研究中心(100EC.CN)等的公开资料整理。

从市场主体方面看,电子商务市场主体发展规模进一步扩大。 截至 2018 年底,阿里巴巴、淘宝网和支付宝分别成为全球最大的中小企业电子商务平台、网络零售平台和网上支付平台,与此同时,涌现了云集、网易、严选、贝贝、考拉、蘑菇街等一批第三方新兴电子商务平台,以及义乌购、中国化妆品网等一批行业电子商务平台。 B2B 平台的服务收入、C2C 综合交易平台的交易额均居全国第一。 浙江省在重点监测的第三方电子商务平台上有活跃网络零售网店超过 70.6 万家,有各类电子商务服务企业 3000 余家。 此外,在速卖通、Wish、eBay、亚马逊等全球性大型跨境电商平台上，有出口活跃网店8.2万家，并涌现了执御、连连、PingPong、嘉云、涂鸦智能、格家网络等一批跨境电商创新企业。

从产业园区方面看，浙江省建立的电子商务产业基地数量稳步上升（见表5-2）。根据浙江省商务厅的数据统计，2018年浙江省建有电子商务产业基地326个，其中杭州市61个，宁波市42个，温州市29个，嘉兴市20个，湖州市27个，绍兴市20个，金华市53个，衢州市26个，台州市25个，舟山市8个，丽水市15个（见表5-3）。此外，浙江省培育和认定的省级电子商务创业创新基地15个，省级电子商务创业创新园区25个。总体来看，浙江省电子商务产业园区已从高速建设期进入成熟发展期，在总体规模趋于稳定的基础上，产业园区结构进一步优化，质量稳步提高，在区域产业升级和社会经济发展中的作用不断增强。

表 5-2 2013—2018 年浙江省建的电子商务产业基地数量

年份	电子商务产业基地数量（个）
2013	157
2014	194
2015	204
2016	301
2017	323
2018	326

资料来源：根据浙江省商务厅、电子商务研究中心（100EC.CN）等的公开资料整理。

表 5-3 2018 年浙江省电子商务产业基地分布情况

地市	电子商务产业基地数量（个）
杭州市	61
宁波市	42
温州市	29
嘉兴市	20
湖州市	27
绍兴市	20

地市	电子商务产业基地数量(个)
金华市	53
衢州市	26
台州市	25
舟山市	8
丽水市	15

资料来源:根据浙江省商务厅、电子商务研究中心(100EC.CN)等的公开资料整理。

5.1.2　电子商务产业配套设施建设稳步推进

从通信基础设施建设来看,如表5-4所示,2012—2018年,浙江省固定互联网宽带接入用户数稳定增长,从2012年的1153万人增长至2018年的2648万人。移动互联网用户数从2012年的4698万人增长至2018年的8136万人。从图5-3中可以看出,这一期间,浙江省固定互联网宽带接入用户数和移动互联网用户数均呈现出逐年上升的态势,这表明浙江省的通信基础设施建设进一步加快,为电子商务的发展提供了有力支撑。

表5-4　2012—2018年浙江省固定互联网宽带接入用户数量及移动互联网用户数量

年份	浙江省固定互联网宽带接入用户(万人)	浙江省移动互联网用户(万人)
2012	1153	4698
2013	1243	4719
2014	1276	5065
2015	1316	5430
2016	2160	6366
2017	2465	7456
2018	2648	8136

资料来源:根据浙江省通信管理局等的公开资料整理。

从网络支付发展来看,通过不断净化支付市场环境,鼓励并支持银行机构与非银行机构(以下称支付机构)创新等方式,电子商务支付服务环境显著改善。2018年,浙江省银行机构网银、手机银行业务增长迅速,共发生网上

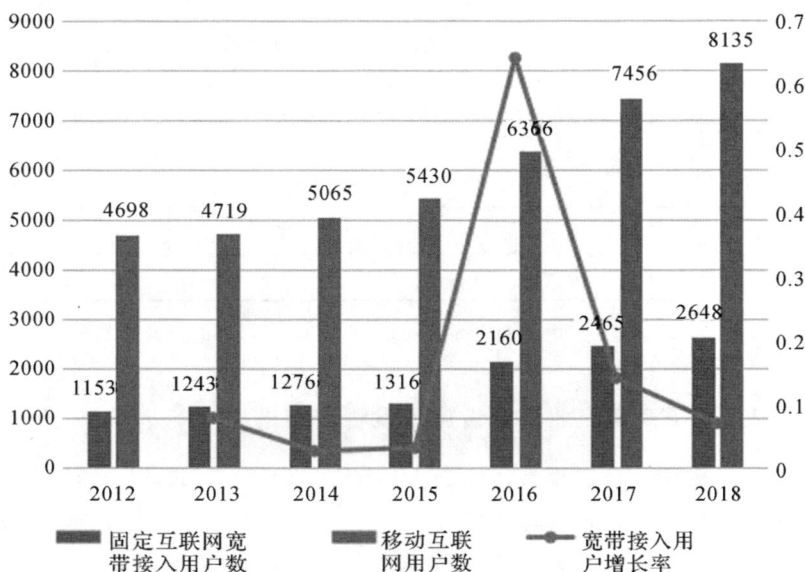

图 5-3　2012—2018 年浙江省固定互联网宽带接入用户增长率及移动互联网用户情况

资料来源：根据浙江省统计年鉴、浙江省通信管理局等的公开资料整理。

银行交易 153.69 亿笔，手机银行交易 75.37 亿笔，电话银行交易 31.90 万笔；共有 9 家法人支付机构，处理网络支付业务 4.15 亿笔。农村网络支付发展较快，至 2018 年底，浙江省共有 9446 个助农服务点实现与村级电子商务服务点共建，共建率达 45.81％。农村地区网银用户达 7292.02 万个，较 2017 年末增长 15.25％，全年业务量达 11.99 亿笔，金额达 46.16 万亿元，同比分别下降 11.25％和 12.94％；手机支付用户达 7029.41 万户，较 2017 年末增长 22.61％，全年业务量达 10.53 亿笔，金额达 12.19 万亿元，同比分别增长 1.35％和 52.18％。截至 2018 年底，浙江省共创建完成 78 个"电子支付应用示范镇"和 416 个"电子支付应用示范村"。此外，持续推动跨境支付业务发展，至 2018 年底，浙江辖内连连银通和网易宝两家支付机构共发生跨境收入（含人民币）44.18 亿美元，同比增长 9％，跨境支出（含人民币）5.47 亿美元，同比增长 62.09％。另外，浙江省重点依托特色小镇、电子商务专业村等区域来深入开展"电子支付应用示范县（市、区）、镇、村"创建活动。

从物流配送设施来看,电子商务与快递物流总体呈现出协同发展的态势。 从 2012 年开始,浙江省快递服务企业业务量就保持着高速增长,具体数据见表 5-5、图 5-4。 2018 年,全省快递服务企业业务量累计达 101.1 亿件,同比增长 27.5%;业务收入累计达 779.3 亿元,同比增长 16.6%。 其中,同城业务量累计完成 149 926.4 万件,同比增长 21.8%;异地业务量累计完成 841 883.1 万件,同比增长 27.4%;国际/港澳台业务量累计完成 19 241.2 万件,同比增长 104.1%。 目前浙江省快递业务量排名全国第二,占全国快递业务量的近 1/5,快递业务收入排名全国第三,全省 11 个地市有 8 个进入全国快递业务量、业务收入前 50 位城市。 此外,浙江省拥有社区电子商务智能投递终端 1.92 万个,建成农村电子商务服务站点 1.64 万个,乡镇快递网点覆盖率达到 100%,总数达到 4500 个。

表 5-5 2012—2018 年浙江省快递服务企业业务量和快递业务收入

年份	浙江省快递服务企业业务量(万件)	业务收入(亿元)
2012 年	81 986.8	119.73
2013	141 952.8	179.8
2014	245 763.8	274.3
2015	383 145.9	383.8
2016	598 664.9	541.1
2017	793 231.1	668.2
2018	1 011 369.7	779.3

资料来源:根据中商情报网、电子商务研究中心(100EC. CN)等的公开资料整理。

5.1.3 重点领域电子商务应用水平不断提升

从农村电子商务发展来看,浙江省通过不断推进城乡网络服务体系建设,有效整合了电子商务物流仓储中心、电子商务公共服务中心、农村电子商务运营中心、农村电子商务服务站、人才培训中心等资源,营造了良好的农村电子商务发展氛围。 如表 5-6 和图 5-5 所示,2012—2018 年间,浙江省农产品网络零售额稳步上升,从 2012 年的 58.8 亿元增长至 2018 年的 667.6 亿

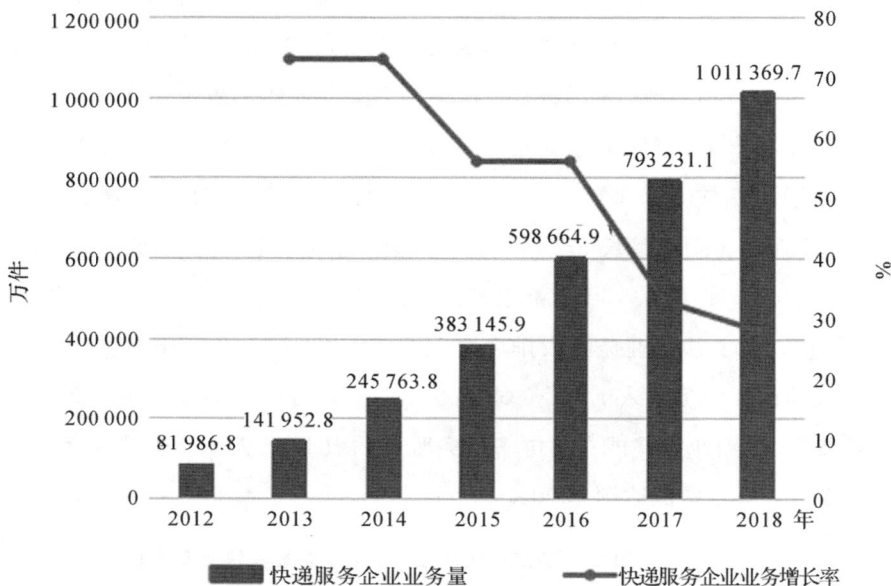

图 5-4　2012—2018 年浙江省快递服务企业业务量及增长率

资料来源:根据中商情报网、电子商务研究中心(100EC. CN)等的公开资料整理。

元;淘宝村的个数从 2012 年的 4 个增长至 2018 年的 1172 个,表明浙江省农产品网络零售额在 2012—2018 年间保持逐年递增趋势。 截至 2018 年底,浙江省实现农产品网络零售额同比增长 31.9%,拥有活跃的涉农网店近 2.1 万家;全年新增电子商务专业村 474 个,总数达 1253 个;共有 130 个电子商务专业镇,总数均位居全国第一。 此外,从农村电子商务基础设施建设来看,2018 年浙江省农村电子商务服务站新增 1452 个,累计达 1.78 万个,覆盖 68.2%的行政村,并提升改造 3000 余个服务站点。

表 5-6　2012—2018 年浙江省农产品网络零售额和淘宝村个数

年份	浙江省农产品网络零售额(亿元)	淘宝村(个)
2012	58.8	4
2013	100	8
2014	180	62
2015	304	280

年份	浙江省农产品网络零售额(亿元)	淘宝村(个)
2016	396.2	506
2017	506.2	779
2018	667.6	1172

资料来源:根据浙江省商务厅、电子商务研究中心(100EC.CN)等的公开资料整理。

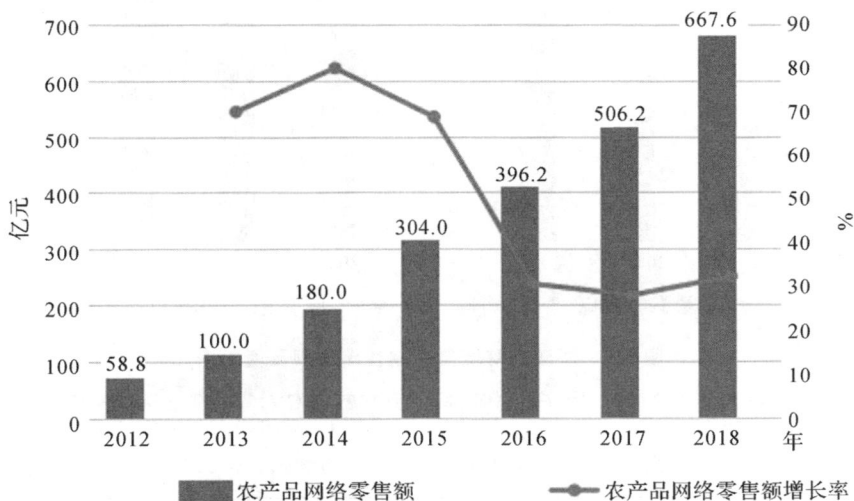

图 5-5　2012—2018 年浙江省农产品网络零售额及增长率

资料来源:根据浙江省商务厅、电子商务研究中心(100EC.CN)等的公开资料整理。

　　从跨境电商发展来看,浙江省也保持良好的发展态势,主要体现在跨境电商经营主体持续增多、销售规模迅速扩大上。 2018 年底,浙江省跨境电商发展水平居全国前列,先后有杭州、宁波、义乌、温州、绍兴等 5 个城市获批为中国跨境电商综试区;在通关、物流便利化等方面形成了一系列经验做法向全国推广,进一步带动了产业创新和升级。 2018 年,浙江省实现跨境网络零售额 810.4 亿元,增长 34.8%,其中出口额为 574.4 亿元,增长 31.1%(见图5-6),进口额为 236 亿元,增长 44.9%。 从主要地区上看,金华、杭州、宁波等 3 个地市的跨境电商零售出口额居全省前三,占比分别为54.0%,20.1%,9.4%,占全省跨境网络零售出口额的 83.5%。 速卖通等一批跨境电商平台集聚发展势头良好，在俄罗斯、东南亚、北美、中东等市场已有一定的影响力。 具体如表 5-7 所示。

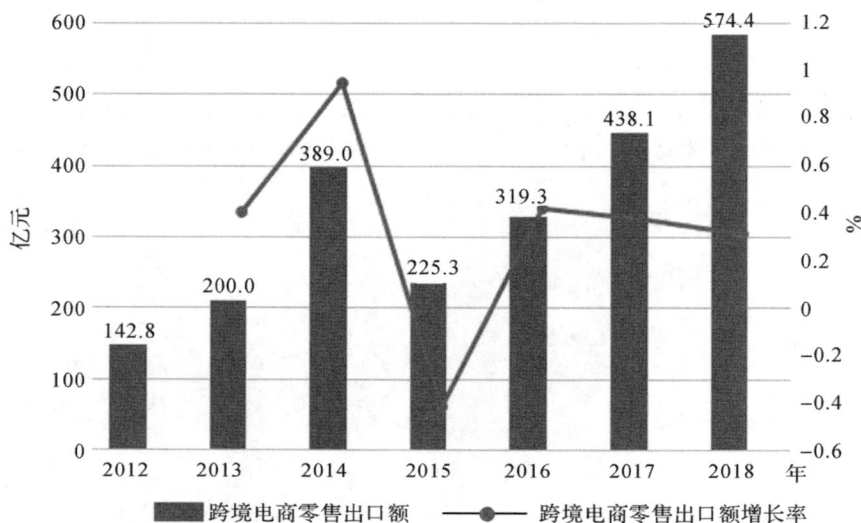

图 5-6 浙江省跨境电商零售出口额及增长率

资料来源：根据浙江省商务厅、电子商务研究中心（100EC.CN）等的公开资料整理。

表 5-7 浙江省各地市跨境网络零售出口情况

	跨境网络零售出口（亿元）	占比	同比增长	活跃出口网店数（家）
全省	574.4	100.0%	31.1%	82 012
杭州市	115.5	20.1%	36.4%	14 346
宁波市	54.1	9.4%	35.6%	6843
温州市	52.5	9.1%	31.4%	8036
湖州市	2.6	0.5%	30.1%	430
嘉兴市	9.7	1.7%	30.7%	1080
绍兴市	9.0	1.6%	31.8%	1756
金华市	310.3	54.0%	28.5%	46 543
衢州市	3.7	0.6%	31.3%	513
舟山市	1.0	0.2%	31.8%	36

续　表

	跨境网络零售出口（亿元）	占比	同比增长	活跃出口网店数（家）
台州市	10.7	1.9%	30.4%	1693
丽水市	5.3	0.9%	31.1%	736

从生产企业电子商务应用来看，浙江省作为制造业大省，产业集群和专业市场发达，拥有大量的中小生产制造企业，如何有效利用电子商务服务资源，尤其是第三方电子商务平台优势，实现生产企业新一轮的快速发展成为当前其电子商务发展的一项重要工作。近年来，浙江省生产企业积极利用电子商务开拓市场，加快"互联网＋传统产业"融合发展，实现柔性生产及线下线上资源互补；利用电子商务开拓传统工业市场，建立线上营销渠道和网络自主品牌。到 2018 年底，浙江省公布建立首批网络个性化定制试点企业 31 家；工业企业直接开设天猫店 2.1 万家，约占全国的 19.1%，销售额超 2000 亿元，居全国第二位。

从服务业领域电子商务应用来看，服务业应用领域不断拓展，随着电子商务特别是移动互联网电子商务的深入发展，传统线下服务业主动开展电子商务业务的数量持续增多。零售、餐饮、住宿、金融、旅游、社区服务、文化、医药、新闻出版等领域纷纷采用电子商务手段拓展业务，成效十分显著；以银泰百货为代表的知名百货连锁企业主动"触网"开展网络零售业务，并依托实体市场探索 O2O 经营模式；浙江人本等社区便利店为网络品牌提供售后等线下服务，网上市场和网下市场融合发展态势良好。同时，阿里巴巴新零售、超级物种、网易考拉、网易严选线下体验店等新业态蓬勃发展，截至 2018 年底，浙江省已落地"天猫小店"450 家，"盒马鲜生"店 8 家。浙江省有 400 余家专业市场应用电子商务，省内大量酒店、餐饮和景点都开展了电子商务业务。

5.1.4　电子商务产业经济社会贡献日益凸显

从消费贡献来看，2018 年浙江省网络零售额占社会消费品零售总额的比值为 66.85%，较 2017 年同比增长了 11.98 个百分点，浙江省近几年来的网络零售额与社会消费品零售总额数据如图 5-7 所示。 从图 5-7 中可以看出，浙江省网络零售额与社会消费品零售总额的关系成正比，两者都呈现快速稳定增长的趋势，网络零售额占社会消费品零售总额的比例也在不断攀升，由 2010 年的 8% 提升到了 2018 年的 66.85%，说明电子商务对浙江省的消费贡献在不断凸显。 从整体增长趋势来看，在未来几年，浙江省的电子商务发展将为消费做出更大贡献。

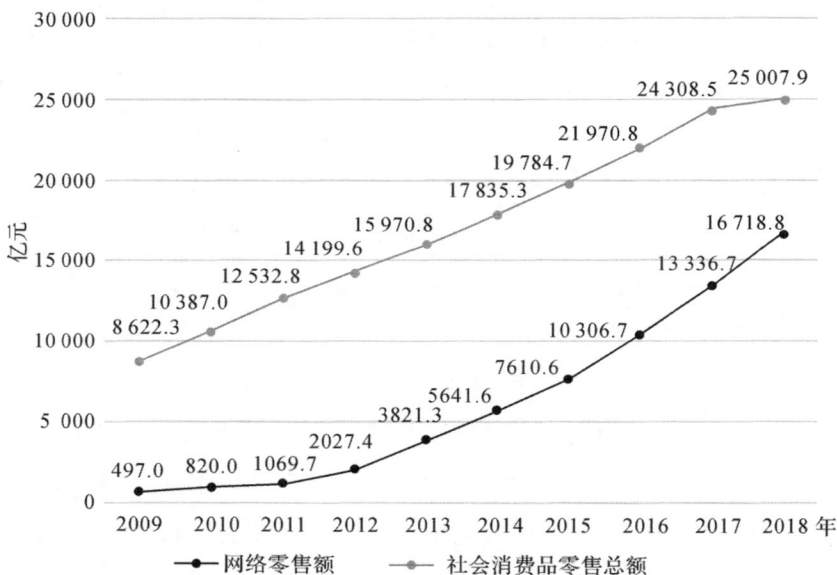

图 5-7　2009—2018 年浙江省网络零售额与社会消费品零售总额情况

资料来源：根据浙江省商务厅、浙江统计信息网等的公开资料整理。

此外，在出口贸易贡献方面，电子商务是浙江省出口贸易额增长的主要来源。 浙江省出口跨境电商交易额占商品出口额的比重，从 2010 年的 1.3% 提高至 2018 年的 2.7%，表明电子商务对浙江省出口增长的贡献率不断提高，对省内商品出口总额的增长起到了重要的拉动作用。 在就业贡献方面，2018 年，浙江省电子商务创业创新氛围浓厚，直接解决就业岗位约 191.8 万个，间接带动就业岗位约 514.6 万个。

5.1.5 电子商务发展体制机制创新向纵深推进

电子商务在浙江省的迅速发展得益于浙江省委、省政府的高度重视。 浙江省政府对电子商务行业的管理不仅体现在介入早，更体现在管理理念方式的创新和系统性强等方面。 可以说，浙江省电子商务的成功在某种程度上是浙江省政府"有所为、有所不为"的成功管理。 具体来看，早在 2002 年，浙江省经贸委就出台了电子商务建设意见，大力推动商贸流通领域的电子商务试点。 2005 年浙江省制定首个电子商务产业政策，把电子商务正式提上浙江省经济工作的议事日程。 2006 年，浙江省人民政府出台了首个省级层面的电子商务产业政策《浙江省人民政府办公厅关于加快电子商务发展的意见》。2008—2011 年，浙江省经贸委联合财政厅共同实施"万企工程"，大力推进电子商务普及培训和应用创新。 2011 年，浙江省电子商务工作领导小组成立，囊括 27 个省级职能部门，办公室设在浙江省商务厅；同年，该小组编制发布《浙江省电子商务产业"十二五"发展规划》，明确将电子商务列入战略性新兴产业，提出建设"国际电子商务中心"的宏伟目标。 2012 年，《浙江省人民政府关于进一步加快电子商务发展的若干意见》正式出台。 2013 年，浙江省人民政府出台《关于深入推进"电商换市" 加快建设国际电子商务中心的实施意见》，提出"1＋10"政策体系构建，明确要加快形成浙江省电子商务产业政府扶持环境，为浙江省电子商务发展创造良好的生态环境。 2015年，杭州市获批为全国首个跨境电商综试区，率先开展跨境电商领域的创新试点工作。 2016 年，浙江省又颁布《浙江省电子商务产业发展"十三五"规划》，明确提出要努力把浙江省建成具有全球战略地位的国际电子商务中心。2018 年以来，电子商务成为浙江省落实"一带一路"倡议的重要领域，浙江省先后与马来西亚等国家共建 eWTP 试验区。 同年，eWTP 秘书处落户杭州市。

5.2 浙江省电子商务业对区域经济的贡献分析

5.2.1 电子商务业对经济增长的贡献分析

5.2.1.1 网络零售额对经济增长的贡献分析

网络零售的快速发展对于推动经济转型升级的作用日益凸显。 2018 年，浙江省网络零售额占全省 GDP 的比重为 29.75%，较 2017 年提高了个 3.99 个百分点，如图 5-8 所示。 从对社会消费品零售总额增长的贡献来看，2018 年，浙江省网络零售额增长 25.4%，高于全省社会消费品零售总额增速 16.4 个百分点；按商务部同口径数据测算，2018 年，浙江省网络零售额对社会消费品零售总额增长的贡献率达到 106.5%，较 2017 年约提升了 9.5 个百分点。

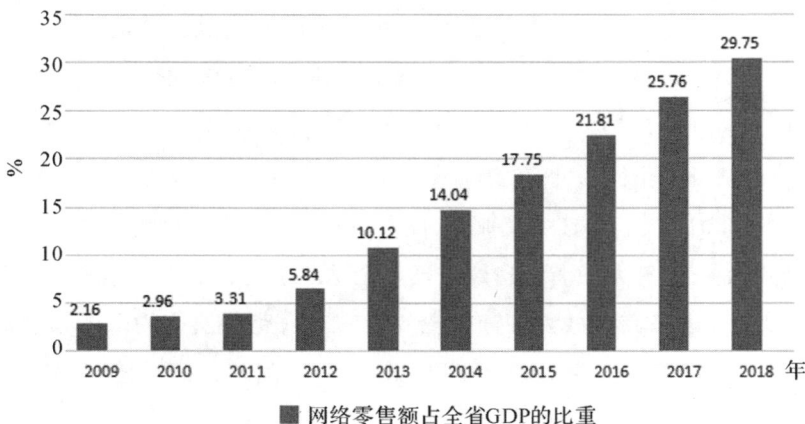

图 5-8　2009—2018 年浙江省网络零售额占 GDP 的比重

资料来源：根据浙江省商务厅、浙江统计信息网等的公开资料整理、计算。

从网络零售额对经济增长的贡献率来看，2010—2018 年浙江省网络零售额对 GDP 的拉动增长率和贡献率总体均呈上升趋势。 从贡献率来看，2018

年，浙江省网络零售额对 GDP 增长的贡献率为 76.7％，近 5 年的平均贡献率为 51.7％，最高贡献率为 76.7％。 从拉动增长率来看，浙江省网络零售额对 GDP 的拉动增长率从 2010 年的 0.8％增长到 2018 年的 5.4％，如图 5-9 所示。 由此可见，浙江省电子商务的发展已经成为推动全省经济增长的重要途径。

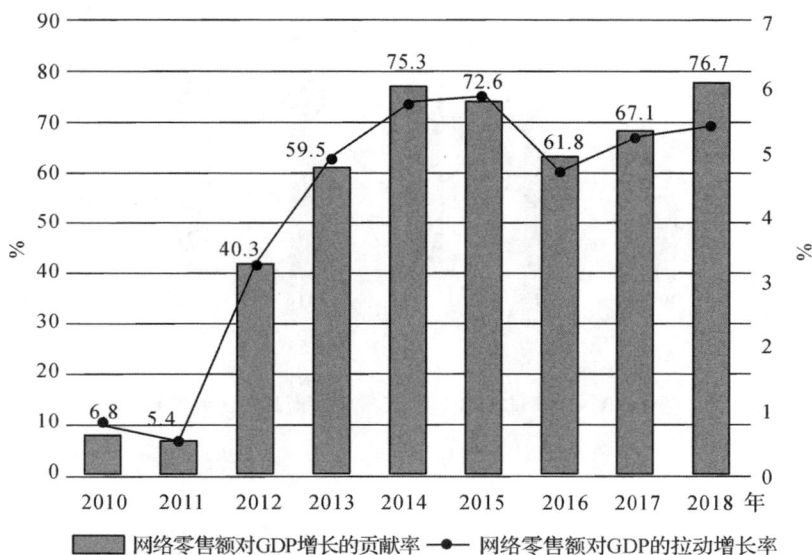

图 5-9 2010—2018 年浙江省网络零售额对经济增长的贡献率及拉动增长率分析

资料来源：根据浙江省商务厅、浙江统计信息网等的公开资料整理、计算。

从实物商品网上零售额来看，浙江省实物商品网络零售额逐年递增，由 2013 年的 2159.0 亿元增长至 2018 年的 11 089.1 亿元，实物商品网络零售额在浙江省社会消费品零售总额中的占比也同步逐步提升，比重由 2013 年的 13.5％提升至 2018 年的 44.3％，如图 5-10 和图 5-11 所示。 2018 年，浙江省实物商品网上零售额占社会消费品零售总额的比重较 2017 年增长了 9.3 个百分点。 同时，从实物商品网上零售额对社会消费品零售总额的拉动增长率来看，拉动增长率趋势总体较为平稳，其中 2018 年的拉动增长率最高，达到 10.64％，如图 5-12 所示。

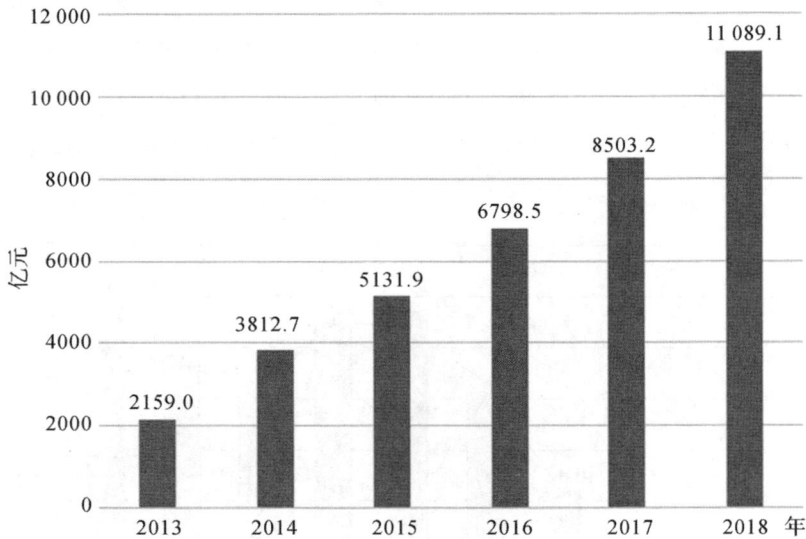

图 5-10　2013—2018 年浙江省实物商品网上零售额

资料来源:浙江省商务厅、中国统计年鉴。

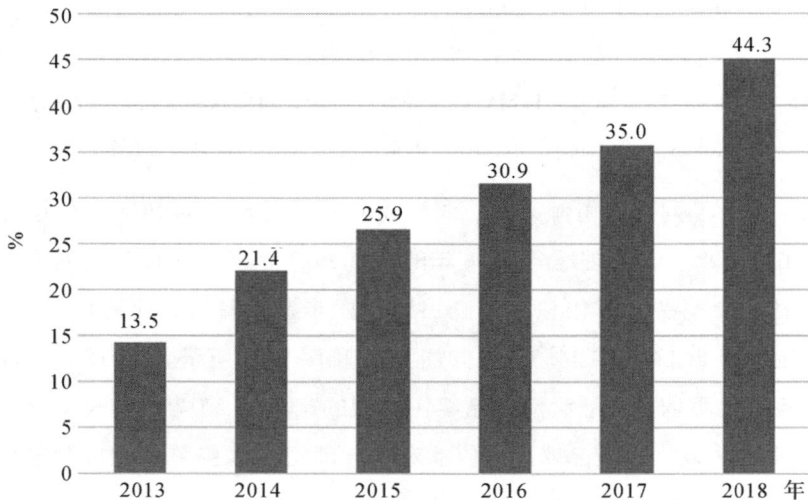

图 5-11　2013—2018 年实物商品网上零售额在社会消费品零售总额中的占比

资料来源:浙江省商务厅、中国统计年鉴。

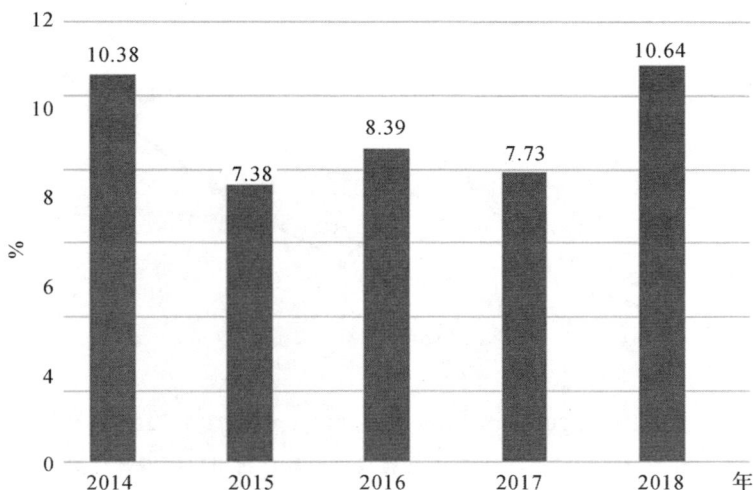

图5-12　2014—2018年实物商品网上零售额对社会消费品零售总额的拉动增长率分析

资料来源:根据浙江省商务厅、中国统计信息网等的公开资料整理、计算。

5.2.1.2　跨境电商对经济增长的贡献

在对外贸产业的贡献方面,跨境电商的零售出口已成为浙江省出口贸易的主要增长点。2012年以来,浙江省跨境电商零售出口额基本保持增长趋势,且跨境电商零售出口额占商品出口额的比重呈总体上升趋势。2012—2018年间,浙江省跨境电商零售出口额从142.8亿元增长至574.4亿元,占出口总额的比重从1.01％上升至2.71％,具体如图5-13、图5-14所示。由于跨境电商刚刚起步,市场规模较小,浙江省跨境电商出口额占出口总额的比重较低,同时,传统优势外贸企业参与度不高,以跨境电商综合服务商为代表的专业服务商仍然发展不足,也制约着跨境电商对外贸转型升级的拉动作用。

从跨境电商出口额在GDP中的占比来看(见图5-15和图5-16),总体上呈现出上升的趋势,从2012年的0.41％上升到2018年的1.02％;从跨境电商零售出口额对GDP增长的贡献率来看(见图5-16),由2013年的1.90％增长至2018年的3.09％,其中2014年浙江省跨境电商零售出口额对GDP增长的贡献率最高,达到7.82％。

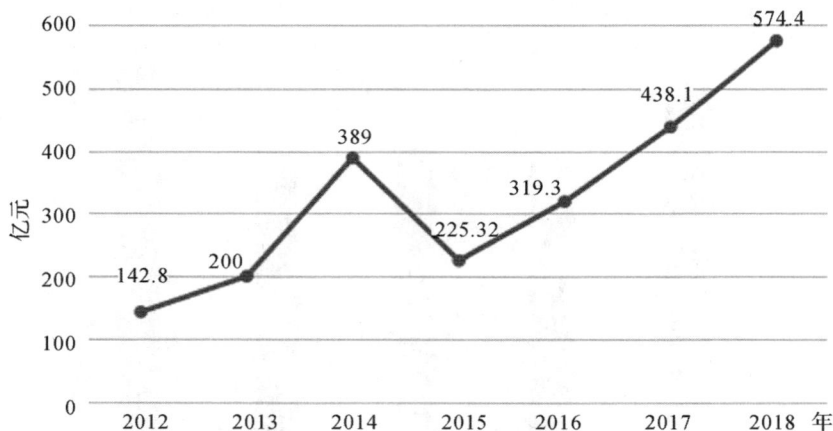

图 5-13　2012—2018 年浙江省跨境电商零售出口额增长趋势

资料来源：根据浙江省商务厅、浙江统计信息网等的公开资料整理、计算。

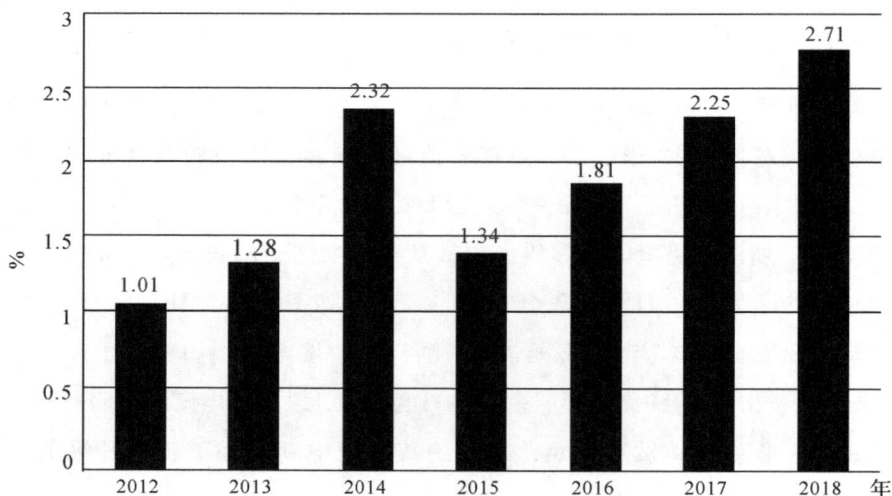

图 5-14　跨境电商出口额占外贸产业出口总额的比重

资料来源：根据浙江省商务厅、浙江统计信息网等的公开资料整理、计算。

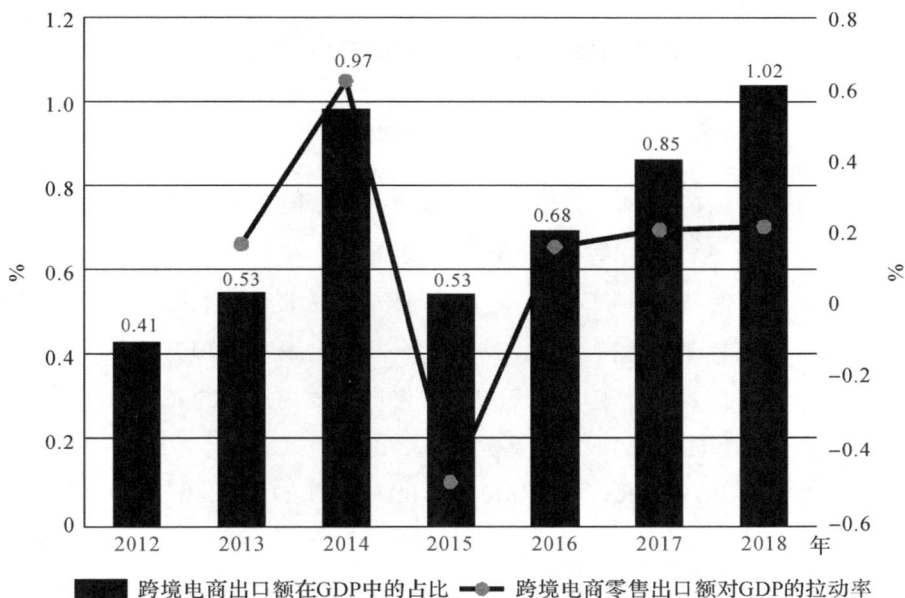

图 5-15　浙江省跨境电商零售出口额占 GDP 的比重及对 GDP 的拉动率

资料来源:根据浙江省商务厅、浙江统计信息网等的公开资料整理、计算。

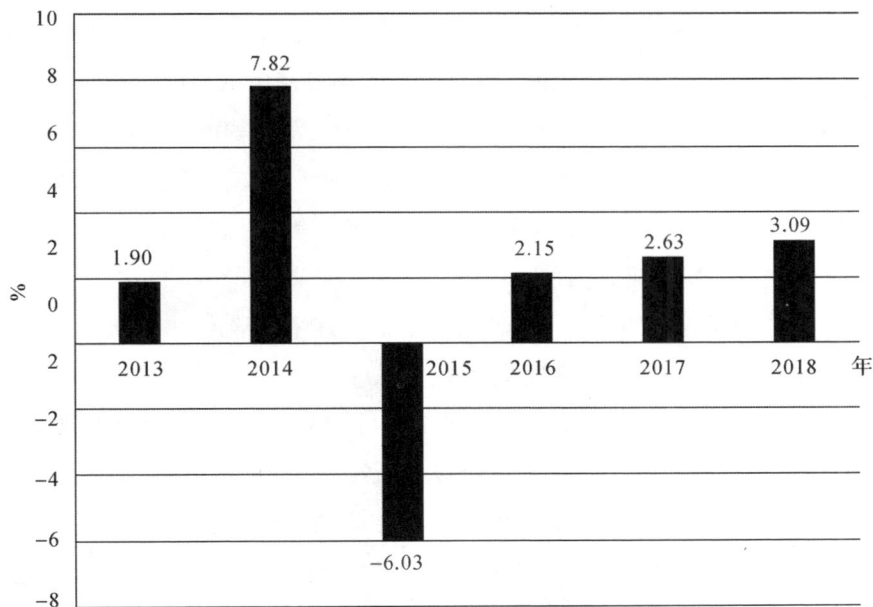

图 5-16　浙江省跨境电商零售出口额对 GDP 增长的贡献率

资料来源:根据浙江省商务厅、浙江统计信息网等公开资料整理、计算。

5.2.2　电子商务业对经济增长影响的测算分析

5.2.2.1　计量模型

本部分采用柯布-道格拉斯函数进行测算，具体模型如下：

$$Y = AK^{\alpha}L^{\beta}Q^{\gamma}e^{\mu} \qquad (5-1)$$

Y 代表省内生产总值（GDP），A 表示一定技术条件下的产出，K 和 L 分别代表资本和劳动要素投入量，α 与 β 分别代表资本和劳动投入产出弹性，Q 表示电子商务交易规模，γ 表示电子商务交易规模的产出弹性，e^{μ} 为随机误差项。将等式两边取对数得到模型，即式（5-2）。

$$\ln Y = \ln A_0 + \alpha \ln K + \beta \ln L + \gamma \ln Q + \mu x \qquad (5-2)$$

5.2.2.2　数据来源和处理

本节从数据可获得的便利性、统计制度的健全性与统计口径的一致性来看，反映电子商务交易规模（Q）的指标主要有跨境电商出口额、网络零售额。根据 GDP 的支出法计算公式，最为合理的电子商务交易规模的指标是网络零售额。因此，本书将采用网络零售额作为电子商务交易规模指标，其数据来源是浙江省商务厅公布的与网络零售额相关的数据。模型中变量 Y 采用省内生产总值（GDP）指标，考虑到通货膨胀因素，本节以 2010 年的居民消费价格指数为基期，对省内生产总值进行了比价处理，重新计算可比后的省内生产总值。

L 采用年末从业人员数。在国内外相关研究中，常见的劳动投入量指标有：①劳动者人数，大多是从业人员数；②总劳动时间，通过平均劳动时间乘以从业人员数得到；③劳动者报酬。选用从业人员数作为劳动投入测度指标的研究占绝大多数，优点很明显：数据易取得，不存在价格调整，可直接看出劳动规模，意义明确。用从业人员数作为劳动投入测度指标也有缺点：一方面，浙江省目前还实行低报酬、高就业的机制，使要素的利用效率低，从业人员尚未准确反映劳动需求量；另一方面，从业人员数量无法区分劳动者质量，按人口统计没有区分不同职称、不同级别劳动者，显然不太合理。因此，综合考虑各项因素，从数据可获得的便利性、统计制度的健全性与统计口径的一致性来看，本节选择年末从业人员数作为劳动投入指标，其数据来源是浙江省统计年鉴，如表 5-8 所示。

表 5-8　浙江省年末从业人员数

年份	年末从业人员数（万人）
2009	3592.0
2010	3636.0
2011	3674.1
2012	3691.2
2013	3708.7
2014	3714.2
2015	3733.7
2016	3760.0
2017	3796.0
2018	3836.0

资料来源：根据浙江省统计年鉴等公开资料整理。

K 采用物质资本存量。本节遵循大多数学者所采用的方法，即永续盘存法，采用相对效率几何递减模型进行计算。资本存量的计算公式为：

$$K_t = （1 - \delta）K_{t-1} + I_t \tag{5-3}$$

其中，K_t 为第 t 期的不变价资本存量，K_{t-1} 为第 $t-1$ 期的不变价资本存量，I_t 为第 t 期的不变价资本存量投资，δ 为 R&D 资本折旧率。全社会资本投入测度指标（I）主要通过以下指标来反映：①投资统计中的固定资产投资额；②各部门的固定资产原值（或净值）和流动资产平均余额；③用支出法核算 GDP 中的资本形成存量净额或固定资本形成存量净额；④资本服务量。根据数据的可获得性，本节采用固定资产投资额代表全社会资本投入量指标，其数据来源是浙江省统计年鉴。

我们利用当期投资与资本存量的比例关系推算基期 R&D 资本存量，得到公式（5-4）：

$$k_o = \frac{I_1}{g_k + \delta} \qquad\qquad (5\text{-}4)$$

针对折旧率,本节采用浙江省的平均数据 4.84%,其中 g 为固定资产投资额的平均增长率,计算得到 1978 年浙江省 R&D 资本存量约为 0.2672 亿元,以后每年的资本存量都是按相同的折旧率计算,因此可以得到 2009 年到 2017 年的资本存量,资本服务量即为固定资产折旧,用资本存量乘以折旧率即可得到。

资本折旧率或折旧额的计算。 固定资产折旧是一定时期内为弥补固定资产损耗,按照核定的固定资产折旧率提取的,或按国民经济核算统一规定的折旧率虚拟计算得到的。 它反映了固定资产在当期生产中转移的价值。 由于在计算资本存量时,采用的固定资产投资序列需要扣除折旧,折旧率选取的不同必然导致资本存量计算的差异。 参照张军等(2009)及孙辉等(2010)的计算方法,根据浙江省统计年鉴公布的工业企业固定资产净值和固定资产原值数据,计算出当年投资变化的情况,而其年度变化则大致等于折旧数据,这样将折旧数据与上一年固定资产原值相比,大致可以得到当年的折旧率数据。 根据上述说明,本节用永续盘存法计算出了 2009—2017 年浙江省资本存量的指标数据,如表 5-9 所示。

表 5-9　2009—2017 年浙江省资本存量值

年份	资本存量
2009	55 335.388 66
2010	64 109.135 85
2011	75 083.503 67
2012	88 545.422 09
2013	104 453.8937
2014	122 953.0852
2015	143 666.8759
2016	166 284.3991
2017	189 362.2242

数据来源:由 2008—2017 年浙江省统计年鉴、统计公报整理计算得出。

5.2.2.3　计量分析

利用上述数据和模型,并且通过 SPSS 24.0 软件,我们估算了浙江省电子商务对经济增长的影响作用,结果如表 5-10 所示。

表 5-10　回归分析结果

变量名称	系数	标准误差	t 统计量	p 值
C	−62.680	8.616	−7.275	0.001
$\ln K$	0.022	0.006	3.443	0.018
$\ln L$	8.810	1.059	8.317	0
$\ln Q$	0.070	0.014	5.149	0.004
R^2	0.998	F 统计量		727.200
调整后的 R^2	0.996	显著性(F 统计量)		0

从表 5-10 的回归分析结果可以知道:①R 检验。 R＝0.999,R^2 达到了 0.998,接近于 1,表明模型拟合程度很好;②3 个自变量的回归系数的 t 统计值伴随概率小于显著性水平 0.05,表明 3 个变量均通过 t 检验;③回归模型的 F 统计量的 p 值小于 0.05,表明通过 F 检验,回归方程显著,即网络零售额对 GDP 有显著影响,即认为电子商务对经济增长有显著影响;④自变量的系数为正,即与实际相符,经济检验通过;⑤根据柯布-道格拉斯函数的特点,经检验, $\alpha + \beta + \gamma ＝1.012$,基本满足 $\alpha + \beta + \gamma ＝1$ 的柯布-道格拉斯函数的特点,所以回归方程具有经济意义。

5.2.2.4　研究结论

在对经济增长的影响方面,电子商务的发展与经济增长存在长期均衡关系,对经济增长的促进作用较为明显。 电子商务业的规模每增长 1％,则浙江省 GDP 增加 0.07％,表明电子商务业作为国民经济发展的新动力产业,其高质量的快速发展能够有效推动浙江省经济结构调整和发展方式的转变。 可见,电子商务已成为促进浙江省经济增长的一支新生力量。

5.3 浙江省电子商务业的创新举措与主要经验

5.3.1 围绕经济社会各领域全面升级,完善电子商务业体系

随着电子商务业的快速发展,浙江经济社会各个领域都在加快对电子商务的应用,积极探索发挥区域优势,形成了较为完善的电子商务产业链,主要表现在以下几个方面。

推动电子商务平台提升工程。 制订并印发《浙江省示范电子商务企业、平台和产业基地创建办法》,从政策支持、要素保障、精准服务等方面加大扶持力度,加快培育一批专业功能独特、生态系统健全、具有可开发性、成长性好、集聚辐射力和创新竞争力强的电子商务平台,并以电子商务平台培育和应用推广为抓手,推动移动、产业集群、社区、农村、跨境电商等领域的新型电子商务模式发展。 同时,积极探索和实行针对电子商务平台的"包容期"管理和底线管理,营造有利于鼓励创新和健康发展的监管体制机制。 目前,浙江已经集聚了一大批电子商务平台,并形成以阿里巴巴为代表的 B2B 模式,以天猫、云集为代表的 B2C 模式,以淘宝为代表的 C2C 模式,以口碑、淘票票等本地化生活服务平台为代表的 O2O 模式,以及以纳斯、梵维、四季青等为代表的电子商务直播平台模式。 截至 2018 年底,杭州市各类淘宝直播机构超过 300 家,占全国同类机构的 50% 以上。

推动电子商务产业基地升级。 支持设区市规划建设电子商务综合功能区,县(市、区)建设电子商务产业园,鼓励有条件的乡镇(街道)和行政村建设电子商务楼宇、创业孵化园。 2018 年,浙江省建有电子商务产业基地 326 个,各个基地总投资超过 500 亿元,入驻电子商务企业超过 5 万家,占入驻企业的 50% 以上,195 个基地实现仓配一体化,直接带动超 20 万人就业。浙江省共有省级电子商务示范产业基地 10 家,国家级电子商务示范产业基地 7 家。 总体来看,浙江省电子商务产业园区已从高速建设期进入成熟发展期,在总体规模趋于稳定的基础上,产业园区结构进一步优化,质量稳步提

高，在区域产业升级和社会经济发展中的作用不断增强。

推进电子商务公共服务体系和机制建设。有效整合电子商务服务资源，加快建设浙江省电子商务公共服务体系，构建省级公共服务平台、市县公共服务中心和基层公共服务站等多层级、全覆盖的电子商务公共服务体系。制定出台《电子商务公共服务中心管理和服务规范》，2018年浙江省共建立并投入运营69个电子商务公共服务中心，其中事业单位运营6家，协会运营23家，电子商务服务企业运营40家，电子商务服务基本实现全省覆盖，形成了完整的电子商务公共服务体系，电子商务公共服务资源巡回对接活动为上千家企业提供资源对接服务。

案 例

嘉兴市电子商务公共服务中心建设的创新经验

嘉兴市电子商务公共服务中心位于嘉兴市北科建创新园的22号大楼A座2楼，是嘉兴市电子商务服务体系建设中的重点项目，由"1个线下实体、11个线上平台、13个专业市场服务点、16个电商园区服务点"组成，其整合了全市电子商务服务企业、行业协会、高等院校、中小企业服务中心等各类企业服务机构资源。该中心大力发展技术咨询、运营营销、物流配套、金融支付、政策法律、人才培养、创业孵化和数据分析等电子商务服务业；实行"一体化"管理和"一站式"服务，自成立以来按照"资源整合、体系健全、功能完善、服务规范"的思路，坚持政府推动和市场运作有机结合、公共服务和特色服务融合互动、丰富内容和提升品牌同步推进，建设电子商务公共服务体系。其创新思路如下。

第一，多项措施并举，有效解决企业共性需求。采用O2O模式将电子商务服务资源和企业需求进行对接，整合服务资源。围绕嘉兴产业特色，以"外贸＋""新零售＋""制造业＋"为主题，通过组织举办公开课、总裁沙龙、企业赴沪游学、电子商务实务培训、重点平台招商会暨公共服务资源对接会等一系列活动，助力企业开拓市场转型升级；以"嘉兴电商"公众号及《嘉兴电商》杂志为窗口，通过组织企业参加中国国际电子商务博览会等业内专业展会不断扩大嘉兴电子商务整体影响力，塑造地区电子商务品牌形象。第二，搭建沟通桥梁，有效扩大政企联动效应。该中心以全市电子商务重点工作为指引,积极发挥桥梁纽带作用,扩大政府与企业的沟通渠道,形成联动;积极承办嘉兴市首届电子商务创业创新大赛并组织相关资本对接优秀项目,做好跟踪服务;牵头成立嘉兴市电子商务公共服务联盟,扩大信息交流范围,促进信息资源的优势互补,提供精准服务;配合人社部门开展全市电子商务行业用工需求调查,做好高校与企业、企业与企业之间的人力信息互享。第三,加强自身建设,有效提升中心服务能力。该中心自成立以来,一直以提升服务能力为重点,建立了一系列内部管理制度并严格执行,承办了首届全省电子商务公共服务中心主任联席会议;通过人才招聘,进一步充实人员配置,建立了责任考核细则,制订详细的工作实施计划;组织全市电子商务企业积极开展公益活动,开展了"点亮微心愿""酷暑送清凉"等主题活动,传播正能量,彰显嘉兴电子商务企业风采。

通过这些做法,取得了以下创新成效:下辖专业网点 21 个,其中分中心 3 个,专业市场服务点 3 个,电子商务园区服务点 6 个,乡镇(街道)服务点 9 个,每个服务点均已建立专人联络制度。目前,该中心主要致力于为嘉兴市电子商务企业提供全流程、一站式、低成本的电子商务服务,已开展的服务内容包括培训服务、软件开发服务、营销服务、视觉服务、移动电子商务服务、金融服务等。该中心仅 2018 年就举办电子商务公益培训、大型公共课、产业电子商务总裁沙龙、电子商务高级研修班等培训活动 10 余场,培训人数超 900 人次;走访企业 145 家,为 28 家企业解决了经营发展中的实际困难。在 2017 年度和 2018 年度全省电子商务公共服务中心考核中,该中心的工作和成效得到了浙江省商务厅的充分肯定,经层层选评,最终被确认为省级优秀单位。

资料来源:根据资料和调研整理得到。

5.3.2 围绕农产品流通降本增效,构建农村电子商务业服务体系

近年来,浙江省农村电子商务保持着高速发展的态势,通过"互联网+"模式为"三农"发展提供了电子商务服务与支持,有效扩大农村消费、增加农民收入、激发农村创业、促进社会和谐,也成为融合城乡发展、推动振兴乡村的重要载体。

推进电子商务进万村工程。 政府积极制定和发布省级电子商务地方标准——《农村电子商务专业村管理规范》，并出台《关于发展和提升电子商务村的指导意见》和《浙江省"电子商务进万村工程"实施方案》等一系列政策文件，推动优质农村电子商务服务站点建设。 2017年，浙江省商务厅联合中国电信提升改造3000余个农村电子商务服务站的网络通信基础设施，推动电子商务站点宽带网络提速降费，进一步消除浙江省城乡信息鸿沟。 截至2018年，浙江省累计建成农村电子商务服务站1.78万个，覆盖68.2%的行政村。

开展农村电子商务综合试点。 制订出台全国首份关于农村电子商务发展的省级实施方案《浙江省农村电子商务工作实施方案》，以及《关于推进电子商务和旅游业融合发展的意见》等文件，开展农旅电子商务试点，推动农村电子商务由商品销售向生态旅游、民宿餐饮、古村文化等领域延伸，促进生产、消费、休闲养生和体验互动，增加农民收入。 通过培育农村电子商务与旅游业、批发零售业融合的市场主体，推动了农业、农产品加工和农村旅游业发展，促进了一、二、三产业融合发展，激发了农村市场的经济活力。

推动电子商务助残扶贫工程。 出台《关于做好东西部地区商务扶贫协作的通知》，联合省残联出台《关于实施电商助残计划支持残疾人创业促进就业的意见》等文件，重点针对贵州等对口帮扶省份大力开展电商扶贫工作。2018年先后开展省内山海协作电商扶贫活动、浙川东西电商扶贫协作专项行动和电商对口支援新疆活动，在80余个对口帮扶地区开展各类活动100余场，签订合作协议30余份，建设县级电商公共服务中心和村级电商服务站超4500个。 通过加强与中西部贫困地区产品对接、资源对接，提供人力支持、标准支持等手段，提升电商精准扶贫力度与成效。 与此同时，浙江省残联和阿里巴巴启动电商助残合作，在电商培训、培育残疾人农村淘宝合伙人、云客服就业、创业补贴、为创业残疾人提供贷款利息红包和贴息、开展年度浙江省阿里巴巴网络创业十佳残疾人评选、出具浙江省残疾人电商就业创业情况分析报告等7个方面开展务实合作。 目前在阿里巴巴电子商务平台创业的残疾人已有6000余名；此外，义乌市残联、义乌市电商办、义乌幸福里跨境电商产业园携手为残疾人打造的电子商务创业孵化基地，降低了残疾人创业的成本和门槛，通过更多便利服务和政策支持，扶持其做大做强。

推动电子商务村镇建设工程。根据浙江省农村电子商务发展情况,进行"萌芽村"和"规模村"分梯度培育。运用大数据手段发掘 1046 个"萌芽村",加强对"萌芽村"的引导和培育,并通过健全配套设施等手段规范和提升一批"规模村"。截至 2018 年底,浙江省共有"淘宝村"1172 个,全年新增电子商务专业村 474 个,总数达 1253 个,同比增长 60.85%;电子商务镇总数达到 130 个,同比增长 68.8%。同时,大力推进杭州市下城区跨贸小镇等 5 个省级特色小镇建设,加快培育发展一批专业化电子商务村,出台了《关于开展农村电子商务示范培育工作的通知》。网络零售额超过千万元的电子商务专业村有 1253 个,电子商务镇有 130 个。

提升地方特色馆工程。借助淘宝网等平台帮助下属各县(市、区)地方特色馆促销、引流和提升,重点在已建成的地方馆的基础上,选择优秀商家进驻浙江馆,不要求线下集中经营,相关商家仍在原有地方馆经营场所中经营,浙江馆与地方馆实现错位经营,不与地方馆分享商户资源。2018 年,浙江省建有淘宝特色馆 39 个,入驻网商 1 万余家,销售额突破 100 亿元。进一步出台《关于开展淘宝"特色馆"提升改造工作的通知》,目前,确定温州、金华和衢州等地的 3 家淘宝特色馆提升为统一办公、仓储和检测的"特色馆"。

开展农村电子商务物流试点。以邮政公司为主要依托,整合农村电子商务物流资源,推进乡村配送点、中转站及分拨中心建设;大力支持快递企业拓展农村快递市场,加快农村快递网点建设,推动"工业品下乡、农产品进城",不断提升邮政行业服务农村的能力和水平,实现浙江省快递乡镇网点 100% 覆盖。通过不断推进城乡网络服务体系建设,有效整合电子商务物流仓储、电子商务公共服务中心、农村电子商务运营中心等,营造良好的农村电子商务发展氛围,强化协同能力和集聚效应。

案 例

丽水市北山淘宝村创新农村电商发展模式

北山淘宝村位于浙江省缙云县壶镇区北山村,是全国"淘宝村"发展范本,也是"大众创业、万众创新"的典型案例。自 2006 年以来,经过多年的探索实践,北山淘宝村形成了特有的"北山模式",致力于为全国热爱户外运动的消费者提供平价的户外用品。"北山模式"即由品牌企业浙江北山狼户外用品有限公司建立加工基地,进行产品分销,各北山村商户作为分销商运用"订单+网上销售"模式,不需押金就能直接拿货在网上销售。在"北山模式"的支持下,北山村先后开设了300多家户外用品网店,涌现了包括北山狼、寻青户外、风途等在内的多个自主户外用品品牌,在户外用品行业一直处于电子商务销量的前列。近年来,北山村先后入选全国首批19个淘宝村、浙江省电子商务示范村、丽水市电子商务示范基地、浙江省电子商务专业村。

北山村从烧饼村成功转型为淘宝村,打造成中国户外淘宝第一村,其核心经验是"龙头企业带动创新创业互助、政府部门联动"的北山网创经验。具体来看:一是龙头企业带动。北山淘宝村崛起的关键之一在于发起人吕振鸿的领导能力,以及其创办的浙江北山狼户外用品有限公司。作为龙头企业,浙江北山狼户外用品有限公司一直注重创建自有品牌,采用了加工基地、产品分销两头在外的"自主品牌+生产外包+网上分销"的模式,几乎所有村民创立的淘宝商铺都是其二级分销商,集聚发展的规模效应突出,在"北山模式"中的带动作用明显。二是创新创业互助。在"北山模式"中,村民进入"北山模式"的机制十分便捷。只要是持有壶镇户口的人都能加入电子商务分销队伍,并且能获得浙江北山狼户外用品有限公司的入行培训。特别是在该公司的支持下,北山淘宝村中的大部分商户采取的都是"订单+网上销售"的模式,各商铺可以先拿货再付款,极大地缓解了村民创业的资金压力。同时,由于熟人社会属性等因素,以及每家北山淘宝店铺又都是以1—2样户外用品为主营商品,加入"北山模式"的村民之间关系融洽,互帮互助,形成较好的抱团发展态势,创新创业效应快速放大。三是政府部门联动。地方政府的因势利导,也在客观上推动了北山淘宝村的快速形成和发展。北山村所在的壶镇区政府组织成立了电子商务协会,聘请了阿里巴巴淘宝大学讲师等专家为北山村村民授课,并设立电子商务产业发展奖励专项基金,完成了北山村宽带改光纤工程。此外,为进一步改善北山淘宝村的基础设施,在政府的支持下,建设北山电子商务创业园,设置仓储物流园区、产品展示区、电子商务培训区、帐篷创业孵化器、户外俱乐部活动基地等功能区。

"北山模式"具有鲜明的地域特色,它的产生和发展与当地经济社会密不可分。目前,电子商务已成为北山村的支柱产业,是村民共同致富的主要方式。在"北山模式"的带动下,壶镇区已孵化出各类电子商务企业(网店)200多家,参与网上创业的青年有千余人。"北山模式"的成功对全面实施乡村振兴战略具有重要的借鉴意义。而"北山模式"的成功,也吸引了越来越多希望通过电子商务致富的人。

资料来源:根据公开资料及调研整理得到。

5.3.3 围绕稳外贸拓市场,构建跨境电子商务业体系

近几年,浙江省跨境电商继续保持良好的发展态势,跨境电商发展水平稳居全国前列。浙江省产业集群跨境电商试点初见成效,未来要继续做好试点的经验总结和示范宣传推广,稳步扩大试点范围,不断完善跨境电商产业链。

深入推进跨境电商综试区建设。杭州跨境电商综试区创新了跨境电商制度体系,打开了杭州市对外开放的新通道,形成了适宜跨境电商平台和服务商发展的新生态,以跨境电商为核心的数字贸易从一种经济现象到一种商业模式,正在成为发展最为迅速的新型贸易方式。2016年1月6日、2017年9月20日、2018年7月13日,国务院常务会议先后3次推广跨境电商杭州经验。2018年,杭州市实现跨境电商交易额113.66亿美元,同比增长14.4%。其中,出口80.19亿美元,进口33.47亿美元。宁波跨境电商综试区坚持"多极布局、多区联动、多模式发展"战略,通过以制度创新释放贸易便利化新红利、以生态链建设构建跨贸产业新优势、以要素保障汇集综试区发展新动能,不断深化外贸领域供给侧结构性改革,协同推进外贸转型、制造业升级,整体建设发展成效走在全国综试区前列。2018年,宁波跨境电商综试区实现跨境电商进出口额1093.66亿元,同比增长76.97%,其中网购保税进口业务领跑全国,网购保税进口额占全国网购保税进口额的比重达18.39%,居全国综试区第一位,经宁波跨境电商综试区服务的消费者累计已达到6547万人。

杭州市 PingPong 推动产业出海，打造世界品牌

总部坐落于杭州的 PingPong 是一家由中国人创立的跨境收款公司，其股东包括全球最大共同基金富达国际、中国最大券商直投广发证券旗下的广发信德、中国首家中外合资银行中国国际金融股份有限公司等全球知名投资机构，主要业务是为跨境电商企业提供跨境收款、光年超前收款、福贸出口退税等跨境支付服务。自 2015 年成立以来，通过持续的创新，公司引领了国内跨境支付行业的变革，解决了"跨境电商收款流程冗长、到账慢且无法全额到账""企业全球资金管理低效"等行业痛点，先后获得美国、日本、欧洲等国家和地区的跨境支付牌照，合作伙伴拓展到了包括亚马逊、Wish、Shopee、Joom 等在内的全球主流电子商务平台。在短短几年内，PingPong 已成为电子商务卖家跨境支付的领导者之一，拥有超过 42 000 名金融服务的活跃用户。因在跨境支付类别中取得的成就，CB Insights 已将 PingPong 列入 Fintech 250 名单。

回顾 PingPong 的发展历程，立足用户的痛点，保持持续的技术创新、模式创新和产品创新是其成功的关键。具体体现在：一是跨境收款产品服务创新。在 PingPong 出现以前，跨境支付业务都掌握在欧美的金融机构手中，如 PayPal 的全资子公司美银宝和另外两家支付公司派安盈、Worldfirst。整个行业的跨境支付费率在 3%—5%，算上隐形兑换汇率的损失和资金的周期，整体的费率在 5%—8%。针对这一行业痛点，PingPong 在 2016 年打出了一张"了不起的 1%"的王牌，即"跨境收款手续费 1% 封顶"。不仅如此，除了降低费率之外，PingPong 还通过大数据平台把零散的小型跨境商业清算整合成类同于大型跨国公司架构下的集中清算，并建立了基于交易本身的 KYC、AML 系统，从而实现了针对中小商户的高效透明的国际清算服务，将支付周期从 1—2 周，降低到了 T+1（隔天），甚至实现了 T+0（当天）。二是基于收款行为的结构化融资产品创新。针对跨境贸易回款账期长、资金周转慢的痛点，PingPong 利用大数据风控授信体系，推出满足跨境电商卖家多样化融资需求的贸易融资产品"光年"。以 Wish 平台商户为例，如果商户选择使用"光年指日达"产品，只要 Wish

订单生成,商户即可发起提现,可比全球的其他电商支付渠道最多提前120天拿到货款。根据PingPong的测算和公开数据,在"光年"上线后的前180天中,PingPong即帮助数千卖家完成了总额超过10亿元的贸易融资,占到同期行业贸易融资总额的20%。得益于"光年"产品带来的资金流运转加速,"光年"卖家的年平均资金周转次数从行业平均的4.5次提升到5.3次。三是出口退税服务产品创新。针对跨境中小卖家出口报关退税的行业痛点,PingPong上线了福贸出口退税服务,首次探索为中国出口跨境电商商户出口退税提供解决方案,帮助中小商户建立了合规的出口报关通道,并提供出口退税服务。基于福贸的服务,商户在收到销售回款的3天内即可完成退税,而使用福贸之前,退税手续流程通常需要2—3个月。此外,PingPong还推出多款产品为跨境电商卖家解决提现和退税等问题。以SellerOS为例,它不仅可以为卖家提供选品、开店、物流、收款、供应链金融等一体式服务,而且重构了跨境电商行业的底层技术架构,能够服务跨境卖家的全工作流,并且整合了跨境电商的货物流、信息流和资金流,为跨境电商生态圈提供强大的数据与技术支持。

由于创新性和业务发展领先同行,近年来,PingPong斩获了多家权威机构颁发的殊荣。如荣登第二届万物生长大会"准独角兽企业"名单,Wish颁发的"Wish平台成长最快的机构",中国(杭州)跨境电商综试区颁发的"行业黑马标杆奖"等。根据PingPong提供的数据,目前其业务涉及全球43个国家和地区,覆盖40亿消费者,2018年的日交易峰值突破1亿美元,GMV达100亿美元,服务25万家中国企业,其中包括中国90%的跨境电商上市公司。

资料来源:根据公开资料及调研整理得到。

推动产业集群与跨境电商融合互动。 "产业集群＋跨境电商"是实现浙江省跨境电商优势和块状产业集群优势相结合的典型做法。 浙江省先后出台了《浙江省大力推进产业集群跨境电商发展工作指导意见》《浙江省产业集群跨境电商发展试点工作绩效考核办法(试行)》,组织开展了产业集群跨境电商发展试点工作。 围绕主体培育、模式创新、品牌打造、产业链构建、境外物流配送和服务体系建设及监管服务创新等6个方面深度拓展国际市场,并选择了纺织服装、家居用品、户外用品等一批市场基础较好的产业和企业，给予重点推进。 通过两批共 59 个产业集群跨境电商试点，以点带面，走出了一条体现当地特色的跨境电商发展之路，培育了一批跨境电商龙头企业和自主品牌，将浙江制造和浙江品牌推向世界。

构建跨境电商新型多渠道物流体系。 一是加快全球海外仓建设。 浙江省推动建设了 21 个省级公共海外仓，分布在 14 个国家和地区，服务企业超过 3000 家。 以宁波市为例，截至 2018 年底，宁波市已在 21 个国家建立海外仓近 100 个，覆盖 46 个大城市。 二是不断拓展海陆空、境内外协同的跨境电商物流网络。 其中，义乌市以义新欧班列、邮件互换局、机场口岸、陆港建设为依托，致力于打造成省内跨境物流的重要枢纽；萧山国际机场着力提升货运航空功能和运载能力，顺丰、联邦快递、圆通、中邮、国航、长荣等货运航空在萧山国际机场设立了基地。 三是加快跨境物流专线布局。 菜鸟网络通过与 60 余个海内外合作伙伴的深度合作，已接入全球 31 个跨境仓，开辟了 74 条跨境专线，覆盖 224 个国家和地区。 浙江邮政速递物流公司开通了俄包机物流专线，以"3＋X"频次执飞，俄向邮件全程时限维持在 12 天内。

全面推动电子商务国际化进程。 浙江省不断稳步推进 eWTP 全球化布局。 eWTP 试点的合作国家和地区进一步拓展，除在马来西亚的首个海外试点外，新增卢旺达、比利时试点，并列入省"一带一路"建设标志性工程。同时，eWTP 秘书处落户杭州市，并制订《世界电子贸易平台（eWTP）杭州实验区建设方案》。 此外，还通过成立跨境电商人才联盟、中非跨境电商学院、跨境电商综试区仲裁联盟，举办第五次中欧联合海关合作委员会指导小组会议、Wish 卖家大会、"亚马逊"全球开店大卖家 & 制造商对接大会等，进一步提升国际影响力。

5.3.4 围绕生产制造企业转型升级，创新制造业电子商务应用模式

大力推进"电商促品牌"工作。 深化省政府与阿里巴巴平台的战略合作，开展"浙江制造·品质浙货"网络营销专项行动，着力做好"浙江制造"品牌建设和宣传推广工作，不断提高浙江品牌的市场认可度和美誉度。 同时，进一步提升"区域产业带"，加强标准、质量管理和追溯体系建设，强化原产地

生产环节的质量管理。 通过开展"品质浙货上天猫"（服饰）专项行动，发挥天猫平台的销售优势和浙江日用消费品产业的集聚优势；举办专场资源对接会和培训会，指导各地有序推动企业和商家入驻天猫。 如海宁市从个性化、品牌化和产业化入手，打造制造业电子商务升级版，引导和支持一批有一定品牌影响力的生产企业和适合应用电子商务的规模以上企业在京东、天猫、唯品会等第三方交易平台开设旗舰店。

推进特色产品网上专区建设。 加强与优势电子商务平台合作，结合浙江省产业特色设立区域性专区，实现网上集中推广。 重点在市、县举办电子商务服务对接会，为浙江省企业提供一站式全方位的电子商务服务，推动电子商务业结合浙江县域特色产业开展电子商务业务。 至 2018 年底，浙江省已创建舟山特色产业带、阿里巴巴瑞安名优产品展示展销中心、速卖通瓯海眼镜跨境产业带专区、平阳速卖通品牌专区、义乌速卖通品牌专区等网上特色专区。 这些品牌专区在浙江省发展良好，如瑞安市借助淘宝中国质造频道，引导中小型优质制造型企业入驻，整合"设计、质造、营销"资源，促进制造业自主创新和产业结构调整。 天台县政府与阿里巴巴产业带联合推出"溯源项目"，政府引导企业走品质品牌之路，推动"制造"向"质造"转型。 永康市依托"五金之都"强大的工业制造能力和产业集群优势，定制高标准、高品质的"尚五金"品牌产品。 金华市全面推进"金华万企进电商平台""金华制造进京东"活动，培育一批浙江名牌网货。

推进工业个性化定制。 浙江省以大数据为基础，发展 C2B 等电子商务模式，实现工业化大规模生产向数字经济时代的生产方式转变。 同时，根据个性化预定制市场需要，在社区、商务楼等场所设立大量信息采集终端。 目前，浙江省已确定 31 个正式运营且具有较强创新性和较好示范作用的项目，列为浙江省首批网络个性化定制试点项目，推动项目实施。 如浙江青韧网络科技有限公司开发的服装产业一体化服务平台——找货吗。 该平台运用互联网技术将传统产业中的原辅料供应、服装设计、打样、加工、品控等环节打通，通过大数据的采集和运用，帮助客户找到质优价廉、有档期的工厂，实现"小、快、多"的柔性化生产。 2016 年，该平台的柔性生产程度可以达到90%。 对于服装加工工厂来说，通过该平台可实现来图来样定制、按要求改款等个性化生产；同时，该平台对采购商的行为数据进行分析，可根据其价位、风格、档次等特征进行个性化的推款和定向研发。

案例

"金华制造进京东"打造电子商务品牌

为积极落实"互联网＋"战略,金华市通过组织开展"金华制造进京东"系列活动,鼓励企业走进京东、对接京东、入驻京东；基于金华区位优势、金义综保区平台优势、产业优势和电子商务基础优势,京东全球购在金华市内建立进口商品展示展销中心,开展跨境电商业务；双方合作打造具有特色的农产品进城、工业品下乡、农村金融等"互联网＋"解决方案,共同推进农村电子商务可持续发展生态圈的构建。数据显示,自启动以来,全市共举办"金华制造进京东"专场招商推荐会12场,参加推荐会的企业有3300多家；举办"金华制造进京东"宣传推广会18场,累计参会人员2000多人。具体创新经验总结如下。

一是推出各种激励机制。为鼓励京东把更多新公司设到金华市区,加快合作项目推进进度,金华适时推出一揽子激励机制。对京东在金华设立的企业主体,5年内按企业地方财政贡献额的100％标准予以奖励；对入驻京东的制造业企业、传统商贸企业在平台使用费方面2年内给予一定的财政支持；鼓励京东采购金华当地产品自营销售,年销售额达到一定规模以上的,给予一定财政奖励；对京东落户项目在重点项目(包括"双龙计划"项目、现代服务业项目、公共服务平台项目、研发类项目等)申报立项方面,在同等条件下予以优先支持。二是利用当地职业技术院校资源。开设专门培训课程,通过专业培训,在推荐帮扶入驻京东的企业之外,自己成功开设网店的企业已有50多家。并依托本地电子商务服务企业,建立以京东标准为主要导向的全程服务体系,并对企业个性化需求提供专门服务,企业从申请到开网店仅需20天。三是依托该平台,持续推进"金华制造进京东"工程。以"四个对接"即企业对接、区域对接、行业对接、项目对接为主要工作抓手,同时结合金华市产业特点,积极引入专业电子商务培训机构引导金华制造业企业对接互联网平台,加快金华市网络平台制造业企业入驻京东的速度。以"京东厂直优品计划"落地开发区为契机,以"京东厂直优品计划"为基础,以开发区特色优质产业为支撑,构建一站式产业平台,共同打造地方产业"厂直优品"示范项目。开发区将把"京东厂直优品计划"作为贯彻省、市稳企业、稳制造、稳外贸的重要举措,全力做好服务保障工作,帮助企业进一步拓展市场,把商品卖出去,把品牌打出去,把效益提上去,持续提升市场竞争力。

"金华制造进京东"取得了显著成效,2016 年全市累计入驻京东的企业6277 家,累计实现销售额 70.35 亿元,同比增长 83%,其中年新增入驻企业2453 家,完成全市目标任务的 122.7%,新入驻企业实现销售额 8.15 亿元。尤其值得一提的是,浙江省经信委将参照"金华制造进京东"的模式,在全省推广"浙江制造进京东"活动。

资料来源:根据公开资料及调研整理得到。

推进龙头骨干企业全流程电子商务试点。依托柔性制造、智能制造、预订制造等领域培育一批重点龙头骨干企业,发挥龙头骨干企业的示范带动效应,推广发展经验。 每个生产企业集群应明确 2—3 家龙头骨干企业,并对其重点扶持。 支持龙头骨干企业建立开放性研发平台并向中小配套企业开放,推动协同制造和协同创新。 鼓励和引导中小企业与龙头骨干企业开展多种形式的经济技术合作,建立稳定的供应、生产、销售等协作、配套关系,提高专业化协作水平,完善产业链,打造创新链,提升价值链,推动中小企业"专精特新"发展,培育和发展一批成长性好的企业。 推进龙头骨干企业全流程电子商务试点工作,发展一批集研发、设计、采购、生产和销售于一体的全流程电子商务企业,形成整合设计、采购、生产、质检、物流、售后服务等的全产业链模式。

5.3.5 围绕线上线下融合发展,持续推进服务业电子商务化

零售业线上线下融合发展成效初显。大力支持传统商贸企业转型升级,推动商业街区、超市、百货等传统商业与电子商务平台开展合作,运用电子标签、射频扫码和移动支付等技术,完成线上线下深度融合技术改造。 鼓励大型电子商务平台布局线下商业网点探索发展 O2O 模式,截至 2018 年底,浙江

省已落地 450 家"天猫小店",8 家"盒马鲜生"店。 此外,超级物种、网易考拉的线下体验店等新业态纷纷落地。 鼓励杭州等有条件的城市积极创建新零售标杆城市,积极开展省级智慧商圈试点,支持具备条件的城市探索构建线上线下融合发展的体验式智慧商圈,促进商圈内不同经营模式和业态优势互补、信息互联互通,提高商圈内资源整合能力和消费集聚水平。

专业市场电子商务应用示范循序推进。目前已有近 400 个专业市场开展了电子商务应用,建立了网上批发和分销平台,开展了集交易、金融、配送等功能于一体的电子商务分销业务,基本实现专业市场电子商务化,并涌现了义乌购、中国塑料城、网上轻纺城等一批"互联网+专业市场"的典型案例。从专业市场应用电子商务的模式来看,已形成以下模式:一是依托成熟的第三方电子商务平台来发展电子商务,如阿里巴巴推出的"云市场""产业带""专业商圈";二是利用现有行业网站开展电子商务,如金华市的中国化妆品网、中国五金商城、中国服装网、中国食品网等;三是建立独立的专业市场电子商务平台,最具代表性的是中国小商品城的义乌购、海宁皮革城的"海皮城"。

电子商务便民惠民工程落地实施。便利购物、网上订餐、网络外卖、旅游住宿、便利出行、家政服务、网上菜场、洗车修车、医疗挂号和美容美发等居民生活必备服务行业入驻电子商务平台开展电子商务业务,浙江省生活服务类新增线上商户超过 10 000 家。 以大众美团为例,截至 2017 年底,浙江省在线服务类网店约有 240 万家,2017 年新增服务类网店 60.9 万家。 浙江省网上菜场建设全面推进,本地生活性服务电子商务平台、微市场、线下提货点等的布点建设均已实施。

推进"互联网+特种行业发展"。大力支持典当行业协会和典当企业开展"互联网+"探索,目前浙商典当、慈溪容成典当等已开展线上业务,建设了浙江省融资租赁行业综合服务信息平台,并组织制定了《浙江省拍卖企业信息公示年度报告书》及公示方式,且在全国率先推行拍卖企业行政许可信息公示制度。

案例

杭州东方电子商务园积极开展电子商务创新示范

杭州东方电子商务园位于杭州江干科技经济园内,其前身是四季青服装研发中心。2009 年 8 月 7 日,四季青服装研发中心通过与钱塘智慧城管委会(原江干科技经济园管委会)合作,谋划以四季青服装研发中心为发展电子商务的主要基地,打造"电子商务区、信息软件区、科研总部区、研发孵化区、新产品展示及配套服务区"五区合一的新兴电子商务集聚的特色产业园区。园区目前占地面积为 129.62 亩,建筑面积超过 18 万平方米。成立以来,园区先后被评为杭州市首批软件与信息服务特色产业、国家电子商务试点城市拓展区、杭州市文化创意产业园、杭州市首批现代服务业(信息与软件)集聚区、浙江省电子商务重点园区、中国(杭州)跨境电商综试区江干园区等。

杭州东方电子商务园建设发展中的主要创新经验如下:一是园区发展定位准确。杭州东方电子商务园依托电子商务产业链,构建以 B2B,B2C 为核心的电子商务交易技术平台,重点以引进、培育人才多、技术新、潜力大的电子商务、信息软件、研发创意等新兴产业为导向。二是产业平台载体建设富有成效。园区以平台建设作为服务体系构建的重要载体,精心打造三大运营孵化平台——淘宝"杭州网商园"、"MR.I 互联网创新基地"和"东方电子商务园 BPO 呼叫基地",三大公共服务平台——"IDC 数据托管中心""云计算数据服务中心""现代服务业运营中心"。三是公共服务体系健全完善。杭州东方电子商务园从金融服务、人力服务、创业孵化、公共服务、沟通交流、宣传提升、公共技术、后勤配套等 8 个模块着手,创新性地建立综合型、一站式的企业服务体系,切实落实各项服务;整合产业链资源,形成了将人力资源、第三方服务等融为一体的 CLUB 管理模式。四是注重引进和培育高质量的入驻企业。围绕"高质量、少数量"的招商服务工作目标,将不符合园区发展规划、经营不好的小企业进行清退,将有发展前景的企业,化小为大、化大为强,将小面积场地逐步合并为大面积场地,优先满足企业扩张的需求,以提高入园企业的质量。对比园区 2012 年入驻电子商务企业 500 余家,年交易额为 20 亿元左右,税收 1 亿元左右,杭州东方电子商务园 2019 年度实际入驻企业为 199 家,实际入驻企业总税收达 2.3 亿元,同比增长 13.9%。据统计调查,园区全年电子商务交易额超 200 亿元,涌现了 ABM、欧诗漫电子商务、杰俊品牌(JAYJUN 面膜)、钱皇电子商务等一批有代表性的企业。

资料来源:根据公开资料及调研整理所得。

5.3.6 围绕电商产业效率提升,夯实电商产业保障体系

完善通信基础设施建设。浙江省全面打造"城乡光网、精品 4G 网、窄带物联网"3 张精品网络;率先实现 4G 网络城乡全覆盖,完成全省"光网城市"建设,光纤到户覆盖家庭居全国前列,扎实推进"城市补强、农村补点、海洋补盲"工程和电信普遍服务试点工作,城镇接入能力基本达到 1G。衢州、丽水等偏远山区和舟山等偏远海域,创新性地采用无线方式进行覆盖补充,满足偏远地区通信服务需求。至 2018 年,宽带网络基础设施建设与改造持续推进,完成浙江省"光网城市"建设目标,光纤到户覆盖家庭居全国前列,4G 网络和光纤网络城乡全覆盖,主要城市具备千兆接入能力,全省百兆以上宽带用户占比不断提升,"i-zhejiang"AP 接入点累计 19 万余个。

推动网络支付业务持续发展。浙江省全面实施"移动支付便民示范工程"建设,持续推进符合银行卡行业联网通用标准的移动支付业务应用,尤其是在交通、医疗、教育、政务等便民领域的应用,深挖移动支付场景建设;贯彻并落实《关于金融服务支持农村电子商务发展的指导意见》,指导银行机构选择有区域经济特点或特色产业集聚的乡镇作为创建对象,推进电子支付在居委会、纳税龙头企业、景区、特色经济等群体的覆盖;积极联合商务部门、阿里巴巴推进银行卡助农服务点与村级电子商务服务点、村淘点的合作共建,实现资源共享、融合发展;进一步推动支付机构网络支付业务发展,深入开展无证机构清理整治工作,强化对支付机构的监督管理,指导支付机构在惠民便民业务方面的纵深发展;支持开展跨境支付业务,推进跨境电商人民币结算扩面增量,指导支付机构合规开展跨境支付业务;重点加强与杭州、宁波、义乌等跨境电商综试区的业务对接,引导第三方支付机构规范开展电子

商务人民币结算业务，支持开展个人项下的业务模式创新。

推进电子商务与快递物流协同发展。 首先，优化协同发展政策法规环境，落实《国务院办公厅关于推进电子商务与快递物流协同发展的意见》文件精神，创新价格监管方式，引导电子商务平台实现商品定价与快递服务定价相分离，促进快递企业发展面向消费者的增值服务。 其次，完善电子商务快递物流基础设施，针对电子商务全渠道、多平台、线上线下融合等特点，科学引导快递物流基础设施建设，构建适应电子商务发展的快递物流服务体系。最后，推进社区智能投递终端建设。 城市智能投递终端建设项目已列入浙江省十大民生实事项目，有效解决了配送"最后一公里"问题。 2018 年，浙江省快递服务企业业务量累计 101.1 亿件，同比增长 27.5%；快递业务收入累计779.3 亿元，同比增长 16.6%；累计建成社区智能投递终端 2.47 万个。

5.3.7 围绕电商市场有效治理，健全行业长效管理机制

积极推进网络经营者信用体系建设。 一方面，完善网络交易信用评价体系。 支持和鼓励电子商务平台结合自身特点，建立电子商务交易双方信用互评制度、信用积分制度；积极支持电子商务平台在对交易流程、流通环节进行实时动态监控的基础上，加强对失信行为的分类与甄别，建立针对电子商务平台、入驻商家和上下游企业的综合信用评价机制。 另一方面，逐步扩大征信系统信息和服务的覆盖面。 截至 2018 年 6 月，浙江省共有 164 家小额贷款公司、担保公司、村镇银行等小微机构接入人民银行征信系统，实现并建立了与法院、环保、税务、公积金等部门的信息合作机制。

持续开展电子商务市场专项整治工作。 一是依法依规认定专项治理对象；二是制订浙江省电子商务领域联合惩戒对象名单管理办法；三是成立反"炒信"联盟；四是对电子商务领域失信主体依法依规实施联合惩戒措施；五是信息汇总和共享。 严格落实网站备案工作，截至 2018 年 6 月底，浙江省备案网站总数为 33.5 万个，全省接入网站总数为 195 万个（居全国第一），网站备案率达到 100%。 根据浙江省双打办联合阿里巴巴推送的 239 条线索，共联合破获侵权假冒案件 399 起，捣毁生产窝点 321 个、仓储窝点 492 个，抓获犯罪嫌疑人 795 名，涉案总价值约 16.3 亿元。 通过专项治理，建立健全浙

江省电子商务领域失信治理协同工作机制，营造良好的市场信用环境，促进浙江省电子商务健康快速发展。

创新电子商务市场监管模式。一是制定并完善跨境电商交易规则和行业标准，逐步实现经营规范化、管理专业化、物流标准化和监管科学化的跨境电子商务发展模式。二是逐步建立数据共享、信息互通、政企联动的质量监管机制，及时共享产品质量监管数据，将监管部门的产品质量监督抽查数据与电子商务平台企业的监管数据对接。三是完善网络交易物流监管机制，健全寄递物流行业管理制度，对寄递物流行业信息数据开展网上巡查工作，实现实时化、前端化监管。四是探索服务业电子商务综合监管模式，与蚂蚁金服共建并发布了移动智慧城市数据管理平台。五是强化支付机构的监督管理。2018年，根据总行统一部署，人民银行杭州中心组织指导省内13家法人支付机构全面完成了支付业务断直连、备付金集中存管等重要政策落地工作，同时对13家支付机构开展分类评级，并根据评级结果，对其采取了约见谈话等分类监管措施。

案例

宁波保税区推动跨境电商监管模式创新

宁波保税区于1992年11月经国务院批准设立，是浙江省唯一的保税区，区内享有"免证、免税、保税"政策。宁波保税区由海关实行特殊监管，是我国对外开放程度最高、政策最优惠的经济区域之一。保税区具有进出口加工、国际贸易、仓储物流三大主体功能。2002年6月，国务院批准设立浙江宁波出口加工区，规划面积为3平方千米。宁波保税区打造"互联网＋"智慧监管新模式，源头可追溯、过程可控制、流向可跟踪，具有进出口加工、国际贸易、仓储物流三大主体功能。区内已初步形成计算机产业群、半导体光电产业群、精密机械产业群、留学生创业企业群、软件产业群和国际贸易、仓储物流企业群，成为华东地区高科技产业发展的高地和重要的进出口物流集散地。

宁波保税区创新模式，"三新"推进跨境电商监管与服务，取得开拓性进展。具体创新措施如下：一是首推跨境电商备案制度，建立跨境防伪溯源体系。在全国首创"入区检疫、区内监管、出区核查、后续监督"的检验检疫监管模式,建立"源头可追溯、过程可控制、流向可跟踪"的跨境电商风险监控机制。消费者可查阅商品信息,知晓商品来源,监管部门可掌握商品流向,实现源头追溯,最终实现跨境商品"信息全掌握,源头可追溯",实现对广大消费者的信用承诺。二是积极建设宁波保税区政企通平台,建成全区统一的跨境电商信用信息公示平台,通过大数据分析对跨境电商实施动态管理,最终实现对区域重点跨境电商扶优扶强,对违法违规跨境电商实施跨部门联合惩戒,净化跨境电商市场,实现可持续发展。三是创建跨境商品质量检测"无费区",宁波保税区跨境贸易电子商务进口商品的质量检测费用全部由政府承担。保税区跨境电商商品质量通过线上"神秘买家"和线下"随机抽检"进行评价性质量风险监测,促使质量保障的规范化和制度化。四是设立跨境商品质量保证保险。联合中国人民财产保险股份有限公司推出跨境进口商品质量保证保险,开创跨境商品全品类投保、政府信用背书的先河。五是全国首发跨境电商投诉举报白皮书,对最近几年全区跨境电商企业消费投诉举报的数据及其反映的问题进行全面的总结和分析,并提出诸多针对性建议。六是积极推进线上线下一体化监管。

自上述创新措施实施以来,宁波保税区业务规模实现跳跃式增长,跨境进口规模位列全国第一,跨境交易单量超亿单,已成为宁波跨境电商综试区的先行区、核心区、示范区和全国重要的跨境电商基地。已有近40个国家和地区的投资者在区内设立企业5000多家,宁波保税区已成为浙江省最大的台资企业集聚地。2018年,宁波保税区跨境贸易电子商务共发货约5268万单,交易金额突破100亿元,可以看出宁波保税区进口跨境电商产业发展势头强劲,其成功经验对浙江省规范电子商务市场有重要的借鉴意义。

资料来源:根据公开资料及调研整理所得。

加快制定电子商务行业标准。实施省级"标准化战略重大试点项目",开展电子商务全过程标准体系建设、电子商务重点领域标准建设、互联网金融标准体系及关键标准等方面的标准化建设工作。浙江省商务厅从2014年开始联合浙江省质量技术监督局共同推进电子商务标准化建设,初步建成电子商务行业的标准体系，全省地方标准累计 21 个，包括 19 项省电子商务地方标准和 2 项省电子商务行业团体标准，内容涵盖跨境电商、农村电商、产品质量监管、平台安全、物流仓储等电子商务重点领域。 同时，引导电子商务企业积极参与国际化标准制定。 阿里巴巴、蚂蚁金融参与和牵头 5 项国际标准制定工作，在数据安全标准方面牵头立项实人认证国际标准等，推进中国互联网在支付和数据应用安全方面走向国际。

5.4　浙江省电子商务业提质创新思路与对策

5.4.1　提升电子商务创新内生动力

一是电子商务技术创新。 积极研究制订支持电子商务产业发展的数字化基础设施提升计划，加快实施电子商务领域的公共服务云平台建设，构建安全可靠的信息化基础设施和信息网络体系，支持物联网、云计算、大数据、区块链等新兴信息技术在电子商务领域的应用创新；鼓励科研院校、高新技术企业等研发机构面向电子商务领域研发新技术、新产品，开展新服务，推动企业和高等院校、科研院所、中介组织等建立国际化的电子商务技术协同创新合作机制，建立全球电子商务技术创新联盟和研究合作机构，在电子商务关键技术领域取得突破。 二是电子商务模式创新。 支持智慧零售、无界零售、无接触交易模式等零售创新模式的推广应用，鼓励企业发展以需定量、定时、定价的消费新模式，引导各地市创新发展以本地特色产业为支撑的"互联网＋"新模式，加快推动以块状经济为支撑的产业电子商务 B2B 模式创新，培育一批产业电子商务综合服务平台、产业电子商务供应链企业、产业电子商务专业服务企业，优化重构产业供应链。 三是电子商务载体创新。 推进双创园、孵化园、科技园等电子商务创新载体建设，鼓励现有电子商务载体向创新型载体转变，建立健全电子商务创新服务体系，支持电子商务载体特色化、专业化、精细化发展，构建面向高校教师、事业单位人员在职创业的综合服务体系。 四是电子商务机制创新。 深化电子商务领域"最多跑一次"改革，加强农村电商、服务电商、跨境电商所涉部门间的互联互通、联合管理与提升协同服务的水平，支持各地建设电子商务大数据中心，特别是要把大数据摆在更加核心的位置。推动政府信息系统和公共数据互联共享，推动交通、医疗、就业、社保等民生领域政府数据向社会开放，推动在城市建设、社会救助、质量安全、社区服务等方面开展大数据应用示范，持续深化大数据在各行业的创新应用，不断催生新业态、新模式，形成与需求紧密结合的大数据产品体系，使开放的大数据成为促进创新创业的新动力。

5.4.2 促进跨境电商升级发展

一是加强试点经验总结与推广。全面总结杭州市、宁波市的跨境电商综试区建设经验，支持义乌市、温州市、绍兴市跨境电商综试区创新建设，对于经试点工作验证的成熟做法，上升到省级的统一规范或标准中。二是丰富跨境电商主体。积极引导传统工贸企业发展跨境电商业务，培育一批具有较强国际资源整合能力和集成服务能力的跨境贸易综合服务平台企业、跨境供应链企业，支持跨境电商领域的创业创新。三是提升跨境电商物流能力。引导海外仓提升境外仓储配送、境外全渠道分销、境外商务服务能力，提升海外仓与境内跨境电商综试区的互联互通水平，培育一批具有全程物流资源整合与集成运营服务能力的跨境电商物流企业，支持"无车承运人"模式在跨境电商物流领域试点，并依托杭州市、宁波市、义乌市等主要口岸，大力发展航空货运定期航线、国际集装箱快运班线、海运集装箱快捷直运航线。加强对国际航空枢纽港建设工作的规划和部署，把杭州国际门户枢纽机场做实做强，推动宁波、义乌等地加强航空物流拓展，打造区域航空物流中心。同时，对标粤港澳大湾区，以长三角一体化发展上升为国家战略为契机，结合浙江省eWTP建设工作，加快省内 eWTP 实验区布局建设，推动"1210"保税出口模式发展，在现行"保税进区、分批出区"政策创新的基础上，进一步推进长三角国际快递通关一体化和便利化，提升长三角地区在全国国际航空物流中的地位。四是推进跨境电商统计体系建设。加强跨境电商新型政策促进体系研究和政策引导支持，支持杭州市、宁波市、义乌市、温州市和绍兴市跨境电商综试区深化跨境电商统计体系建设，加强大数据技术、智能识别技术在跨境电商统计体系建设中的应用。

5.4.3　提高服务业电子商务化水平

一是推动实体商业线上线下深度融合。 通过综合应用互联网技术、物联网技术、智能技术、移动端技术、自媒体技术、大数据技术，为实体商业赋能，大力发展智慧商业、数字商业，打造场景化、智能化、立体化、全渠道的新商圈。 二是完善线上金融服务体系。 鼓励银行、证券、保险、基金、信托等金融机构依托互联网技术实现传统金融业务和服务的转型升级，开发基于互联网技术的新产品和新服务；引导电子商务企业和互联网金融企业开展产品、服务、技术和管理的创新；建立互联网金融风险监测预警机制与管控体系，引导互联网金融健康有序发展。 三是加快生活服务业电子商务发展。 支持各类生活服务业电子商务企业发展，培育一批本地的生活服务业电子商务平台，继续引进省外知名电子商务平台在浙江省设立总部、区域总部或省级分公司，进一步推动便利购物、网上订餐、网络外卖、旅游住宿、便利出行、家政服务、网上菜场、洗车修车、医疗挂号和美容美发等居民生活必备服务行业入驻电子商务平台开展电子商务业务，进一步全方位为省内城镇居民提供便利服务。

5.4.4　推动农村电子商务提质增效

一是持续推进农产品上行。 依托主流电子商务平台、社交电子商务平台、自建平台扩大农副产品销量，引导各地因地制宜打造区域性农产品公用品牌，鼓励农产品龙头企业、合作社等建设农产品自有品牌，做大做强一批农产品知名品牌。 二是完善农村电子商务物流体系。 合理规划和布局农村物流基础设施，建立包含县级农村物流中心、乡镇农村物流服务站、村级农村物流服务点的三级农村物流网络节点体系，探索发展"移动互联网＋众包"模式，有序建设农村电子商务公共仓储，发展产地预冷、冷冻运输、冷库仓储、定制配送等全冷链物流，针对交通不便利的农村地区，尝试无人机等新兴技术，降低农村电子商务物流成本。 三是培育多层次农村电子商务主体。 鼓励农产品经营企业、农村合作社和农业经纪人等开展电子商务相关业务，引导传统涉农企业参与电子商务,推动农村中小网商向电子商务企业转型,培育专业化农村电子商务企业,鼓励电子商务职业经理人到农村发展,支持农二代、新农人、农创客、返乡大学生、退伍军人等开展农村电子商务创业创新;深入推进"电商专业村"建设,开展农村电子商务示范培育工程,继续开展农村电子商务服务站改造提升工作,打造一批"农产品上行电商示范村",筛选评定一批示范站点。 四是优化"互联网+"农村服务业体系。 建立与完善农产品标准、质量检验检测、质量安全追溯等农产品电子商务服务体系;引导金融机构加大对农村电子商务的信贷支持,推广供应链、产业链融资,完善农户信用信息管理系统,支持符合要求的涉农电子商务企业发行债券及上市,着力构建多层次的农村金融服务体系;盘活农村要素资源,使其加快与互联网融合,延长农村经济产业链,延伸发展农村服务业,促进农村经济发展。

5.4.5 完善电子商务发展环境

一是完善电子商务支撑体系。 以电子商务创新发展试点、电子商务园区(基地)、电子商务示范企业等为工作抓手,集聚项目、资本、人才等要素资源,推进物流、仓储、网络基础设施等的建设,力争相关配套设施建设水平与电子商务发展水平相匹配。 二是完善电子商务政策体系。 根据电子商务发展情况和诉求,研究制定配套政策体系,从资金、税收、土地等方面加强对电子商务发展的政策支持力度;探索电子商务专项扶持政策,在不干预市场、不破坏竞争的前提下加大对电子商务市场主体的扶持力度。 三是建设电子商务服务体系。 完善省级电子商务服务公共平台,继续引导产业基地、培训机构、实践基地、服务平台等电子商务服务商入驻,实现电子商务服务资源整合;建设各地市电子商务公共服务中心,进行电子商务公共服务资源巡回对接;建设城乡电子商务服务网点,依据各市、县、乡镇、村等实际情况制订城乡电子商务服务网点建设任务。 四是健全电子商务统计监测体系。 与省统计局、省大数据研究基地进一步深化沟通合作,加快建立大数据研究中心,健全电子商务实时统计监测体系;加快跨境电商统计体系的建设,与统计局、综试区、海关、邮政等部门合作沟通,建立符合实际情况的跨境电商统计体系;

以电子商务实时统计监测体系和跨境电商统计体系为基础，加强对数据的统计和应用，从产业发展、应用普及、基础配套、创新能力、政策环境、行业氛围等 6 个方面对浙江省电子商务发展水平进行评价，定期发布浙江省电子商务发展指数。

5.4.6 加快电子商务人才培养

一是把人力资本摆在更加优先的位置。 树立人力资本投资优先的理念，鼓励高等院校和社会培训机构结合浙江省电子商务实际情况，创新电子商务人才培养模式，积极开展多层次多形式的电子商务创新创业培训；鼓励企事业单位依托"千人计划""万人计划"和领军型创新创业团队引进培育等人才工程和项目，广泛吸收各类电子商务人才特别是高层次紧缺电子商务人才；鼓励电子商务企业加大对电子商务技术人才、电子商务职业经理人和运营团队的培养和引进。 二是构建复合型的电子商务人才培养模式。 针对"互联网＋"的需求，加大信息技术在电子商务人才培养中的比重；强化校企合作，共同构建企业参与的高校人才培养模式，利用高校优质的教学资源结合企业的实践经验，打造复合型人才培训体系，包括嵌入式课程、共建电子商务实训室、共建校外实训基地等。 三是设立实训基地。 开展产、学合作，建立相对稳定的、能够反映岗位职业、行业发展方向和水平的学生实习基地。 为确保电子商务教育与电子商务的实际发展同步，电子商务教育机构应该与企业联合建设电子商务实习基地，走教育、科研、应用三位一体的道路，通过实习，让学生了解电子商务对企业竞争优势的价值贡献，探索传统经营与电子商务模式的融合，掌握企业电子商务应用的具体操作。 四是企业高校联合举办比赛发掘人才。 企业联合高校举办各类电子商务大赛，以学分、奖金等制度激励学生参与各类跨境电商创新创业比赛，如"电子商务三创赛""大学生跨境电商创新创业大赛"等，顺应"大众创业、万众创新"的潮流，以赛促学，以赛促就业，提升学生实践操作技能，有利于企业挖掘优质人才，即前期培养、后期用人，提高学生就业率及就业满意率，这也有利于高校创新人才培养模式。

5.4.7 优化电子商务产业空间布局

一是支持重点区域加快推进发展，兼顾浙江省电子商务协同发展。鼓励依托杭州、金华—义乌、宁波—舟山、温州四大都市区建设综合性电子商务产业功能区，重点支持杭州大都市区打造国内领先的综合性国际电子商务中心城市，大力发展跨境电商、电子商务平台经济、电子商务服务业，推动金华—义乌都市区发展成支持内外贸一体化的行业电子商务企业重要集聚区，推动宁波—舟山建设以大宗商品跨境电商和电商物流为核心的产业功能区。鼓励依托台州、绍兴、嘉兴3个城市，建设以服务新型工业化为特色的国家级电子商务示范城市，加快发展和本地优势特色产业结合的产业电子商务；鼓励依托衢州、丽水、湖州3个城市，建设以服务新型农业化为特色的国家级电子商务示范城市，鼓励发展农村电子商务、农副产品电子商务、生活服务业电子商务。二是按照空间上科学规划、产业上合理布局、功能上体现特色的要求，结合浙江省委、省政府产业特色小镇建设的有关精神，将电子商务村镇建设纳入"美丽乡村"和"特色小镇"建设的重要内容，布局一批特色明显、产业链完善、服务体系健全的电子商务特色小镇；结合"电子商务进万村"的有关要求，强化电子商务对"一村一品""一乡一业"的服务功能，推进农村电子商务集聚发展，培育一批全国一流的电子商务示范村。

5.4.8 增强电子商务发展国际影响力

一是主动地参与全球电子商务规则标准、发展机制和政策的制定工作，支持 eWTP 建设。以"一带一路"倡议为契机，浙江省内电子商务企业逐步"走出去"，加快沿线国家和市场的电子商务合作和电子商务布局，打造跨境电商产业链和生态链，带动产品、资本、技术、服务和标准的全面输出，全面参与全球电子商务规则标准的制定工作，建设网上丝绸之路。同时，积极争取国家部委支持，不断扩大 eWTP 的国际影响力，积极推进 eWTP 浙江示范区建设。二是充分利用阿里巴巴在国际电子商务方面的优势，推进世界电子贸易平台 eWTP 的建设。以 eWTP 建设为核心，积极打造跨境电商规则孵化中心，支持阿里巴巴进一步拓展 eWTP 试点合作国家和地区，积累更多的合作项目、商业案例和规则实践，促进 eWTP 全球两大"数字中枢"——马来西亚数字自由贸易区和中国（杭州）跨境电商综试区互联互通，打造 eWTP 在全球开通的第一条"数字之路"。 三是积极参与相关国际组织发起的电子商务规制的谈判和交流合作，提升浙江省参与国际电子商务规则标准、跨境电商发展机制与政策制定的话语权和影响力；深化浙江省与港澳台地区的贸易合作，探索网上跨境贸易的发展模式和规制设计，推进浙港、浙澳、浙台跨境贸易便利化和自由化；推动跨境电商"浙江标准""中国标准"的输出；结合"一带一路"倡议，加快推进电商走出去，进一步增强浙江省电子商务发展的国际影响力。

6

浙江省现代物流业发展成效与创新经验

6.1 浙江省现代物流业发展成效评估

物流业是浙江省经济与社会发展的动脉和基础,是联系区域经济内部各子系统的重要纽带,其发展程度成为衡量地区现代化程度和综合实力的重要标志之一,被喻为促进经济发展的"加速器"。加快现代物流业发展,建立和完善现代物流服务体系,对提高国民经济运行效益、推动产业结构调整和促进发展方式转变等具有重要意义。在经济全球化和电子商务的双重推动下,物流业正在从传统物流向现代物流迅速转型。作为我国经济发展较快的区域,浙江省区域经济的快速健康发展为浙江省现代物流业奠定了良好的物质基础和发展环境。近年来,浙江省现代物流发展理念基本树立,物流市场体系逐步形成,物流基础设施有序推进,现代物流业正步入高效、稳定的发展阶段,总体实力快速提升,创新能力不断增强,持续走在全国领先行列,并呈现以下发展特点。

6.1.1 物流业规模逐步扩大

浙江省现代物流业呈现稳步发展的态势,产业规模不断扩大,为社会经济发展提供了基础保障。 从社会物流总额上看，自 2009 年以来，浙江省社会物流总额逐年上升，到 2018 年达 169 300 亿元，年均增长 10.28％；物流业增加值从 2009 年的 2120 亿元提高到 2018 年的 5426 亿元，年均增长 11.00％，高于同期生产总值增速 0.57 个百分点。 从物流业对区域经济的贡献上看，物流业增加值占全省 GDP 的比重稳中有升，2018 年占 GDP 的比重达 9.66％，高于全国物流业增加值占 GDP 的比重；自 2009 年以来，物流业增加值占服务业增加值的比重维持在 15％以上，说明物流业在服务业发展中占据重要地位，物流业作为浙江省主要支柱产业的地位正在进一步夯实。

数据显示，自 2009 年以来，浙江省货运量逐年上升，截至 2018 年，货运量达到 268 529 万吨，年均增长率达 6.6％。 其中，铁路货运量达 3728 万吨，同比增长 6.1％；公路货运量达 166 533 万吨，同比增长 9.6％；水运货运量达 98 219 万吨，同比增长 13.5％；民用航空货运量达 49 万吨，同比增长 4.3％。 从货运周转量上看，2018 年浙江省货运周转量为 11 537.91 亿吨公里，同比增长 14.2％。 其中，水运货运周转量为 9352.50 亿吨公里，占比 81.1％；公路货运周转量为 1964.10 亿吨公里，占比 17.0％。 具体如表 6-1 所示。

表 6-1　2009—2018 年浙江省物流业增加值发展情况

年份	全省生产总值/亿元	服务业增加值/亿元	社会物流总额/亿元	物流业增加值/亿元	占 GDP 的比重/％	占服务业增加值的比重/％
2009	22 990.35	9821	70 158	2120	9.29	21.59
2010	27 747.65	12 064	87 500	2550	9.20	21.71
2011	32 363.38	14 015	102 000	3070	9.59	21.91
2012	34 739.13	15 600	111 000	3350	9.68	21.47
2013	37 756.58	17 337	119 800	3630	9.61	20.94
2014	40 173.03	19 222	127 900	3930	9.78	20.45
2015	42 886.49	21 347	132 600	4280	9.98	20.05
2016	47 251.36	24 001	139 400	4613	9.76	19.22
2017	51 768.26	27 279	153 800	5034	9.72	18.45
2018	56 197.00	30 724	169 300	5426	9.66	17.66

数据来源:浙江省统计公报、浙江省发改委、浙江省物流与采购协会。

6.1.2 物流基础设施不断完善

近年来，浙江省在物流业发展过程中非常重视物流基础设施的建设，已经形成公、铁、水、空各种运输方式齐备的综合交通运输体系。 2018 年，浙江省完成综合交通投资 2712 亿元，同比增长 14％，创历史新高。 其中，完成水运投资 198 亿元，同比增长 7％，居全国首位。 从公路货运上看，浙江省目前已经形成由高速公路、国道、省道干线公路、县际公路构成的多层次公路网络。 2018 年底，浙江省公路总里程为 12.07 万千米，比 2017 年增加 0.5％。 其中，高速公路里程为 4421 千米，比 2017 年增加 6.4％；一级公路里程为 7046 千米，比 2017 年增加 4.2％；二级公路里程为 10 374 千米，比 2017 年增加 1.1％。 全省高速公路密度为 4.33 千米/百平方千米，全国排名第七，乡镇公路通达率、通畅率均为 100％，行政村公路通达率为 99.91％、通畅率为 99.90％。 从铁路货运上看，2018 年，浙江省铁路运营里程达 2777 千米，比 2017 年增加 7.3％。 从水运港口上看，丰富的深水港口、疏港的内河航道资源和地处长江经济带与东部沿海经济带的"T"形交汇点，是浙江省最突出的资源优势和区位优势，全省拥有大陆及岛屿海岸线 6715 千米，居全国第一位。 截至 2018 年底，浙江省沿海拥有港口泊位 1109 个，其中万吨级以上泊位 242 个，全省运力规模达到 3163.0 万载重吨，其中海运运力为 2639.5 万载重吨，居全国第一位。 从航空机场上看，目前浙江省拥有杭州、宁波、温州的 3 个国际机场和义乌、台州、舟山、衢州的 4 个支线机场，以及东阳横店、建德千岛湖的 2 个通用机场，丽水机场、嘉兴机场在建。 其中，杭州萧山国际机场为国内干线机场，宁波栎社机场和温州龙湾国际机场为区域干线机场。

近年来，浙江省重点推进"四港"联动发展，货运量、吞吐量位居全国前列乃至全球前茅。 从海港方面看，形成由宁波—舟山港（含嘉兴港）与台州港、温州港构成的"一主两辅"港口发展格局。 2018 年，浙江省沿海港口完成货物吞吐量 13.4 亿吨，集装箱吞吐量达 2975.2 万标箱。 其中，宁波—舟山港的货物吞吐量达 10.1 亿吨，连续 9 年稳居全球第一；集装箱吞吐量达 2635.1 万标箱，居全球第四位。 从陆港方面看，义新欧班列实现常态化运行，2018 年共发送 320 列 25 060 标箱（同比增长 68.8％），成为全国开行线路最多、满载率最高的中欧班列；传化公路港已初步建成一张全国性的城市物流中心网，截至 2018 年底，传化网实现全网物流运单量 1815.40 万单，GMV 交易总额达 1345.90 亿元，累计服务物流企业 25.71 万家，服务各类货运车辆 430.40 万辆。 从空港方面看，2018 年，浙江省完成旅客吞吐量 6838.8 万人次，货邮吞吐量达 84.4 万吨，同比增长 5.5％，增速在全国排名第十六位。 从信息港方面看，以国家交通运输物流公共信息平台为载体推进物流信息互联共享，目前已实现中、日、韩 3 国 32 个港口的互联，共享 90％以上集装箱船舶动态数据。 浙江省民用机场情况具体如表 6-2 所示。

表 6-2 浙江省民用机场基本情况

名称	飞行技术等级	航站楼面积/平方米	2017 年邮货吞吐量		
			本期完成/吨	同比增速/％	全国排名
杭州萧山国际机场	4F	80 000	640 896.0	8.7	6
温州龙湾国际机场	4D	12 000	80 189.5	6.2	32
宁波栎社机场	4E	43 500	105 673.2	−12.3	28
舟山普陀山机场	4D	10 000	112.4	−42.9	176
台州路桥机场	4C	6000	7581.4	10.8	61
义乌机场	4D	2000	8800.1	28.1	55
衢州机场	4C	3440	750.2	24.6	128
合计		157 000			

数据来源：作者整理自 2018 年民航机场生产统计公报、浙江省发改委的数据。

6.1.3 物流园区集聚效应显现

物流园区作为物流业规模化和集约化发展的核心载体平台，具有功能集成、设施共享、用地节约等优势。 近年来，浙江省始终坚持把物流园区看作物流市场运作的载体，已出现了货运枢纽、生产服务、口岸服务、商贸服务和综合服务等多种类型，形成了不同物流需求与多种服务方式有机对接的平台，现代化物流园区的数量和规模持续增加。 截至 2018 年 6 月底，浙江省符合"集中建设、统一主体管理和提供公共服务" 3 个要素特征且占地面积达

150 亩以上的物流园区有 82 个。 其中，已经运营的物流园区为 49 个，占物流园区总数的 60％；在建的物流园区 27 个，占物流园区总数的 33％；规划中的物流园区 6 个，占物流园区总数的 7％。 此外，浙江省的传统物流园区通过资源整合、流程优化、技术创新、运营网络化等方式加快转型升级的步伐，形成了一批国家级示范园区。 截至 2018 年底，浙江省已有杭州传化公路港、嘉兴现代物流园、宁波（镇海）大宗货物海铁联运物流枢纽港、义乌港物流园、衢州工业新城物流园区、宁波经济技术开发区现代物流园等 6 个物流园区被列为国家级示范物流园区，数量居全国首位。 上述园区涵盖了大宗商品、电子商务、工业品与危化品运输、冷链、小商品等服务领域，成为浙江省物流业发展的排头兵。

随着公共基础设施的深入完善及政府政策的有力引导，物流企业不断向物流园区聚集，物流园区的规模效益和集聚效应不断扩大。 以义乌港物流园为例，截至 2018 年 3 月，已入驻船运公司、物流公司、进出口公司等各类企业 300 余家，如中远海、法国达飞、东方海外、长荣等国际知名船运公司及鲲鹏、金士顿、物产中大等省内知名物流企业纷纷入驻，为客户提供代理采购、金融、保险、订舱、报关、报检、仓储、提箱、拼箱、海陆联运等一条龙服务。 同时，不少物流园区积极拓展业务功能，不断增强园区市场竞争力，港口物流、国际物流、电子商务物流等加快发展，使物流园区的服务功能和创新能力不断增强，专业化服务水平显著提升。 随着互联网、大数据、云计算等与物流业实现深度融合，物流园区更加"智慧化""智能化"。 如长兴综合物流园区借助"要发货"互联网平台实现与全国各地重点物流园区的互联互通，形成一个多平台的大物流网络；传化物流已建设能够实现各物流园区业务和信息的互联互通、集分运配各环节高效衔接、多式联运一体化协同运作的"智能公路物流网络运营系统"。

6.1.4 物流企业培育卓有成效

浙江省具有现代物流发展理念的物流企业快速成长，涌现了一批在全国具有龙头地位或示范性的企业，物流企业培育成效明显。 2017 年，宁波雅戈尔国际贸易运输有限公司等 9 家浙江企业上榜 2017 年度货代物流百强榜，占比近 10％。 截至 2018 年底，浙江省已有 A 级物流企业 641 家，占全国 A 级物流企业总量的 12.8％，数量位居全国第一（见图 6-1）。 从类型情况看，641 家 A 级物流企业中，仓储型企业为 53 家，占比 8.3％；运输型企业 112 家，占比 17.5％；综合型企业为 476 家，占比 74.3％。 从规模情况看，浙江省 A 级物流企业以 3A 级物流企业为主体，大型物流企业虽有增加，但仍处于少数。 从区域分布看，宁波、杭州、金华（含义乌）3 地 A 级企业数量占全省 A 级物流企业的半壁江山，占比为 58％。 具体如表 6-3 所示。

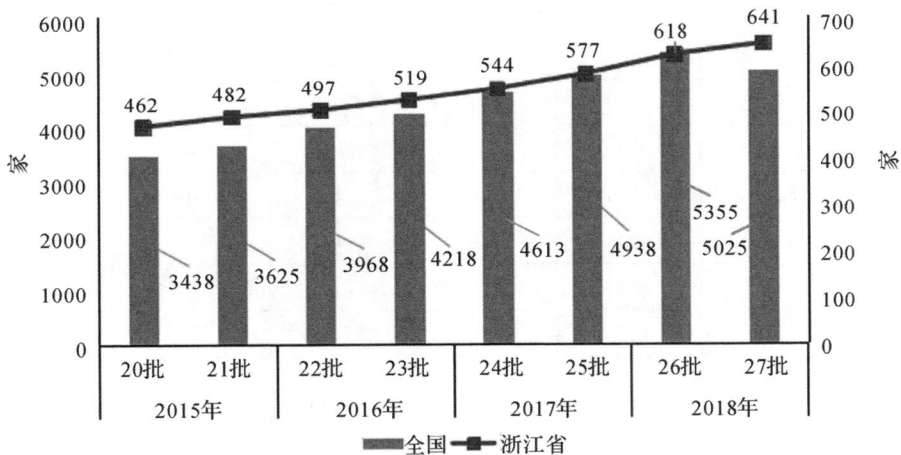

图 6-1　2015—2018 年 A 级物流企业变化情况

数据来源：作者整理自浙江省物流与采购协会官网发布的信息。

2018 年，浙江省 A 级物流企业主营业务收入和物流业务收入均有所增加，不同规模物流企业主营业务收入情况呈现趋同状态。 物流企业资源配置效率不断提升，整合趋势日益显现。 浙江省 A 级物流企业员工数同比下降 16.6％，自有车辆数同比下降 12.6％，自有仓储面积数量同比下降 16.7％。 从物流企业信息化建设上看，依托国家交通物流信息平台的建设，扎实推进物流企业信息化、网络化建设，通过物流管理通用软件的开发和推广，加快物流企业信息化、信息标准化、信息共享互联的进程；大力发展"互联网＋"车货匹配、"互联网＋"专线整合、"互联网＋"共同配送、"互联网＋"大车队管理等新模式、新业态，降低中小物流企业车辆、船舶的空驶率，降低运输成本,不断提升中小物流企业的竞争力。此外,全省物流企业服务水平不断提高,随着互联网技术和电子商务场景的不断发展和丰富,一批新型的物流企业得到快速发展,形成了所有制多元化、服务网络化和管理现代化的物流企业群体。

表 6-3 浙江省 A 级物流企业分布情况(截至 2018 年底)

单位:家

		5A	4A	3A	2A	1A
类型	运输型	0	6	42	60	4
	仓储型	6	1	28	10	8
	综合型	13	123	271	66	3
规模		19	130	341	136	15
区域分布	杭州	12	23	38	13	0
	宁波	3	29	96	34	9
	金华	2	37	57	16	0
	湖州	2	6	24	7	0
	嘉兴	0	5	14	21	1
	绍兴	0	5	16	12	2
	温州	0	11	46	0	0
	台州	0	10	40	10	0
	衢州	0	2	3	17	0
	丽水	0	0	4	6	3
	舟山	0	1	4	0	0

数据来源:作者整理自浙江省物流与采购协会官网发布的信息。

6.1.5 供应链创新试点成效显著

自 2018 年 11 月浙江省商务厅等 7 部门转发《商务部等 8 部门关于公布全国供应链创新与应用试点城市和试点企业名单的通知》并开展全省供应链创新与应用试点工作以来,全省现有杭州、宁波、舟山、义乌等 4 个全国供应链创新与应用试点城市,阿里巴巴、传化智联、吉利控股等 26 家全国供应链创新与应用试点企业，国家级试点城市和试点企业数量均位居全国前列。 此外，全省还有省级供应链创新与应用试点城市 5 个、试点企业 96 家。 目前，浙江省已经基本形成良好的供应链创新与应用环境，已经培育出一批特色鲜明的试点示范城市、一批有影响的现代供应链企业和一批供应链创新应用的行业龙头企业。

从供应链创新与应用环境的营造上看，近年来，浙江省加大供应链基础设施建设，已初步形成较为完善的供应链节点设施布局，互联网技术、标准化技术和智慧化技术获得深度应用，明显提升流通效率；随着《关于积极推动供应链创新与应用的实施意见》《浙江省现代供应链发展行动计划（2018—2022年）》等一系列政策的出台，供应链创新的良好政策体系已逐渐形成。 从特色鲜明的试点示范城市培育上看，杭州市初步形成以物流业及互联网经济为主、信息咨询及零售业为辅的供应链产业经济，数字经济发展处于全国领先水平；宁波市初步形成以梅山保税港区和宁波保税区为重点的国际供应链体系，以国际供应链带动工业供应链、金融供应链和绿色供应链的创新和发展；舟山市立足区位优势，加快建立有价格话语权的全球水产品供应链体系，初步形成远洋水海产品捕捞、运输、仓储、加工、销售的全产业链发展模式；义乌市初步形成响应"一带一路"倡议的线上线下融合的全球供应链体系，推动"买全球""卖全球"不断升级。 从供应链创新与应用试点企业来看，一批现代供应链平台赋能高效供应链体系建设，如传化智联依托传化物流网和分布全国的公路港城市物流中心，构建物流行业大生态与集成化服务体系，赋能物流企业及制造企业、商贸企业、电子商务企业等客户企业。 为行业制造企业提供集成化供应链服务的产业供应链企业不断涌现，如川山甲专注于工业品及辅料（MRO 工业品）领域，率先构建 MRO 工业品数字化供应链协同服务平台。 部分供应链企业通过扩大服务网点、延伸服务链条、拓展境外服务等方式，在更大的空间范围、更多的服务环节整合资源。 如先合信息打造"互联网＋供应链全程品控"平台，会集全国各地经审核通过的质检人员，提供验货、验厂、监装、溯源防伪在内的供应链全程一站式品控服务。

6.2 浙江省现代物流业对区域经济发展的贡献分析

6.2.1 现代物流业对经济增长贡献作用的回归模型分析

如前所述，自 2009 年以来，浙江省社会物流总额逐年增加，物流增加值占 GDP 的比重稳步提升，说明物流业在促进经济发展中占据重要的作用。为了解浙江省物流业的发展对浙江省经济发展的贡献，本节采用实证分析的方法进一步探析物流业对经济增长的影响机制，其中以浙江省地区生产总值（GDP）为被解释变量，代表浙江省的经济发展水平；以货运量（VFT）为解释变量，代表浙江省现代物流业发展水平。本节选取 1998—2018 年的 GDP 和货运量数据，通过建立 GDP 对货运量的回归模型，来反映现代物流业对浙江省经济发展的贡献。浙江省地区生产总值、货运量的数据来自浙江省统计局。具体如图 6-2 所示。

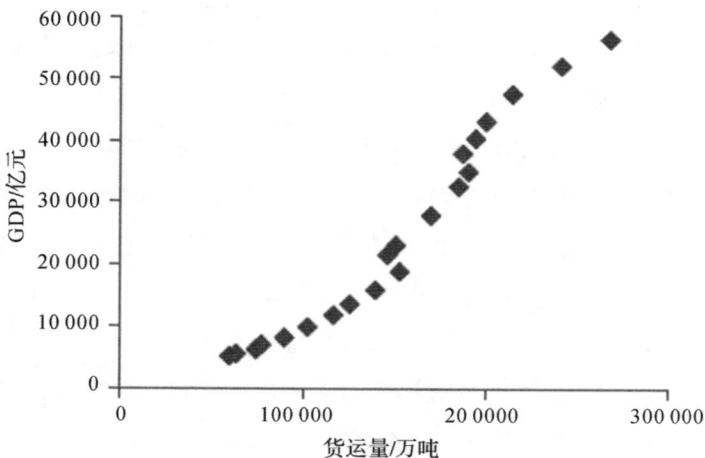

图 6-2 1998—2018 年浙江省 GDP 与货运量的散点图

由图 6-2 可知，GDP 与货运量之间存在显著的正相关关系，这在一定程度上表明物流业能带动浙江省经济的发展。为进一步明晰货运量与 GDP 之间的关系，本节根据 1998—2018 年浙江省 GDP 与货运量的数据，利用 SPSS 软件进行回归分析，得到 GDP 对货运量的回归方程为：

$$y_1 = 2561.158 + e^{0.00001324x_1} \qquad (6\text{-}1)$$

式中，y_1 表示 GDP（亿元），x_1 表示货运量（万吨）。

由上述回归方程结果可知，模型的相关系数 R＝0.980，说明浙江省 GDP 与其货运量存在绝对正相关关系；模型的拟合系数 R^2＝0.960，拟合程度很高；F 统计量的值为 561.573，概率值为 0.000＜0.05，说明在显著性水平为 0.05 的条件下，建立的回归模型是合理的。此外，回归系数检验统计量 t 的值为 21.484，且概率值为 0.000＜0.05，通过 t 检验，可以进一步说明回归系数具有显著意义。由上述散点图和回归方程可知，货运量的增加会提高 GDP 的产值，即大力发展现代物流业，有利于促进浙江经济的发展。浙江省地处东南沿海，民营经济发展较快，因此，其物流业发展较早，且呈现快速发展的势头，至今已形成较大的产业规模，其对浙江省的经济发展有重要的贡献。

6.2.2　现代物流业对经济发展的贡献分析

从浙江省物流业对 GDP 增长的贡献度上看，由前述分析可知，浙江省物流业的发展取得了一定成效，对 GDP 的增长有一定的贡献。故本节采用浙江省物流业增加值占 GDP 的比重来反映浙江省物流业的发展成效。由图 6-3 可知，浙江省物流业增加值逐年增加，且物流业增加值占 GDP 的比重总体呈现上升趋势。2018 年物流业增加值达 5426 亿元，占 GDP 的比重达到了 9.66％。

此外，本节还从国民经济统计的角度，研究浙江省物流业对 GDP 增长的贡献。根据国家统计局对贡献率的定义，本部分将物流业对 GDP 增长的贡献率表示为：

$$K = \frac{物流业增加值（报告期－基期）}{全社会 GDP（报告期－基期）} \times 100\% \qquad (6\text{-}2)$$

根据上述公式，计算 2010—2018 年浙江省物流业对 GDP 增长的贡献率。由图 6-4 可知，从 2010 年开始，浙江省物流业对 GDP 增长的贡献率逐渐提升，至 2012 年达到 11.79％；2013 年出现小幅下降，此后又逐渐提升，2015

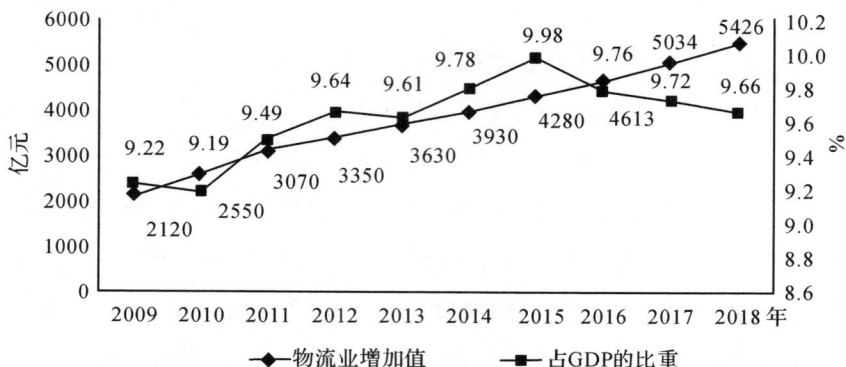

图 6-3　2009—2018 年浙江省物流业增加值变化及其占 GDP 比重的变化情况

年达到最高值 12.90％；2016 年出现大幅下降，降至 7.63％，此后逐渐提升；至 2018 年达 8.85％，这表明 2018 年浙江省 GDP 的增长中，约有 8.85％来自物流业的增长。

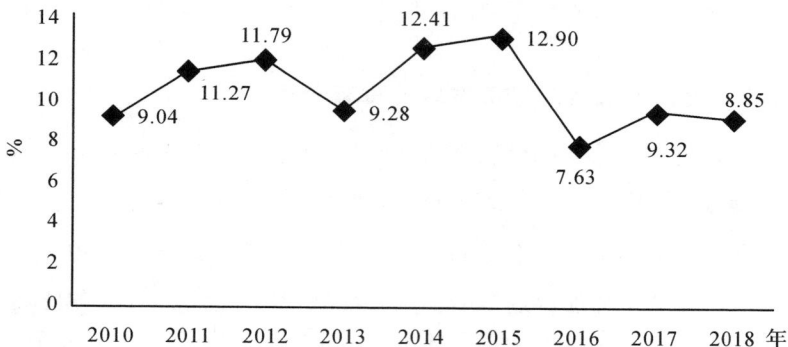

图 6-4　2010—2018 年浙江省物流业对 GDP 增长的贡献率

从快递业对电子商务业发展的贡献上看，快递业是现代服务业的重要组成部分，是电子商务发展的支撑产业和赖以生存的重要平台，快递业的发展进一步推动了电子商务的发展。因此，本部分以浙江省网络零售总额（TORS）为被解释变量，代表浙江省的电子商务发展水平；以快递业业务量（EDBV）为解释变量，代表浙江省快递业发展水平；选取 2009—2018 年的网络零售总额和快递业业务量数据，通过建立 TORS 对 EDBV 的回归模型，来反映快递业对浙江省电子商务业发展的贡献。浙江省快递业业务量的相关数据来自浙江省邮政管理局，网络零售总额的相关数据来自浙江省商务厅。

由图 6-5 可知，浙江省网络零售总额与快递业业务量之间存在显著的正相关关系。 为进一步分析网络零售总额与快递业业务量之间的关系，本节根据 2009—2018 年浙江省快递业业务量与网络零售总额的数据，采用 SPSS 软件进行分析，得到网络零售总额对快递业业务量的回归方程为：

$$y_2 = 0.016 \times x_2 + 823.142$$

式中，y_2 表示网络零售总额，x_2 表示快递业业务量。

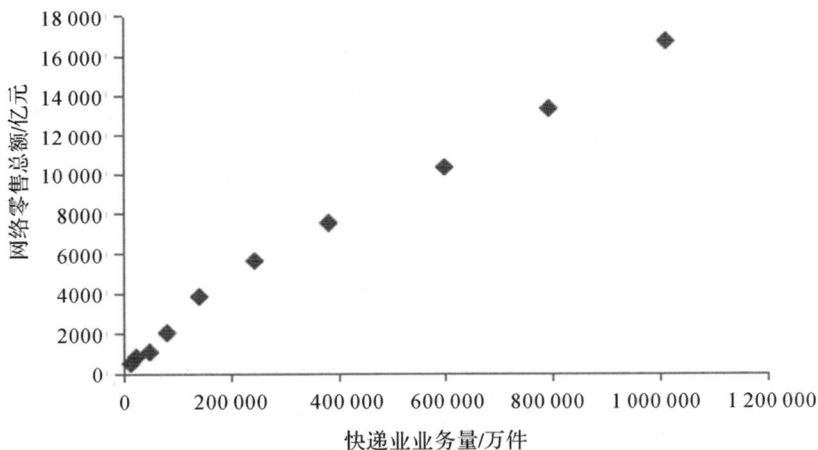

图 6-5　2009—2018 年浙江省网络零售总额与快递业业务量的散点图

由上述回归方程的结果可知，模型的相关系数 R 的值为 0.996，拟合系数 R^2 的值为 0.991，表明拟合效果较好，该回归方程比较合理。 F 统计量为 911.621，概率值为 0.000＜0.05，说明在显著性水平为 0.05 的条件下，建立的回归模型是合理的。 此外，回归系数检验统计量 t 的值为 30.193，且概率值为 0.000＜0.05，通过 t 检验，可以进一步说明回归系数具有显著意义。 由上述散点图和回归方程可知，快递业业务量的增加会提高网络零售总额，即快递业的发展及其服务水平的提高对电子商务的发展至关重要，有利于促进浙江省电子商务业的发展。

从物流业对产业结构优化的贡献度上看，物流业属于第三产业中的服务业，而产业结构优化是通过第三产业的发展水平来衡量的。 因此，通过对浙江省物流业增加值占第三产业比重的分析，可以了解浙江省物流业在产业结构优化中所发挥的重要作用。 由表 6-4 可知,2009—2013 年,浙江省呈现"二三一"的产业结构,从 2014 年开始,浙江省第三产业的比重首次超过第二产业,呈现"三二一"的合理产业结构,此后第三产业的比重不断加大,到 2016 年,浙江省第三产业的比重首次超过 50%,2018 年达到 54.7%,在产业结构中占据主导地位。 在此过程中,浙江省物流业增加值在第三产业中的占比维持在 15%以上,表明物流业在第三产业中始终占据较大的比重,对浙江省第三产业的发展起到积极的推动作用,对产业机构的优化做出较大的贡献。

表 6-4　2009—2018 年浙江省物流业增加值占第三产业的比重情况

年份	三大产业的比值	物流业增加值占第三产业的比重/%
2009	5.1∶51.9∶43	20.16
2010	4.9∶51.1∶44	20.90
2011	4.9∶50.5∶44.6	21.25
2012	4.8∶48.9∶46.3	20.84
2013	4.7∶47.8∶47.5	20.22
2014	4.4∶47.7∶47.9	20.45
2015	4.3∶45.9∶49.8	20.05
2016	4.2∶44.2∶51.6	19.15
2017	3.7∶43.0∶53.3	18.24
2018	3.5∶41.8∶54.7	17.66

数据来源:浙江统计信息网。

从物流业对增加就业机会的贡献度上看,自 2009 年起,第三产业从业人数占总从业人数的比重均超过 33%,且占比逐年增加;随着第三产业的发展,从业人口也逐渐从第一、第二产业向第三产业转移。 截至 2018 年末,浙江省第三产业从业人数达到了 1667.34 万人,占浙江省全部从业人数的43.47%(见表 6-5)。 随着现代物流业的不断发展,浙江省物流业从业人数也在不断增加。 截至 2018 年末,浙江省物流业相关行业从业人数达 743.86万人,占第三产业从业人数的 44.61%,具体如表 6-5 所示。 由此可知,浙江省物流业的发展对增加本地就业机会具有较大的贡献。

目前,浙江省物流业获得较快的发展,创造了大量的就业机会,缓解了就业压力,特别是快递行业对吸纳低端闲散劳动力具有较大的贡献度。 因此,浙江现代物流业的不断发展,不仅有利于本地经济的发展,也有利于提高本地人民的生活水平。

表 6-5　2009—2018 年浙江省第三产业及物流业相关行业从业人数状况

年份	从业人数 /万人	第三产业 从业人数 /万人	第三产业从业 人数占总从业 人数的比重/%	物流业相关 行业从业人数 /万人	物流业从业人数 占第三产业从业 人数的比重/%
2009	3591.98	1207.97	33.63	581.87	48.17
2010	3636.02	1243.79	34.21	592.01	47.60
2011	3674.11	1270.01	34.57	602.56	47.45
2012	3691.24	1288.31	34.90	598.35	46.44
2013	3708.73	1348.35	36.36	628.33	46.60
2014	3714.15	1366.09	36.78	636.01	46.56
2015	3733.65	1436.67	38.49	668.26	46.51
2016	3760.00	1511.52	40.20	696.33	46.07
2017	3796.00	1593.51	42.05	716.72	44.98
2018	3836.00	1667.34	43.47	743.86	44.61

数据来源:浙江统计信息网。

综上可知,目前浙江省物流业已经取得较快的发展,成为第三产业中推动浙江区域经济增长的重要动力。 同时,经济的快速增长对物流产生需求,进而拉动物流业的发展。 因此,物流与区域经济存在"协同共生"的关系。

6.3　浙江省现代物流业创新举措与主要经验

6.3.1　做好行业顶层设计,营造产业发展氛围

从组织机构来看,要逐渐理顺物流业管理体制,完善物流业管理的综合协调机制,进一步提升物流业的管理和服务效率。 自 2000 年以来,浙江省逐

渐开始加快现代物流业的发展，并于 2001 年成立浙江省现代物流发展领导小组。 2007 年，浙江省提出推进现代交通建设的大物流发展目标后，成立专门机构统筹公路、港航和机场等物流相关工作，进而推进交通大物流的发展。2008 年，浙江省交通运输厅成立交通大物流建设领导小组，小组下设办公室，厅物流办设置于省交通运输厅运管局，具体负责交通大物流的日常组织协调工作。 此后，义乌等一些城市也陆续设置了物流办来推动交通大物流工作。 如义乌市在物流办的基础上成立义乌市陆港口岸局，其与义乌市交通局平级，专门负责义乌陆港、口岸等物流资源的建设和整合工作。 从 2015 年开始，浙江省交通运输厅作为交通运输部综合运输改革试点单位，一直在推动综合交通体制改革，还为此专门设立厅改革办，为交通物流管理资源整合打下基础。

从顶层设计上看，近年来，浙江省高度重视物流业的发展，省委、省政府相关领导多次考察物流企业，对物流业的发展做出重要指示，并制订了一系列相关产业规划来引导和支持现代物流业的发展。 2003 年，浙江省出台《浙江省现代物流发展纲要》，该纲要在对浙江省物流业发展现状、问题等进行深入分析的基础上，提出了指导思想、发展目标、主要任务，是一段时期内指导浙江省现代物流业发展的纲领性文件，也是在"新常态"下引领浙江省现代物流业发展的顶层设计。 此后，在该纲要的指导下，各地市纷纷开展现代物流业发展规划的制订和实施工作。 2011 年，浙江省人民政府印发了《浙江省"十二五"物流业发展规划》，制订了浙江省物流业"十二五"期间的发展目标及建设重点等。 此后，每隔 5 年浙江省都要制订物流业发展规划，以明确下个 5 年浙江省现代物流业的发展思路、指导思想、发展目标及重点等。2016 年，浙江省发改委印发了《浙江省物流业发展"十三五"规划》，指出浙江省"十二五"期间物流业发展现状，制订了物流业"十三五"期间的发展目标、主要任务和建设重点等。 物流业发展规划是浙江省物流业发展的纲领性文件，符合浙江省物流业发展的实际，是指导物流业在经济"新常态"下持续发展的及时雨。 此后，各相关部门在制定促进物流业发展的政策时，都以物流业发展规划为指导引领。

从产业政策上看，浙江省政府在规划引导、政策扶持等方面推动现代物流业发展的力度不断加大。 自 2006 年以来，浙江省陆续制定出台了《关于加快浙江省现代物流业发展的若干意见》《浙江省物流业调整和振兴三年行动计划》《关于进一步加快发展现代物流业的若干意见》《浙江省"三位一体"港航物流服务体系建设行动计划（2012—2015 年）》《2013—2017 年全省大物流建设指导意见》《浙江省大湾区物流产业高质量发展行动计划（2019—2022）》等政策文件，明确了浙江省物流业发展的方向和目标。 在此基础上，通过一系列专项规划的出台，在合理规划及产业发展政策的支持下，促进了浙江省物流业基础要素的发展。 如为促进货运行业的转型升级，浙江省出台中小物流企业网络联盟政策，先后评出 10 家入选货运网络联盟的典型企业，这符合物流规模化、网络化发展的趋势；2015 年底，出台《关于实施浙江交通大物流降本增效专项行动的通知》，明确提出系列措施促进物流业的降本增效；开展无车承运物流试点工作，依托国家交通物流信息平台建设无车承运监管系统，推动"互联网＋货运监管"的应用等；2018 年初，出台《关于进一步规范道路货运站（场）行业管理工作的通知》，明确指出加速厘清货运站（场）的发展问题，加强货运站（场）源头管理，形成简政放权的货运站（场）审批机制、规范有序的货运站（场）分类机制、智慧高效的货运站（场）信息化监管机制等三大机制。 此外，多措并举，鼓励物流企业转型升级。 在省级层面建立物流业引导基金，扶持物流公共基础设施、多式联运枢纽、物流公共信息平台、公铁联运通道、海铁联运通道等的建设。 厅级层面从绿色交通补助资金中安排专门资金支持绿色物流发展。 鼓励物流组织创新，进一步开展无车承运人、无船承运人、中小物流企业联盟等相关试点工作，鼓励发展多式联运、甩挂运输、带托运输、共同配送等先进运输组织模式，进而降低物流成本。

6.3.2 夯实现代物流业基础，提升物流服务能力

从物流基础设施来看，浙江省铁路、高速、内河航道、沿海港口、空港建设等进展顺利，已经形成公、铁、水、空各种运输方式齐备的综合交通运输体系。 一是积极推进海港、陆港、空港、信息港"四港"的联动发展。 目前，浙江省"四港"联运功能粗具规模，形成了一批衔接海港、陆港、空港、信息

港的枢纽节点。 如宁波—舟山港成为"21世纪海上丝绸之路"的主要物流枢纽，推动全省港口物流快速发展；横贯"丝绸之路经济带"的中欧、中亚班列实现常态化运行，国际铁路联运体系加快构建；以杭州空港为重点，加快全省航空物流服务网络建设；以国家交通运输物流公共信息平台为载体，推进物流信息的互联共享。 二是以海港集疏运建设为抓手，大力推动运输组织结构优化和多式联运体系的构建。 在推进国家多式联运工程的基础上，引导和储备一批省级多式联运示范项目，积极发展集装箱多式联运、厢式半挂车多式联运。 如以宁波—舟山港为龙头打造江海联运、海河联运枢纽，以杭甬温为基础培育海空联运市场。 三是结合金华（义乌）商贸服务型国家物流枢纽、宁波—舟山港口型国家物流枢纽入选国家物流枢纽建设名单，建设高效专业的物流服务网络，构建以国家物流枢纽为核心的现代供应链，加快推动物流与供应链、产业链的融合发展。

从物流业整体来看，通过加快现代物流园区的建设和运营，构建浙江省物流基地枢纽网络，物流集聚效益已基本形成。 一是大力促进物流园区从传统货运站场向现代物流园区转型，相继建立了传化物流基地、德清临杭物流园区、嘉兴港区综合物流园、义乌港物流园、衢州工业新城物流园区、宁波经济技术开发区现代物流园等一批现代化示范物流园区，它们在全省甚至全国的物流业中起到示范作用。 二是鼓励物流园区企业多元化经营，形成了典型商业或运营模式。 如浙江川山甲物流有限公司的"供应链"管理模式，传化物流基地的"网络化"模式，嘉兴现代物流园的"地产式"模式，柯桥等园区的"物业式"模式，义乌陆港物流园的"国际陆港"模式和"无水港"模式等。 三是推进物流园区与国家公共物流信息平台的互联互通，提高信息化在园区管理、车货集聚、货物配载等方面的作用，促进物流园区软实力的提升，如嘉兴现代物流园依托物流信息平台，成功整合了长三角和珠三角地区制造业、商业贸易、物流业等资源，实现工业企业与运输单位线上交易、线下服务同步。 四是通过合理规划布局，落实物流园区相关扶持政策。 自2008年大物流建设以来，浙江省扶持了一批重点物流站（场）建设项目，包括部省共建的物流园区、交通运输部重点扶持园区、省市重点扶持物流基地、省建共建物流基地及基地内物流发展建设项目等；给予物流园区用地保障，探索采取土地弹性出让年限、以租代让、租让结合等土地出让形式，开展标准物流设施（公用仓库、配货站）建设试点工作，进一步加快物流基础设施建设，构建完善合理的物流基地网络体系；此外，重视典型物流园区的示范效应和带动作用，真正达到了典型示范、以点带面、促进全省交通物流园区［站（场）］网络体系建设发展的功效。

从物流产业主体来看，一是大力发展"互联网＋"车货匹配、"互联网＋"专线整合、"互联网＋"园区链接、"互联网＋"共同配送、"互联网＋"车辆租赁、"互联网＋"大车队等互联网物流新模式，推出公路干线、城市配送、集装箱双重运输、航运订舱等互联网交易平台，培育一批全省示范性互联网物流企业。二是大力支持甩挂运输、多式联运等现代物流组织方式的应用，积极推动无车承运、众包物流等共享物流模式的创新，培育一批现代化第三方物流龙头企业。同时，积极鼓励和引导中小物流企业，通过产权方式或合作方式共享物流资源，组建形式多样的中小物流企业联盟。三是鼓励和引导第三方物流龙头企业积极应用供应链管理理念，通过产业链、供应链和服务链的一体化整合，创新供应链管理模式，提供一站式供应链物流服务。

6.3.3 加快信息技术应用，推动行业互联互通

信息化是现代物流业发展不可或缺的支撑基础，是加快物流业发展的必经之路。浙江省高度重视利用信息化来改造物流业，提升物流协同协作水平，降低物流企业的成本。搭建以实现物流信息高效交换和共享为核心，以统一的信息标准为基础，面向全社会的公益、基础、开放、共享的公共物流信息服务平台，是浙江省推进现代物流业信息化的重要方式。2007年，浙江省交通运输管理部门牵头组建国家交通运输物流公共信息平台（简称LOGINK平台），其核心是提高物流领域信息化水平，减少信息传递环节和流程，实现企业间物流信息的互联互通，推动物流信息化、标准化发展。LOGINK平台经过3—4年的建设上升到国家层面，成为部省共建的试点示范项目，并于2012年被正式确定为国家平台。2013年起陆续列入《物流业发展中长期规划（2014—2020年）》等国家层面的交通物流业规划。2017年，交通运输部明确将平台建设机制由原来的"部省共建，以省为主"调整为"部省共建，以

部为主"的模式。 2018 年，浙江省交通运输厅与代表交通运输部承接国家交通运输物流公共信息平台建设与发展任务的中国交通通信信息中心达成交接意向，并于 2019 年 3 月在杭州市签署《国家交通运输物流公共信息平台交接工作协议》，这标志着国家交通运输物流公共信息平台正式交由中国交通通信信息中心代表交通运输部管理。

浙江省依托国家交通运输物流公共信息平台，重点推进了其与国内外物流信息平台、上下游企业、物流管理软件、行业监管和增值服务平台等 5 个方面的互联应用和增值服务，有效整合了社会物流信息资源，促进物流业集约化、智能化、标准化发展。 一是推动物流园区等国内外物流信息平台的互联。 目前，与国家交通运输物流公关信息平台互联的制造、商贸和交通物流企业超过 44 万家，全国重点物流园区 118 个，该平台内汇聚的车辆、从业人员、企业等信息库存总量达 13.7 亿条。 同时，该平台内还牵头开展国际物流信息合作，开创了全球首个物流信息化国际合作机制——东北亚物流信息服务网络。 此外，国家交通运输物流公共信息平台与国际港口社区系统协会、马来西亚巴生港、阿联酋阿布扎比港、比利时安特卫普港等单位签署合作备忘录，共同推进"一带一路"沿线港口互联与共享物流信息，国家交通运输物流公共信息平台成为当前国际上唯一具有规模的"物流信息根服务器"。 二是实现与上下游企业互联互通，促进货源、车源和物流服务等信息的高效匹配，这些普遍提高了企业工作效益，降低了物流成本，从而增加了经济效益。 如宁波四方物流平台开发了供应链协同管理系统，一套对接制造企业的资源管理系统，一套对接物流企业的运输管理系统（Transportation Management System，TMS），两套系统通过国家交通运输物流公共信息平台打通了上下游供应链，实现了上下游企业沟通的便利化，目前宁波四方物流平台的会员企业已突破10 000家，其每年有 3000 万条数据通过国家平台 2 号服务器交换，会员企业通过该平台形成的交易额高达 28 亿元，网上支付结算累计 8 亿元。 三是实现与行业监管的互联互通，深化危货监测系统运用，推广实名制电子台账，建设无车承运物流监管系统，推动行业监测系统与运政许可、综合监管系统的对接，促进行业形成管理闭环。 如浙江省 635 家道路危险货物运输企业、1.39 万辆危险货物专用车辆，全部启用电子运单管理系统，实现统一调度、随车携带、电子监管，自 2011 年实施危险货物运输电子路单监控以来，浙江省危险货物运输事故数量下降了 28.6％，死亡人数下降了 41％。

此外，浙江省利用互联网技术，开展"互联网＋"物流模式创新，助力物流企业重塑业务流程，创新组织方式，提高仓储、配送等环节的运行效率及服务水平。 如实行国家交通运输物流公共信息平台标准化物流关系软件推广工程，通过软件的免费推广应用，提升物流业整体信息化水平。 积极探索发展"互联网＋"车货匹配、"互联网＋"运力优化、"互联网＋"运输协同等智慧物流新模式，优化物流资源配置，提升物流率。 如全省推行无车承运试点，充分发挥物流信息技术的作用，创新了运输组织模式，规范了市场主体行为，推动了物流业的降本增效，提升了物流服务水平。

6.3.4　推进物流业与产业联动发展

作为复合型生产性服务业，浙江省物流业在实现自身规模快速发展的同时，对其他产业的服务能力也在不断提升，在产业发展和结构优化等方面发挥着日益重要的作用。 因此，产业的蓬勃发展是物流业发展的需求基础，物流业是提升产业核心竞争力的重要手段，鼓励多业联动发展能有效释放物流需求。 而释放产业物流需求是"十三五"及今后一段时间降低物流成本的最大潜在空间，为此，浙江省出台了系列相应的政策措施加快"融合创新"，以推动物流业与制造业、电子商务业、农业等的联动发展，形成系列物流业与产业联动发展的创新经验。

从物流业与制造业联动发展上看，一是加强产业联动引导，有效释放物流需求。 充分发挥物流主管部门的牵头作用，搭建物流企业与制造企业对接的平台，严格控制产业集聚区内制造企业自营物流用地，组织实施制造业与物流业联动发展的示范工程和重点项目，通过资源整合和物流业务剥离外包，促进制造业与物流业的有机融合、联动发展。 二是引导物流企业加速转型，提升第三方物流服务能力，为制造业创造新的价值。 浙江省先后出台政策，鼓励专业性第三方物流企业建立区域性配送中心，对具备条件的第三方物流企业纳入省重点物流企业、服务业重点企业予以培育。 第三方物流企业的专业化发展，为制造企业提供了物流解决方案及全程物流服务，有效降低了制造企业的物流成本。 如浙江川山甲物流有限公司在全国建立了两大中央分拣展示中心，几十个二级区域仓，以系统化物流服务或全程物流服务为制造企业提供物流解决方案。 三是引导专业化物流企业向产业基地发展，增强产业基地相关物流配套服务功能。 满足具有块状经济特色的制造企业产业集群的物流需求，联合成立专业化的供应链服务企业，为区内制造企业提供集约化的制造物流联动服务。

从物流业与电子商务业联动发展来看，浙江省结合电子商务发展实际、跨境电商综试区建设需求，先后出台《关于推进电子商务与快递物流协同发展的实施意见》等一系列政策，促进物流业与电子商务业的联动发展。 具体来看，一是完善产业政策，营造良好的环境。 为构建适应电子商务发展的快递物流服务体系提供完善的扶持政策，如简化快递业务审批流程；发挥行业协会作用，引导电子商务物流的自律发展；为专业化、平台化、公共化的电子商务物流的发展提供相应的配套政策。 二是构建完善的电子商务仓储系统和配送网络，促进电子商务业的发展。 推进农村电子商务物流发展，开展农村电子商务服务站（点）提升改造工程，拓展服务网点功能，完善末端物流网络。 优化社区电子商务物流发展，大力推进社区、高等院校、商务中心、地铁站等物流末端节点的布局。 完善生鲜农产品冷链物流基础设施，引导有条件的住宅小区加强生鲜投递柜、社区配送站等末端物流服务站的建设。 三是推动电子商务园区与快递物流园区协同发展，形成产业集聚效应，提高区域辐射能力。 鼓励传统物流园区适应电子商务和快递业发展需求转型升级，提升对仓储、运输、配送、信息等的综合管理和服务水平。 四是加强物流线上线下融合，进一步提升电子商务物流的服务和创新能力，提高物流效益，加快物流与电子商务融合发展。 如以"义乌购"为代表的线上线下融合平台获得快速发展，菜鸟网络、绍兴港现代物流园等入选第一批智慧物流配送示范单位。

此外，浙江省结合农业发展实际、农产品配送需求及特色农业品牌化发展，促进物流业与农业联动发展。 一是以特色农产品品牌化发展为契机，支持鲜活农（渔）产品产地预冷、初加工、储运等设施建设，形成重点品种农产品物流集散中心，提升农产品批发市场等重要节点的冷链设施水平。 二是大力发展冷链物流，积极推进第三方物流公司冷链设施设备的改造提升。 如2018 年 1 月，浙江省发改委公布了《关于加快发展浙江省冷链物流保障食品安全促进消费升级的通知》，提出了建立健全冷链物流体系，切实抓好构建冷链物流信息平台、实施农产品生鲜直供工程等多项重点工作。 三是引导"互联网＋物流"的创新发展，加快农产品物流信息化和标准化建设，实现信息共享。 四是完善农产品批发市场等重要节点的物流设施体系，促进农产品物流体系建设。 加强公益性农产品批发市场建设，鼓励批发市场建立溯源体系。五是加强村镇末端配送设施建设，健全农村物流网络体系，整合利用现有邮政、供销等物流资源，推动县级仓储配送中心、农村物流快递公共取送点的建设。

6.3.5 着力推动供应链创新与试点

近年来，浙江省高度重视企业供应链创新，通过营造良好的供应链创新与应用环境，从城市现代供应链体系建设、现代供应链平台建设和供应链企业培育等方面出发，积极探索推动企业供应链创新发展的新路子。 从城市现代供应链创新与试点来看，浙江省及各试点城市通过加大公共服务供给、相关政策支持力度及结合区域主导产业的试点探索 3 个角度来推进供应链试点。 具体来看，一是从城市公共服务供给上看，各试点城市成立专门的试点工作领导小组，建立了跨部门的工作协调机制，并制定出台了试点工作方案及相关扶持政策；支持企业积极参与国际标准、国家标准、行业标准的制定工作，加快供应链标准的推广应用，不断提高供应链的标准化水平；大力引进各类专业人才，强化对从业人员的在职培训和专业技术人才的再培训工作等。二是从相关政策支持上看，试点城市加大对区域主导产业发展的保障力度，对相关基础设施建设、重大项目落地等方面给予一定的政策倾斜；建立相应的供应链发展专项资金，对于用户重点项目、供应链创新与应用公共服务平台建设、人才培养等给予资金补助等。 三是从结合区域主导产业的试点探索上看，试点城市依托产业集群、重点园区、重点商品市场等，运用现代物联网等技术进行跨界整合，大力发展产业供应链体系，形成系列与区域发展相适应的供应链发展模式。 如杭州市提出要依托杭州作为"电子商务之都"的信息产业基础和民营经济的灵活机制，创新一批供应链技术和模式，构建一批整合能力强、协同效率高的供应链平台，培育一批行业带动能力强的供应链领军企业，形成一批供应链体系完整、国际竞争力强的产业集群。

从现代供应链平台创新与应用试点来看，浙江省通过培育现代农业供应链平台、发展现代制造业供应链平台、培育现代服务业供应链平台来推动传统产业应用供应链。具体而言，一是建立和完善智慧农业云平台，构建云端协同、全程覆盖、开放共享的农业供应链大数据体系。依托特色农业基地和城市农产品批发市场，着力培育一批全程物联、全链可溯、全域可视的特色农产品供应链平台，畅通农产品流通渠道，带动浙江省农业数字化转型。如宁波海上鲜信息技术有限公司致力打造国内领先的基于"北斗＋互联网＋渔业"的一站式渔业综合服务平台，提供海上 Wi-Fi 安装服务、海鲜撮合交易服务、供应链金融服务、保险服务及海上物流服务等五大服务。二是依托"1＋N"工业互联网平台体系建设，聚焦浙江省优势制造领域，打造一批数据多源集成、服务全链共享、资源跨域协同的特色行业供应链平台，提升产业集群的资源配置能力和市场竞争力，带动浙江省块状经济转型升级。如海盐县以搭建集成家居服务综合体平台为契机，充分发挥本地家居产业的集聚优势，构建一个现代化供应链平台；永康市充分发挥五金产业优势，融合已有"尚五金""五金优选"等平台，形成集信息发布、买卖交易、物流、金融于一体的在全国占据主导地位的五金行业电子商务服务平台。三是支持优势电子商务平台和品牌网商整合研发、采购、生产、营销和服务等环节资源，形成全程可控、响应快速的电子商务供应链平台。四是鼓励有条件的流通企业向供应链集成服务商转型，构建供应链协同平台。如浙江明日控股集团股份有限公司是以生产资料分销服务为核心的流通供应链集成服务商，其依托塑化供应链服务平台整合构建了塑化产业供应链生态圈，为上下游企业提供区域分销、仓储物流、供应链金融、数据服务等分销供应链集成服务。五是围绕建筑工程、医疗健康、餐饮住宿、文化旅游等服务行业，建设一批数据智能驱动、线上线下协同的供应链综合服务平台。如仟金顶网络科技有限公司的产业级全供应链信息服务平台，支持实现上下游系统对接，提供商务服务、订单管理、库存管理、金融服务等，优化了企业采购流程，提升了供应链运转效益。

　　从供应链企业创新与应用试点来看，浙江省通过抓好示范企业培育和提升供应链应用水平两个方面来培育供应链服务企业。 一是支持农产品供应链龙头企业通过直接投资、参股经营、订单合作等方式，带动农户、专业合作社和家庭农场融入农业供应链体系。 二是推动工业化和信息化深度融合，营造龙头企业创新引领、中小微企业积极参与的制造业供应链发展氛围。 如浙江森马服饰股份有限公司根据服装行业的特点，打造从设计端到终端店铺的全产品链的数据化服务平台，促进产品设计、采购、生产、销售、服务等全过程高效协同。 重点建立了供应链智能协同创新平台、产品技术 & 精益生产应用研究平台、供应链合作伙伴技术培训平台及供应链智能仓储物流管理平台，组建了由 3000 多家上下游企业和服务商构成的服装供应链生态，以"衣云服务平台"（依托协同创新平台与前端"智能研发 PLM 数据中心"和后端"生产执行 MES＋数据中心"形成的创新服务平台）实现"虚拟经营"。 三是加快流通业数字化转型，推动重点商品市场提升供应链综合服务能力，鼓励批发、零售、物流企业提升供应链协同能力，提升中小微流通企业及零售终端供应链融入水平。 如心怡科技股份有限公司是一家第三方物流企业，在国内设有 88 个区域分拨中心、1000 余个服务网点，其依托心怡供应链服务平台，目前已协同并整合行业内 300 多家物流配送及快递承运商，并为 120 多家客户提供 B2B2C 多元定制的国内及国际全链路供应链物流服务。

7 跨境电商综试区发展成效、创新经验
与浙江实践

以区域为单位进行先行先试创新的试验区模式是改革开放以来中国经济取得快速发展的重要推动力，其核心是选择有较强抵御风险能力和较好产业试点基础的区域进行先行先试，通过内生性制度创新，形成制度内生增长极，进而以点带面实现突破性发展。 中国跨境电商综试区正是在中国跨境电商领域设立的先行先试的城市区域，涉及与跨境电商相关的制度创新、管理创新和服务创新，旨在跨境电商交易、支付、物流、通关、退税、结汇等环节的技术标准、业务流程、监管模式和信息化建设等方面先行先试，破解跨境电商发展中的深层次矛盾和体制性难题，优化跨境电商产业链和生态链，逐步形成一套适应和引领全球跨境电商发展的管理制度和规则，为推动中国跨境电商健康发展提供可复制、可推广的经验。

中国跨境电商综试区源于 2012 年跨境贸易电子商务服务试点，自 2015 年设立第一批跨境电商综试区以来，到 2018 年底我国已经形成了 3 批共 35 个跨境电商综试区，覆盖全国 26 个省区市。 为破解制约跨境电商发展的体制机制障碍，各综试区结合区域经济与社会发展实际，围绕如何推动跨境电商产业的阳光化、规范化和便利化发展，聚焦制度创新、管理创新和服务创新进行了探索性的创新实践，形成了一批具有可复制推广价值的经验。 尽管跨境电商综试区的建设取得了丰硕成果，但仍存在以下问题：缺乏对跨境电商综试区发展阶段的准确判断，对推动跨境电商综试区发展的内在动力机制缺乏深刻

认识，等等。因此，有必要对中国跨境电商综试区的试点实践和创新经验进行系统评估和总结，揭示跨境电商综试区发展的阶段特征、内在动力机制与创新演化机理，以更好地推动下一阶段跨境电商综试区试点工作的开展。

目前学术界对跨境电商综试区缺乏较为深入的研究，且大多局限于定性的应用对策性研究。除制度变迁的基础理论研究成果外，其他已有可借鉴的理论研究成果主要集中在国家综合配套改革试验区领域，如从改革过程和改革内在机制（郝寿义，2008）、演化阶段和实现机制（程栋等，2015）来研究国家综合配套改革试验区制度创新的动态演化机理。然而，国家综合配套改革试验区的改革创新探索均不是针对互联网经济的，涉及的产业对象也大多为发展相对成熟的传统产业，而跨境电商综试区面对的是跨境电商这一典型的互联网经济形态，在产业发展的动力机制、制度创新等方面均有较大差异。此外，现有国家综合配套改革试验区的相关研究大多立足于对影响试验区发展的动力主体（郝寿义，2008；张会恒，2010）、动力来源（郝寿义，2008；许啸宇，2013；王家庭等，2014）等方面的研究，无法有效体现跨境电商综试区不同演化发展阶段中以多主体协同创新为核心的动力作用机制特点。综上所述，本章拟结合国家综合配套改革试验区、产业集群发展等相关研究成果，结合杭州市、宁波市的跨境电商综试区发展实践，揭示跨境电商综试区多阶段创新演化机理。限于研究时间，相关数据分析主要截止到2018年12月。

7.1 跨境电商综试区多阶段创新演化模型构建

创新演化阶段的划分和不同阶段内在动力作用机制的识别是跨境电商综试区创新演化研究中的两个关键问题。从中国跨境电商综试区发展的实践来看，跨境电商产业与外部制度环境在持续冲突与协同状态的转换中推动了跨境电商综试区的创新演化，而这种冲突与协同状态间的转换是通过产业与环境中各行动主体间的互动实现的。因此，从创新演化阶段、跨境电商产业与制度环境协调互动的动力作用机制两个角度出发，研究跨境电商综试区多阶段创新演化机理具有重要的现实意义。

从创新演化阶段的研究上看，已有研究大多基于制度变迁理论，以制度环境的发展水平作为阶段划分的重要依据，如郝寿义（2008）根据我国综合配套改革的实践，将以制度变迁为主线的改革过程划分为发现改革利益、组建利益集团、制订和选择改革方案、贯彻实施、经验推广等 5 个阶段；程栋等（2015）在国家综合配套改革试验区的制度创新研究中，将动态演化阶段划分为制度输入、制度发展、制度成熟和制度输出等 4 个阶段。然而，跨境电商综试区具有产业集群的特点，在其演化阶段的划分中需要给予产业集群发展水平更多的关注。因此，本节结合跨境电商综试区发展实际，从跨境电商产业发展健壮度和制度环境成熟度两个维度出发，以标志性事件为节点，将跨境电商综试区创新演化阶段划分为创新培育、创新突破、创新深化和创新扩散等 4 个阶段。具体如图 7-1 所示。

图 7-1 跨境电商综试区创新演化阶段

与此同时，制度变迁理论指出，由行动主体构成的行动集团促成制度变迁（Davis et al.，1971），在制度变迁不同阶段涉及不同"行动集团"角色变化，且存在不同主体的联合行动（黄少安，1999），故单纯划分制度变迁阶段并不能完全揭示行动主体如何通过追求利益推动制度演化（肖旭，2017）。此外，经济演化思想也认为，创新演化是建立在创新系统各要素、各主体、各系统间互动的基础上的（蒋德鹏等，2000；王家庭，2007）。程栋等（2015）从动力生成机制、主体生成机制、技术支持机制和阶段发展目标等 4 个方面出发，揭示国家综合配套改革试验区制度创新历程中各阶段的实现机制。因此，基于行动主体构成行动集团来探析创新演化不同阶段的动力作用机制，具有坚实的理论基础。

在借鉴相关理论成果及实践观察的基础上，本节提出推动跨境电商综试区创新演化的动力作用机制模型。 总体上看，跨境电商产业生态系统与外部制度环境之间总是处于持续冲突与协同状态的转换中，产业生态与制度环境中相关主体形成创新行动集团，在协同互动中共同推动跨境电商综试区的创新演化。一方面，在不同创新阶段，微观企业在外部市场需求的推动下，通过模式创新、技术创新和组织创新，孕育出新业态、新模式，进而推动产业生态系统不断发展，并实现产业生态系统的跃迁；另一方面，产业生态系统中不断壮大的新业态、新模式与现有制度环境产生冲突，进而形成制度创新的内在需求，政府相关主体通过制度创新、管理创新和服务创新，形成有利于新业态、新模式发展壮大的制度环境，并通过合法性确认、便利化支持和规范化引导进一步促进产业生态系统的持续壮大。 阶段动力作用机制如图 7-2 所示。

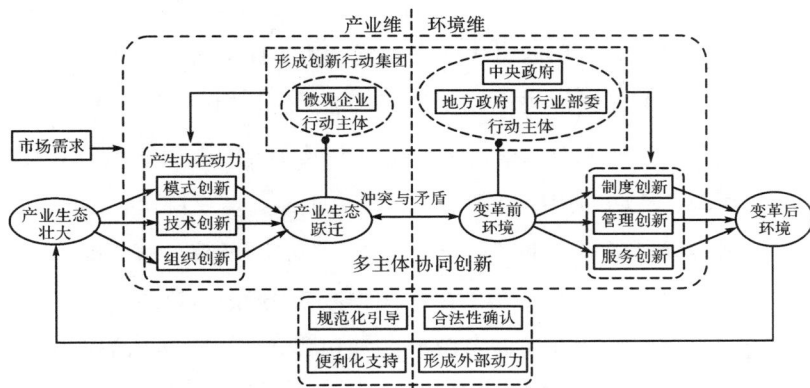

图 7-2　跨境电商综试区阶段动力作用机制

7.2　跨境电商综试区创新演化阶段动力机制分析

7.2.1　创新培育阶段

国际贸易的碎片化、小额化推动了跨境网络零售出口业务的蓬勃发展。与一般贸易相比，跨境网络零售具有小批量、多批次等特点，长期以来并未纳入国家政策和海关监管范围，很难通过正常的程序实现报关，导致跨境网络零售无法享受一般贸易的退税、结汇等政策。 同时，按照传统国际贸易的监管方式，难以充分发挥跨境网络零售便捷、快速的优势。 创新培育阶段的核心任务正是解决跨境电商发展过程中遇到的上述问题，以地方城市和试点企业为依托，采取项目试点的形式，探索制定跨境电商相关基础信息标准规范和管理制度，提高跨境电商通关管理和服务水平。

该阶段以 2012 年 8 月国家发改委办公厅发布《关于开展国家电子商务试点工作的通知》并批复首批跨境贸易电商服务试点城市为起点。 在试点审批程序上，前期采用地方申请、国家发改委审批制，后期采用地方申请、海关总署批复制。 创新培育阶段具有以下特点：第一，试点范围覆盖杭州、郑州、上海、宁波等 17 个试点城市，其中杭州、郑州、上海、重庆、宁波、广州、深圳等 7 个试点城市获得进出口业务试点许可，其他 10 个试点城市仅获得出口业务试点许可；第二，试点内容侧重于垂直式的条块产业链上业务监管模式的试点，通过政策业务和信息化手段创新，初步探索形成直邮进出口（监管方式代码"9610"）、保税进出口（监管方式代码"1210"）等业务监管模式；第三，从制度创新环境上看，重点探索形成促进跨境贸易出口电商发展的制度环境；第四，从动力作用机制上看，试点企业、试点城市、国家发改委和海关总署构成推动创新试点的"第一行动集团"，国务院、商务部、国家税务总局、国家外汇管理局、国家质检总局等国家部委形成"第二行动集团"，两大行动集团在互动中推动创新培育阶段的演进发展。 其中，试点企业和试点城市以承担跨境电商试点项目的方式推动创新探索；国家发改委和海关总署除了以批复和授权的方式推动项目试点之外，还通过对跨境网络零售业务模式认定、提供贸易便利化支持等形式推动试点工作的展开。 国务院授权国家发改委开展跨境贸易电商项目试点工作；商务部承担部门间的协调工作，助力试点项目的展开；国家税务总局、国家外汇管理局等国家部委通过在试点项目相关的业务领域展开制度创新工作，配合海关总署、国家发改委推动项目试点的展开。

具体而言，在创新培育阶段，国务院出台《国务院办公厅关于促进进出口稳增长、调结构的若干意见》（国办发〔2013〕83 号）、《关于实施支持跨境电子商务零售出口有关政策的意见》（国办发〔2013〕89 号）、《国务院办公厅关于支持外贸稳定增长的若干意见》（国办发〔2014〕19号）等文件，为跨境电商的发展提供合法性确认。海关总署发布《海关总署关于增列海关监管方式代码的公告》（海关总署公告〔2014〕12号和〔2014〕57号）、《海关总署关于跨境贸易电子商务服务试点网购保税进口模式有关问题的通知》（署科函〔2014〕43号）、《关于跨境贸易电子商务进出境货物、物品有关监管事宜的公告》（海关总署公告〔2014〕56号）等文件，通过"9610""1210"监管方式代码将跨境网络零售进出口纳入海关监管以实现合法性确认，并以"清单核放、汇总申报"的方式实现便利化通关，从而有效解决跨境网络零售出口商品出口退税和结汇问题。财政部、国家税务总局发布《关于跨境电子商务零售出口税收政策的通知》（财税〔2013〕96号），对符合条件的跨境电商出口货物实行增值税和消费税免税或退税政策，以实现税收的合法性。国家外汇管理局以《支付机构跨境电子商务外汇支付业务试点指导意见》（汇发〔2013〕5号和〔2015〕7号），对跨境电商收结汇进行合法性确认。国家质检总局通过出台《关于支持跨境电子商务零售出口的指导意见》和《关于加大帮扶企业力度促进外贸稳定增长的意见》，对跨境电商进出口检验检疫实现合法性确认和便利化支持。地方政府主要通过管理创新和服务创新营造有利于跨境贸易电商产业发展的营商环境，引导跨境电商产业的规范化发展。具体体现在：通过规范标准、监管办法等产业政策的制定，引导产业发展；通过通关服务平台、仓储物流基地的建设等公共服务供给，提高管理和服务效率，以便利化的支持促进产业的发展。此外，在自下而上的制度创新上，地方政府在实践探索中形成的地方经验做法，是国家层面制度创新的重要来源。如杭州市建立的"清单核放、汇总申报"便捷通关流程和"信息互通、监管互认、执法互助"部门协同机制，成为海关总署（2014年56号公告）的标准版本。该阶段各主体间的作用机制如图7-3所示。

在创新培育阶段，随着首批跨境贸易电商服务试点城市试点项目的展开到试点城市的扩大，试点工作由"关、检、汇、税"等业务环节的试点延伸至对跨境B2C进出口业态新模式的监管探索，并在制度创新和产业发展两个方面取得显著成效。从制度创新成效上看，国务院及国家各部委陆续发布了9个意见、5个通知、3个公告，共计17份政策文件，涉及10个部门，解决了

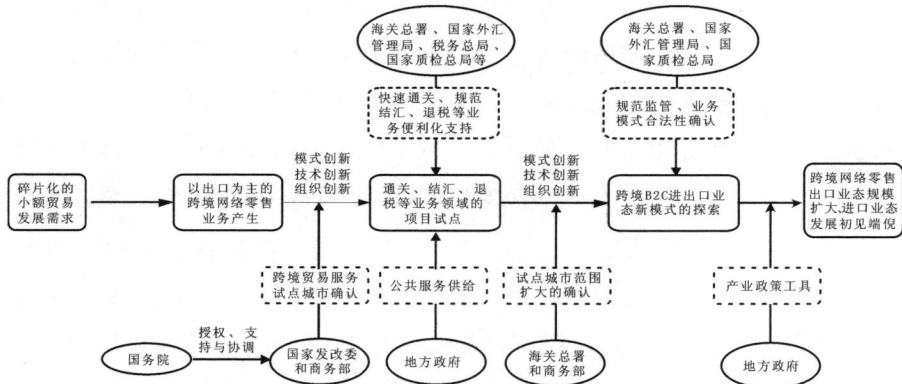

图 7-3　创新培育阶段动力作用机制

跨境电商领域的海关监管、规范结汇、出口退税、检验检疫及快速通关等方面的问题。 在制度创新的基础上看,通过业务监管模式创新实现管理和服务创新。 在进出口业务监管模式方面,探索形成了直邮进出口(监管方式代码"9610")、保税进出口(监管方式代码"1210")、外贸综合服务平台等业务监管模式。 从产业发展成效上看,2014 年,跨境电商交易规模达 4.2 万亿元,同比增长 33.3%,占外贸进出口总额的比重达 15.9%(2014 年,中国进出口贸易总额达 26.4 万亿元),其中跨境出口交易规模达 3.6 万亿元,跨境进口交易规模达 0.6 万亿元;从跨境电商交易模式上看,跨境电商 B2B 规模占比达 93.5%,占绝对优势[1]。

7.2.2　创新突破阶段

跨境网络零售出口业务发展壮大及进口业务规范化、阳光化需求,使得现行以出口业务试点为核心形成的监管制度体系与跨境电商发展需求不适应,且政府监管部门之间不协同、跨境电商企业运作不规范等问题时有发生。创新突破阶段的核心任务正是从根本上系统性地解决上述制约跨境电商业务发展的体制机制问题,以跨境电商综试区试点的形式,在跨境电商交易、支付、物流、通关、退税、结汇等环节的技术标准、业务流程、监管模式和信息

---

[1]　资料来源:中国电子商务研究中心发布的《2014 年度中国电子商务市场数据监测报告》。

化建设方面先行先试，通过制度创新、管理创新、服务创新和协同发展，破解跨境电商发展中的深层次矛盾和体制性难题。

该阶段以 2015 年 3 月国务院发布的《关于同意设立中国（杭州）跨境电子商务综合试验区的批复》（国函〔2015〕44 号）为起点，至 2015 年 12 月为止。 杭州市成为首批跨境电商综合试验区，标志着跨境电商从国家部委和地方政府支持的单一项目试点上升为国家战略层面的综试区试点。 创新突破阶段具有以下特点：第一，从试点范围上看，跨境贸易电商项目试点和跨境电商综合试验区试点并行，涉及中国（杭州）跨境电商综试区试点和 16 个跨境贸易电商服务试点城市；第二，从试点内容上看，通过促进原有业务监管模式的完善和常态化发展，引导业务监管新模式的萌芽，来实现跨境电商系统性的制度创新试点；第三，从制度环境上看，优化促进跨境出口电商发展的制度环境，探索形成引领跨境进口电商发展的制度环境；第四，从动力作用机制上看，国务院、海关总署、本地企业、杭州市政府和商务部构成"第一行动集团"，国家税务总局、国家质检总局等国家部委构成"第二行动集团"，两大行动集团在互动中推动创新突破阶段的演化发展。 其中，国务院批复中国（杭州）跨境电商综试区，并授权其先行先试创新；杭州市政府通过以"两平台、六体系"为核心的建设方案的实施来推动创新试点，其中涉及制度创新、管理创新和服务创新的方方面面；商务部受国务院委托，起着地方政府和国家部委间政策衔接和协调的综合纽带作用；海关总署除配合业务监管创新以外，仍在推动跨境贸易电商服务试点工作，以此作为跨境电商综试区试点的补充；国家税务总局、国家质检总局等国家部委在地方政府提出创新需求后，通过相关政策文件的出台进行相应的制度创新。

具体而言，在创新突破阶段，国务院出台《关于大力发展电子商务加快培育经济新动力的意见》（国发〔2015〕24 号）、《关于促进跨境电子商务健康快速发展的指导意见》（国办发〔2015〕46 号）等文件，对跨境电商的发展进行合法性确认和指导性支持。 海关总署发布《关于调整跨境贸易电子商务监管海关作业时间和通关时限要求有关事宜的通知》（署监发〔2015〕121 号）、《关于加强跨境电子商务网购保税进口监管工作的函》（加贸函〔2015〕58 号）等文件，对跨境电商通关提供便利化支持，并对跨境进口进行规范化引导，支持新兴业态的发展，使清关流程更加阳光化。 国家质检总局发布《关于进一步发挥检验检疫职能作用促进跨境电子商务发展的意见》《关于加强跨境电子商务进出口消费品检验监管工作的指导意见》等文件，创新检验检疫模式，为跨境电商进出口业务壮大提供便利化支持。 财政部和国家税务总局就中国（杭州）跨境电商综合试验区发展实际，发布《关于中国（杭州）跨境电子商务综合试验区出口货物有关税收政策的通知》，为区域跨境电商企业发展提供地域性税收支持。 杭州市政府以"两平台、六体系"为核心的跨境电商综合试验区建设，构建有利于跨境电商产业发展的营商环境，引导跨境电商产业的规范化发展。 具体体现在：通过制订指导意见、落地实施创新清单等产业政策工具，引导产业的发展壮大；通过建设线上"单一窗口"、线下产业园区，组织宣传推广活动、推荐会等管理和服务创新，提供便利化支持；通过组织培训会、提供免费软件等公共服务供给，降低产业发展成本。 在制度创新上，中国（杭州）跨境电商综试区出台第一批共 56 条"制度创新清单"，有效解决了跨境电商企业运作不规范的问题。 本阶段各主体间的作用机制如图 7-4 所示。

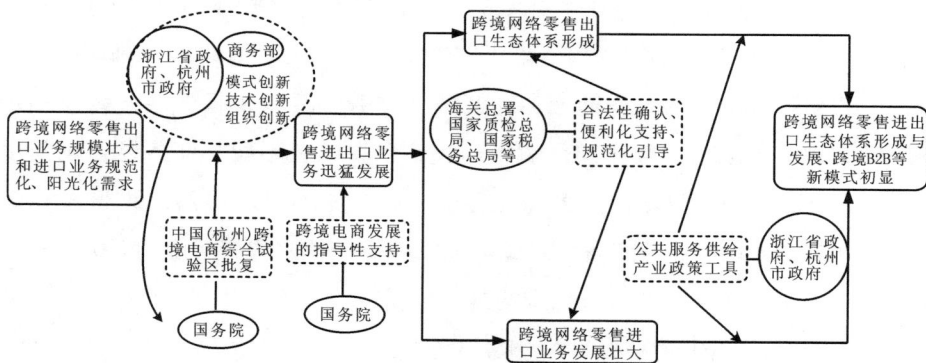

图 7-4　创新突破阶段动力作用机制

在创新突破阶段，依托杭州市的特殊地位及区域内阿里巴巴等平台型企业，跨境电商在制度创新和产业发展两方面取得了显著成效。 具体而言，国务院及国家各部委陆续发布了 6 个意见、3 个通知、1 个函、1 个细则、1 个公告及 1 个批复，共计 13 份政策文件，涉及 5 个部门，主要涉及跨境电商出口退税、清关检疫、跨境支付等多个环节。 在海关通关方面，实行"简化申报、清单核放、汇总统计",实现全程无纸化;在检验检疫方面,实现了企业和商品信息的"一地备案、全国共享";在出口退税和结汇方面,便利跨境电商企业出口退税和收付汇。 杭州市政府通过制度创新、管理创新和服务创新,形成"两平台、六体系"的建设经验。 从产业发展成效上看,2015 年,中国跨境电商交易规模达 5.4 万亿元,同比增长 28.6%,占进出口贸易总额的比重达 22.0%。 其中,跨境出口交易规模达 4.5 万亿元,同比增长 26%;跨境进口交易规模达到 0.9 万亿元,同比增长 42.9%。 从跨境出口模式上看,跨境 B2B 出口额的占比为 83.2%,网络零售出口额的占比为 16.8%。①

7.2.3 创新深化阶段

创新突破阶段取得的创新经验大多是基于中国(杭州)跨境电商综试区的试点,而跨境电商产业发展具有多样性和复杂性的特点,因此,在借鉴杭州试点经验的基础上,需要从更大范围内选择更多区域进行试点,以进行系统性的检验、探索和创新,形成更具普适性的跨境电商制度创新方案,为跨境电商产业生态链的形成破解制度障碍。 创新深化阶段的核心任务是提高制度创新成果的普适性,并适时进行补充和完善,以地方特色和优势为依托,因地制宜地复制"两平台、六体系"经验,着力在跨境电商 B2B 方式相关环节的技术标准、业务流程、监管模式和信息化建设等方面先行先试,以更加便捷、高效的新模式释放市场活力,力图为推动全国跨境电商健康发展创造更多可复制推广的经验,形成跨境电商生态链发展的系统性解决方案。

该阶段以 2016 年 1 月国务院发布《关于同意在天津等 12 个城市设立跨境电子商务综合试验区的批复》(国函〔2016〕17 号)为起点,至 2017 年 10 月止。 创新深化阶段具有以下特点:第一,侧重在 13 个跨境电商综合试验区内进行试点,试点目的是通过多区域的探索试点提高跨境电商监管制度的普适性。 第二,从试点内容上看,结合更多地方经验完善原有业务监管模式,引导以规范跨境 B2B 业务为重点的新监管模式的发展,进而丰富业务监管模式

---

① 资料来源:中国电子商务研究中心发布的《2015—2016 年度中国出口跨境电子商务发展报告》。

体系。 第三，从制度环境上看，基本形成覆盖整个跨境电商产业生态链的制度环境。 第四，从动力作用机制上看，本地企业、地方政府、商务部和国务院构成推动创新的"第一行动集团"，海关总署、财政部、国家税务总局、国家质检总局等国家部委形成"第二行动集团"，两大行动集团在互动中推进创新深化阶段的演进。 其中，杭州市政府负责总结推广"两平台、六体系"，同时在新领域探索新经验，其他 12 个综试区地方政府在复制、推广杭州试点经验的基础上，因地制宜地提出综试区建设方案，如宁波提出"三四五六"的总体建设框架，通过建设方案的制订与实施，结合地方产业特色，以公共服务供给、创新措施清单、产业政策工具落地等方式推进创新试点；国务院批复广州、深圳等 12 个跨境电商综合试验区，并授权先行先试；商务部提供跨境电商产业发展方向，并承担部门间的政策协调。 海关总署、财政部、国家税务总局、国家质检总局等国家部委通过增列监管代码、新的通关规定等方式，对新的业务模式进行合法性确认，以及提供贸易便利化支持等。

具体而言，在创新深化阶段，国务院发布《关于同意在天津等 12 个城市设立跨境电子商务综合试验区的批复》（国函〔2016〕17 号），对天津等 12 个城市设立跨境电商综合试验区进行合法性确认。 财政部联合国家税务总局等部门发布《关于跨境电子商务零售进口税收政策的通知》（财关税〔2016〕18）、《关于公布跨境电子商务零售进口商品清单的公告》（2016 年第 40 号）等文件，并单独发布《跨境电子商务零售进口商品清单》有关商品备注的说明、《跨境电子商务零售进口商品清单（第二批）》有关商品备注的说明，明确了跨境进口税收政策及跨境进口商品品类，对跨境进口的发展进行规范化引导。 海关总署以《海关总署办公厅关于执行跨境电商税收新政有关事宜的通知》（署办监函〔2016〕第 37 号）和《海关总署办公厅关于执行跨境电子商务零售进口新的监管要求有关事宜的通知》（署办发〔2016〕29 号）的出台，明确跨境电商税收新政下海关的监管范围，对其进行合法性确认。 此后，海关总署又公布了《关于跨境电子商务进口统一版信息化系统企业接入事宜的公告》（海关总署公告 2016 年第 57 号）、《关于市场采购贸易方式扩大试点的公告》（海关总署公告 2016 年第 63 号）、《关于增列海关监管方式代码的公告》（海关总署公告 2016 年第 75 号和海关总署公告 2017 年第 41

号）、《关于加强跨境电子商务网购保税进口监管工作的通知》（署加发〔2016〕246号）等文件，通过信息化监管、增列监管代码等方式，提高便利化通关效率。 国家质检总局公布《质检总局关于发挥检验检疫职能作用促进外贸回稳向好的通知》（国质检通〔2016〕272号）、《质检总局关于跨境电商零售进出口检验检疫信息化管理系统数据接入规范的公告》（2017年第42号）等文件，以通关信息化手段创新检验检疫监管程序，提高通关效率。 作为首批跨境电商综合试验区的地方政府，杭州市政府通过实施促进条例、制度创新清单，制定业务认定标准等，进一步深化制度创新；通过优化平台综合政务服务、组织系列活动及会议等方式扩大公共服务供给，推动管理创新，为跨境电商产业的发展营造良好的营商环境。 第二批跨境电商综试区的地方政府在借鉴杭州经验的基础上，通过"单一窗口"、产业园区平台、物流平台等差异化的公共服务，人才发展政策、企业税收政策等多样化的政策工具，进一步验证、拓展和丰富了跨境电商创新体系。 如宁波市政府通过实施创新清单、制订专项资金管理办法等，为跨境电商产业的发展提供产业政策支撑，引导跨境电商产业规范化发展；通过建设综合信息平台、线下产业园、物流平台等，开展跨境电商业务培训等方式，进一步扩大公共服务供给，为跨境电商产业的发展提供便利化支持，进而降低产业发展成本；通过建立综试区领导小组，召开综试区建设大会、招商对接会等，进一步创新管理和服务模式。 同时，在制度创新上，各试验区纷纷出台对应的制度创新清单，如中国（杭州）跨境电商综试区出台第二批共30条制度创新清单，以跨境B2B发展为重点，注重产业发展和生态圈的营造。 本阶段各主体间的作用机制如图7-5所示。

经过该阶段的试点，跨境电商已经得到国家层面的认可和支持，跨境电商产业生态链已基本形成，在制度创新和产业发展等方面取得了显著成效。从制度创新上看，国务院及国家各部委陆续发布了10个公告、7个通知、3个说明、1个意见及1个批复，共计22份政策文件，涉及14个部门。 在制度创新的基础上，各主体通过业务新模式的合法性确认、贸易便利化水平提升等方式实现管理创新和服务创新，形成系列创新成果。 具体而言，第一，探索建立了包括国务院、行业部委、地方政府等多主体协同推进跨境电商综合试验区建设的治理模式，通过多地区的实践积累了丰富的政府监管经验。 第

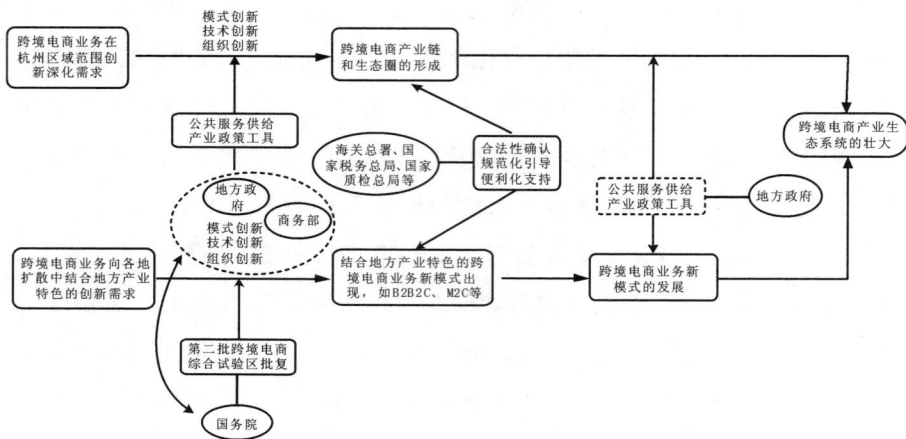

图 7-5　创新深化阶段动力作用机制

二，国家部委层面已基本建立涵盖各业务环节且相对完整的制度体系。 第三，地方政府层面上，在"两平台、六体系"的基础上，因地制宜地形成多样化的跨境电商产业发展支撑体系。 从产业发展成效上看，2016 年，中国跨境电商交易规模达 6.7 万亿元，同比增长 24.1%，占进出口贸易总额的比重达27.5%。 其中，跨境出口交易规模达 5.5 万亿元，同比增长 22.2%；跨境进口交易规模达 1.2 万亿元，同比增长 33.3%。 从跨境出口模式上看，跨境 B2B 出口额占跨境出口交易额的比重为 81.8%；从跨境进口模式上看，跨境 B2C 进口额占跨境进口交易额的比重为 58.6%，超过跨境 C2C 进口模式，则跨境 B2C 进口成为最主要的跨境进口电商模式。[①]

7.2.4　创新扩散阶段

跨境电商产业的快速发展，以及产业向全国的快速转移，要求在更大范围内释放跨境电商综试区改革红利，共享跨境电商综试区政策红利。 创新扩散阶段的核心任务正是释放跨境电商综试区改革红利，促进跨境电商产业的全方面发展，在复制推广前两批成熟经验做法的基础上，优先选择电子

[①]　资料来源：中国电子商务研究中心发布的《2016—2017 年度中国出口跨境电子商务发展报告》和《2016—2017 年度中国跨境进口电商发展报告》。

商务基础条件好、进出口发展潜力大的地方，因地制宜，突出本地特色和优势，探索推动全国跨境电商健康发展的新经验、新做法，进一步完善并提高跨境电商发展经验体系的普适性。

该阶段以 2017 年 11 月商务部等 14 部门发布《关于复制推广跨境电子商务综合试验区探索形成的成熟经验做法的函》（商贸函〔2017〕840 号）为起点。 创新扩散阶段具有以下特点：第一，空间范围先从 13 个跨境电商综合试验区增加到 35 个跨境电商综试区，并于 2019 年进一步扩大至 59 个，形成区域全面覆盖格局。 第二，从试点内容上看，侧重于对已有业务监管模式进行大规模推广中关键风险点进行有针对性的完善，同时结合国家战略转变和地方实际情况进行二次创新及原有业务监管模式体系的落地细化，以形成具有全国统一性的业务监管体系，实现从示范试点向普惠推广转变。 第三，从制度环境上看，在制度复制推广过程中，结合更大空间范围的试点，进一步完善促进跨境电商生态链发展的制度环境；同时，通过制度创新扩散，释放改革红利，让更多的跨境电商企业享受普惠性政策。 第四，从动力作用机制上看，本地企业、地方政府、商务部和国务院构成推动创新的"第一行动集团"，海关总署、国家税务总局、国家质检总局等国家部委形成"第二行动集团"，两大行动集团在互动中推进创新扩散阶段的演进。 其中，第一批和第二批跨境电商综试区的地方政府进一步深化创新，赋能跨境电商产业的发展，如中国（杭州）跨境电商综试区上线大数据平台拓展综合服务。 第三批跨境电商综试区的地方政府在复制前两批成熟经验和做法的基础上，因地制宜地进行二次制度创新和落地细化。 第四批跨境电商综试区的地方政府在复制前三批成熟经验和做法的基础上，因地制宜地进行二次创新和落地细化，并针对跨境电商零售出口的增值税、消费税等相关政策进行探索创新。 国务院批复第三批、第四批跨境电商综试区，并授权先行先试，要求在更大范围检验、完善并创新制度体系。 商务部一方面起着协调各政府部门的作用，另一方面在前两批以"两平台、六体系"为核心的跨境电商发展基础性政策框架总结的基础上，结合第三批、第四批跨境电商综试区发展实际进一步完善经验体系。 海关总署、国家税务总局、国家质检总局等国家部委，对业务新模式进行合法性确认、便利化支持及规范化引导。

具体而言，在创新扩散阶段，商务部联合其他部门发布《商务部等 14 部门关于复制推广跨境电子商务综合试验区探索形成的成熟经验做法的函》（商贸函〔2017〕840 号）、《关于扩大进口促进对外贸易平衡发展的意见》（国办发〔2018〕53 号）、《关于完善跨境电子商务零售进口监管有关工作的通知》（商财发〔2018〕486 号）等文件，确定了以"两平台、六体系"为核心的 12 个方面 36 条创新经验的合法性地位，明确了扩大进口、平衡对外贸易发展的总基调，规范了跨境零售进口过渡期后的监管要求。 财政部、国家税务总局联合相关部门发布《关于跨境电子商务综合试验区零售出口货物税收政策的通知》（财税〔2018〕103 号）、《关于免税业务统一管理等 7 项进口税收政策的补充通知》（财关税〔2018〕41 号）、《关于完善跨境电子商务零售进口税收政策的通知》（财关税〔2018〕49 号）等文件，进一步完善了进出口税收政策，特别是在进口关税方面进行规范化，为跨境进口的阳光化发展提供合法性确认、规范化引导等。 海关总署通过《关于跨境电子商务统一版信息化系统企业接入事宜的公告》（海关总署公告 2018 年第 56 号）、《关于修订跨境电子商务统一版信息化系统企业接入报文规范的公告》（海关总署公告 2018 年第 113 号）等文件，建设全国版跨境电商线上综合服务平台，形成更加高效、便捷的软环境；通过《关于扩大市场采购贸易方式试点的公告》（海关总署公告 2018 年第 167 号），提升市场采购贸易便利化水平；通过《关于实时获取跨境电子商务平台企业支付相关原始数据有关事宜的公告》（海关总署公告 2018 年第 165 号和海关总署公告 2018 年第 179 号）、《关于跨境电子商务企业海关注册登记管理有关事宜的公告》（海关总署公告 2018 年第 219 号）等文件，完善外贸综合服务企业管理办法；通过《关于跨境电子商务零售进出口商品有关监管事宜的公告》（海关总署公告 2018 年第 194 号），进一步为跨境电商进口的发展提供合法性确认、便利化支持和规范化引导，跨境进口电商进入全产业链竞争时代。 四批跨境电商综试区的地方政府通过公共服务供给、产业政策工具等，进一步深化制度创新、管理创新和服务创新，营造有利于跨境电商产业发展的营商环境。 其中，第一批和第二批跨境电商综试区的地方政府在已取得成果的基础上，进一步深化创新，为跨境电商产业的发展提供更加便利化的支持和规范化的引导。 如杭州市政府侧重推进 eWTP 倡议的落地，宁波市政府侧重加大关、检、税、汇等部门的"放管服"改革。 第三批、第四批跨境电商综试区的地方政府在复制前两批成熟经验做法的基础上，结合本地产业发展实际进行创新细化。 如南昌市政府基于线上综合平台，完善"查检合一"全覆盖的硬件设施，进一步提升通关效率。 此外，地方政府进一步深化制度创新，并将制度创新措施向非试点区域拓展延伸。 如中国（杭州）跨境电商综试区出台第三批共 28 条"制度创新清单"，通过数字口岸等方式，与周边腹地产业集群开展合作对接，以实现跨境电商综试区政策红利的共享。 该阶段各主体间的作用机制如图 7-6 所示。

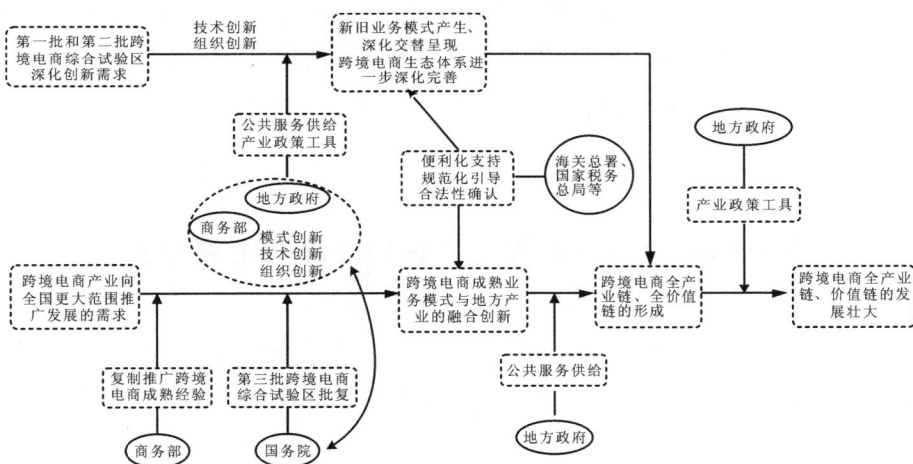

图 7-6 创新扩散阶段动力作用机制

经过该阶段的试点，跨境电商在制度创新和产业发展等方面取得了显著成果，相关成效还在持续积累和拓展中。 跨境电商"中国方案"不断成熟，跨境电商全价值链逐渐形成，对国际贸易规则的重构产生重要影响，助力中国更好地参与全球治理。 从制度创新成效上看，从 2017 年 11 月到 2018 年底，国务院及国家部委陆续发布了 13 个公告、2 个意见、5 个通知和 1 部法律，共计 21 份政策文件，涉及近 30 个部门。 具体而言，第一，跨境电商零售进口试点基本结束，相关制度体系阶段性成型，跨境电商零售出口试点成为现阶段政策与制度体系设计的重点方向。 第二，地方政府在以"两平台、六体系"为核心的跨境电商基础性政策框架下，结合地方实际进一步检验、完善和创新已有制度体系。 从产业发展成效上看，2018 年，中国跨境电商交易规模达 9 万亿元，同比增长 11.6％，占外贸进出口总额的比重达 29.5％（2018 年，中国进出口贸易总额为 30.51 万亿元）。 其中，跨境出口交易规模达 7.1 万亿元，同比增长 12.7％；跨境进口交易规模达 1.9 万亿元，同比增长 26.7％。 从跨境出口模式上看，跨境 B2B 出口交易额占跨境出口交易额的比重为 83.2％。① 随着新技术的应用、制度创新的深化，跨境电商正在成为推动中国外贸增长的新动能、传统外贸转型升级的重要抓手、新型数字贸易发展的重要增长点。 此外，随着传统外贸企业加速转型升级，海外市场需求的不断拓展，品牌出海成为跨境电商发展的主流，跨境出口电商的发展从成长逐渐走向成熟，在跨境电商交易中仍占主导地位，而不断涌现的跨境电商新模式，成为中国品牌出海、提升国内消费水平的重要推动力。

7.3 中国(杭州)跨境电商综试区创新实践与主要经验

杭州作为我国首个设立跨境电商综试区的城市，在探索中国特色跨境电商发展的道路中肩负重大使命。 自获批设立跨境电商综试区以来，杭州市加快建设具有全球影响力的跨境电商创业创新中心、服务中心和大数据中心，制度创新红利不断释放，跨境电商拉动外贸增长的作用日益显现，以"两平台、六体系"为核心的杭州经验向全国综试区复制推广。 本节基于上述跨境电商综试区创新演化阶段模型，对中国（杭州）跨境电商综试区在创新培育、创新突破、创新深化、创新扩散等 4 个阶段的创新举措进行分析，进而总结中国（杭州）跨境电商综试区发展的经验。

7.3.1 创新培育阶段

国家发改委办公厅于 2012 年 8 月发布了《关于开展国家电子商务试点工作的通知》，杭州获批成为全国首批跨境贸易电商服务试点城市。 自获批成

---

① 资料来源：中国电子商务研究中心发布的《2018 年度中国跨境电商市场数据监测报告》。

为全国首批跨境贸易电商服务试点城市以来，杭州市地方政府在制度创新、管理创新和服务创新等方面先行先试。 地方政府通过制定规范标准、监管办法等产业政策，引导产业发展；通过构建通关服务平台、建设仓储物流基地、创新监管模式等公共服务供给，提高管理效率，降低产业发展成本，进而营造有利于跨境贸易电商产业发展的营商环境。 从制度创新上看，杭州市率先创新了针对跨境电商的监管服务模式，建立了"清单核放、汇总申报"的便捷通关流程和"信息互通、监管互认、执法互助"的部门协同机制，初步实现了"一次申报、一次查验、一次放行"，并成为海关总署（56 号公告）的标准版本。 从管理创新上看，杭州下城区跨境电商产业园、跨境电商下沙园区及空港园区分别于 2013 年 7 月、2014 年 5 月和 2015 年 2 月开园运营，为跨境电商产业的发展提供产业发展平台。 此外，杭州市建立中国（杭州）跨境电商综试区申报建设工作领导小组，由市委、市政府主要领导担任组长，创新跨境电商产业发展的管理机构。 从服务创新方面看，2014 年 5 月，杭州市与海关总署共同成立工作推进小组并启动课题研究与方案编制工作，在征求相关部门及专家意见后，于当年 10 月份制订了试点实施方案。

自成为首批跨境贸易电商服务试点城市以来，杭州市积极开拓创新，试点工作取得了"四个最"的成效，走在了全国试点城市前列：第一，杭州市的业务类型覆盖最全，是全国唯一同时开展跨境贸易电商"小包出口""直邮进口""网购保税进口"等进出口业务的试点城市，试点商品种类最为齐全。第二，交易规模发展最快，以试点进口业务为例，截至 2014 年 10 月 30 日，该年度杭州经济技术开发区保税进口业务累计进区备货总值已突破 1.8 亿元，交易订单突破 35 万单，交易金额达到 8149 万元，单日交易峰值自 8 月突破万单大关后，9 月 22 日达到单日交易 16 519 单，位居全国 7 个试点城市之首。 第三，监管模式最优，建立了"清单核放、汇总申报"的便捷通关流程和"信息互通、监管互认、执法互助"的部门协同机制，初步实现"一次申报、一次查验、一次放行"，并成为海关总署（56 号公告）的标准版本。 第四，产业集聚效应最强，天猫国际、顺丰速运等国内外知名大型综合电商企业陆续入住试点园区，产业集聚效应和影响日益显现。 杭州市政府在面对跨境贸易电商试点发展成果的基础上，结合跨境电商行业发展实际，整合已有在外贸、物流、电子商务等产业发展方面的优势，积极发挥地方政府作为"第一行动集团"的职责，通过制度创新形成地方性法规政策，促进区域跨境电商和进出口贸易的发展，进而制订跨境电商综合试验区建设方案，并积极与上级部门对接，谋求跨境电商综试区的建设。

7.3.2　创新突破阶段

跨境网络零售出口业务发展壮大及进口业务规范化、阳光化需求，使得现行以出口业务试点为核心形成的监管制度体系与跨境电商发展需求不适应，且政府监管部门之间不协同、跨境电商企业运作不规范等问题时有发生。为了从根本上系统性解决制约跨境电商业务发展的体制机制问题，国务院牵头遴选对外贸易发展较好的地区展开跨境电商综试区试点。杭州市政府在杭州进行跨境贸易电商服务试点工作时取得的试点成果的基础上，结合本地外贸企业及产业发展需求，向国家申报设立中国（杭州）网上自由贸易试验区。经过多方联动，2015 年 3 月，国务院发布《关于同意设立中国（杭州）跨境电子商务综合试验区的批复》（国函〔2015〕44 号），杭州成为首批设立跨境电商综试区的城市，标志着杭州市的跨境电商综合试验区发展进入创新突破阶段。该阶段的试点工作主要在跨境电商交易、支付、物流、通关、退税、结汇等环节的技术标准、业务流程、监管模式和信息化建设方面先行先试，通过制度创新、管理创新、服务创新和协同发展，破解跨境电商发展中的深层次矛盾和体制性难题。

在创新突破阶段，杭州市政府以"两平台、六体系"为核心的跨境电商综试区建设思路，构建有利于产业发展的营商环境。即通过制订指导意见、落地实施创新清单等产业政策工具，引导产业发展壮大；通过建设线上"单一窗口"、线下产业园区，组织宣传推广活动、推荐会等管理和服务创新，加大公共服务供给，降低产业发展成本。具体而言，首先，杭州市政府在跨境电商服务试点城市建设中已取得成果的基础上，结合杭州跨境电商产业发展实际及已有资源，形成《中国（杭州）跨境电子商务综合试验区实施方案》，以建设"两平台、六体系"的八项创新举措为抓手，分批形成系列创新措施清单，并争取中央各部委的支持以实现创新措施落地，全面推进中国（杭州）跨境电商综试区的建设。其次，杭州市地方政府作为推动跨境电商综试区创新发展的"第一行动集团"之一，通过制度创新、管理创新和服务创新，形成有利于促进跨境电商企业自由化、便利化和规范化发展的环境。 从制度创新上看，中国（杭州）跨境电商综试区通过出台《关于推进跨境电子商务发展的通知（试行）》，鼓励培育跨境电商主体；通过创新措施清单的落地实施，建设适应跨境电商 B2C 和 B2B 发展的监管服务体系，2015 年 5 月首批 32 条创新措施在综试区落地，至同年 7 月，已落地实施的创新措施达 55 条。 从管理创新上看，召开系列推进跨境电商发展的现场会、推荐会等，进一步加快中国（杭州）跨境电商综试区的建设；成立跨境电商综试区建设领导小组办公室并开始实体化运作；重点建设中国（杭州）跨境电商综试区下沙、下城、空港、临安、江干、萧山线下园区，各线下园区陆续开园运营；2015 年 6 月，"单一窗口"平台上线，并实现与各部门、各平台数据对接，进一步完善"单一窗口"综合服务平台功能等。从服务创新上看，制订并实施各类招强引优行动计划、攻坚转项行动；依托大型投资洽谈会、论坛、专题推介等，全方位加强对综试区的宣传和推广，扩大综试区的影响力；此外，于 2015 年 8 月 28 日成立杭州跨境电商协会。

　　该阶段的主要成效体现在"单一窗口""平台建设和跨境电商业务监管模式创新"上。 从"单一窗口"综合服务平台建设上看，在数据标准和认证体系构建的基础上，与海关、检验检疫、税务、外汇管理、商务、工商等政府部门进行数据交换和互联互通，推动政府管理部门之间"信息互换、监管互认、执法互助"，实现通关全程无纸化，提高通关效率，降低通关成本；功能模块涵盖跨境电商 B2C 进出口业务和跨境电商 B2B 业务，实现一次申报、简化流程的功能。 在此基础上，积极探索基于"单一窗口"的金融服务，与建行、浙商银行、中信保等金融机构研究跨境电商结汇、保险等业务项目，加快构建综试区金融服务体系。 自 2015 年 6 月上线，截至 2015 年 12 月，针对 B2C 业务，"单一窗口"综合服务平台已累计传输小包出口申报超过 4488 万票，交易额超过 18.58 亿元；累计传输个人小包进口申报超过 1742 万票，交易额超过 28.45 亿元。 该平台已集聚 321 家电商平台、1356 家电商企业、116 家物流仓储企业、31 家跨境支付平台、89 家第三方服务企业。 从跨境电商业务监管模式创新来看，通过 56 条创新举措在中国（杭州）跨境电商综试区落地试验，B2C 作为跨境电商中的一种交易形态的制度体系已经基本建立，同时，中国（杭州）跨境电商综试区在跨境电商 B2B 方面也进行了探索创新。 在杭州海关、检验检疫、外管、国税、市场监管等部门的共同努力、合力创新下，从便利通关、金融支付、智能物流到退税结汇，中国（杭州）跨境电商综试区跨境电商 B2C 模式的整个监管流程及相应的制度政策体系已基本建立。 如杭州海关为中国（杭州）跨境电商综试区企业提供"全年 365 天无休，24 小时内海关办结手续"服务；国家质检总局于 2015 年 11 月支持中国（杭州）跨境电商综试区指定口岸建设，书面批复《关于在杭州空港设立进境水果指定口岸有关事项的复函》。 此外，中国（杭州）跨境电商综试区自设立以来，围绕建立适应跨境电商 B2B 发展的监管服务体系方面做了大量的探索创新，并取得一定进展。 如杭州海关建立跨境 B2B 出口海关监管方案；杭州出入境检验检疫局建立跨境电商信用数据库，加强电商企业间的信用等级互认，给予诚信企业检验检疫通关便利等。

7.3.3 创新深化阶段

2016 年 1 月，国务院发布《关于同意在天津等 12 个城市设立跨境电子商务综合试验区的批复》（国函〔2016〕17 号），标志着中国（杭州）跨境电商综合试验区建设进入创新深化阶段。 随着中国（杭州）跨境电商综试区建设的不断推进，制度创新、管理创新、服务创新等推动了跨境电商行业的繁荣，然而跨境电商企业市场创新的发展对政府监管服务体系的诉求不断更新，同时，中国（杭州）跨境电商综试区在服务"一路一带"倡议、探索制定国际贸易新规则、加快供给侧结构性改革中的关键地位，促使综试区创新不断深化。如前所述，一方面，中国（杭州）跨境电商综试区以"两平台、六体系"为核心，进行杭州经验的总结与输出；另一方面，通过深化"两平台、六体系"推动中国（杭州）跨境电商综试区的优化升级，加快构建数字丝绸之路战略枢纽，组织开展"新外贸新服务新制造"2.0 计划。

在创新深化阶段，杭州市地方政府继续深化"两平台、六体系"建设，以制度创新为核心任务，推动监管模式创新，积极参与全球治理。 促进贸易便利化发展，探索以国际网络贸易中心城市建设为核心的跨境电商 2.0。 通过第二批制度创新清单的落地实施，实现通关便利化、退税便利化和金融便利化；依托政府端和企业端的数据沉淀，综试区"单一窗口"综合服务功能领先发展，实现服务能级提升、强化风险防控、完善统计监测，进而形成完整的跨境电商产业链和生态圈，同时以中国（杭州）国际网络贸易核心功能区、eWTP实验区等的建设为重点，在全球贸易体系中引领网络贸易规则体系形成和新模式、新业态发展，确立杭州市全球网络贸易中心城市地位。 在此过程中，中国（杭州）跨境电商综试区坚持贯彻落实《中国（杭州）跨境电子商务综合试验区实施方案》，始终把制度创新作为核心任务，在基本建立跨境电商B2C制度体系的同时，重点推动跨境电商B2B制度创新，推动监管模式创新，促进贸易便利化发展。 从制度创新上看，深化"两平台、六体系"建设，会同关、检、汇、税等部门先后出台85条制度创新清单；制定出台跨境电商B2B出口业务认定标准、申报流程和便利化举措；制定印发中国（杭州）跨境电商综试区第二批制度创新清单，清单包括10个方面30项措施；2017年3月1日起《杭州市跨境电子商务促进条例》正式实施；等等。 从管理创新上看，中国（杭州）跨境电商综试区的县级园区进一步扩容，如富阳园区、建德园区、拱墅园区、西湖园区等陆续开园；积极探索"区域通关一体化"机制，在优化完善平台政务服务模块功能的同时，引导电商企业通过"单一窗口"申报出口，尝试"杭州报关，宁波、上海等口岸放行"的跨关区申报模式；2016年8月发布2016年度杭州跨境电商指数发展报告等。 从服务创新上看，进一步深化招强引优行动，开展深化跨境电商B2B专项行动，组织开展跨境电商B2B"标杆300"行动、"E揽全球"跨境电商百万创新服务行动，推出创新项目服务平台（e-box）等；召开各类跨境电商发展座谈会、推荐会、后G20时代跨境电商企业峰会等，进一步推广跨境电商杭州经验；确定杭州成为"网上丝绸之路"重要战略枢纽城市等。

在创新深化阶段，各类利好政策不断叠加，跨境电商发展势头强劲、要素资源加速集聚、生态体系日臻完善，进而推动杭州传统外贸企业的转型升级。截至2017年底，全市已有超过8000家跨境电商企业，跨境电商已经成为全市外贸企业转型升级的有效选项；全市新引进跨境电商产业链企业603家，亚马逊、谷歌、Wish、PayTM等各大全球跨境电商平台纷纷落户杭州。 为进一步提升创新项目服务的精准度和实效性，中国（杭州）跨境电商综试区在"单一窗口"平台上开发上线跨境电商创新项目服务（e-box），自 2017 年 7 月上线以来，截至年底，该平台共展示了 165 个项目，跨境电商企业线上预约量为 3300 多个，线上线下成功对接并正式签约的合作超过 4000 个，为企业通过跨境电商开拓国际市场提供支撑。2017 年，全市实现跨境电商总交易额 99.36 亿美元，同比增长 22.49％，其中出口为 70.22 亿美元、进口为 29.14 亿美元，同比分别增长 15.87％和 42.03％，跨境电商已经成为外贸增长的新动能。

7.3.4 创新扩散阶段

2017 年 11 月，商务部等 14 部门发布《关于复制推广跨境电子商务综合试验区探索形成的成熟经验做法的函》（商贸函〔2017〕840 号），标志着中国（杭州）跨境电商综合试验区建设进入创新扩散阶段。中国（杭州）跨境电商综试区建设的创新扩散阶段主要体现在，试点工作发展的规范化和管理角色分工的常态化上。在该阶段，杭州市政府开始对跨境电商综试区的建设过程进行经验总结，规范本地跨境电商发展，为全国跨境电商的发展输出"杭州经验"，此外，以本地外贸企业市场创新为发展动力，继续深化国际网络贸易中心城市的建设。

从"杭州经验"总结与输出上看，杭州市通过跨境电商综试区建设的经验总结，一方面，从理论层面梳理综试区建设过程中的优点和缺点，以缺点的弥补和完善推进中国（杭州）跨境电商综试区的创新演化；另一方面，作为国内首个跨境电商综试区，中国（杭州）跨境电商综试区的建设成果对其他区域具有一定的示范带动作用。具体建设经验如表 7-1 所示。

表 7-1 中国（杭州）跨境电商综试区创新经验

序号	经验	经验举措
1	构建"两平台、六体系"顶层设计框架	线上"单一窗口"平台是监管和服务创新的集中体现，通过对接监管部门和各类市场主体，集在线通关、物流、退税、支付、融资、风控等功能于一体，实现"一点接入、一站式服务、以平台汇总"
		以真实交易为基础的电商信用评价体系，对企业或商品实施分类分级监管，简化优化监管流程，并依托大数据分析运用，提供金融、物流等供应链综合服务，促进跨境电商自由化、便利化、规范化发展

续　表

序号	经验	经验举措
2	创新跨境电商监管制度	对跨境电商出口产品实施"前期备案、提前监管、后期跟踪、质量监控"的监管模式
		对进口产品实施"提前申报备案、入区集中检疫、出区分批核销、质量安全追溯"的监管模式
		建立负面清单监管制度
		利用大数据手段,对跨境电商产品质量风险进行评估、监测和预警
		开展关检合作,实现"一次申报、一次查验、一次放行"
3	跨境电商数字化管理	确立交易订单、支付单、物流单"三单"数据格式标准
		建设"单一窗口"信息化综合服务平台,实现政府管理部门之间"信息互换、监管互认、执法互助",实现通关全程无纸化,提高通关效率,降低通关成本
		通过链接金融平台、物流平台、电商平台、外贸综合服务企业等,为跨境电商企业和个人提供物流、金融等供应链综合服务
4	税收便利化管理	对出口退税实行"无纸化管理"
		对于纳入中国(杭州)跨境电商综试区"单一窗口"平台的外贸综合服务企业,符合资产状况好、纳税信用等级高、内部风控强的要求,被评定为一类或二类出口企业,可使用增值税专用发票认证系统信息审核办理退税,之后再用稽核信息进行复核。对出口退税实行"无纸化管理"
		电商企业进行出口退(免)税正式申报时,只需提供通过税控数字证书签名后的正式电子数据,原规定向主管税务机关报送的纸质凭证和纸质申报表留存企业备查
5	优化跨境电商金融服务	开展简化单证完善个人贸易外汇管理试点工作,允许符合条件的个体工商户开立个人外汇结算账户,直接在银行办理跨境电商涉及的外汇收支业务,可凭与代理企业签订的进出口代理合同(协议)或委托物流公司运输的单据办理结售汇,不受5万美元个人结售汇年度额度限制
6	创新跨境电商智能物流服务	支持跨境电商物流企业完善产业链布局,科学规划并加快推进保税仓储建设,鼓励建设公共海外仓,创新海外仓建设模式,进而优化海外仓布局
7	跨境电商统计监测体系建设	以跨境电商交易数据为基础,园区统计和部门行政记录为补充,形成跨境电商多方联动统计机制,并建立统计监测体系

序号	经验	经验举措
8	推进跨境电商生态圈建设	制订中国(杭州)跨境电商综试区跨境电商产业发展和空间布局规划,完善综合配套服务体系和生态系统,增强产业集聚效应,实现区域产业集聚发展,打造完整的跨境电商产业链和生态圈
		发挥跨境电商综合服务企业作用,为中小型跨境电商企业提供物流、报关、信保、融资、收汇、退税等一站式、综合性跨境电商服务
9	创新跨境电商商业模式	形成跨境电商 B2B 交易新模式,推出跨境电商 B2B 交易信保产品,解决交易信用障碍,形成跨境电商交易完整闭环
		将跨境电商这种新型商业模式与中国制造相结合,着力推动传统外贸企业和制造企业应用跨境电商模式,通过"互联网＋外贸"实现优进优出,为企业转型升级提供现实路径

从深化国际贸易中心城市的建设上看,中国(杭州)跨境电商综试区在深化"两平台、六体系"发展的基础上,加快构建数字丝绸之路战略枢纽,组织开展"新外贸新服务新制造"2.0计划。 在未来,中国(杭州)跨境电商综试区将通过构建全球数字贸易平台集聚地、全球数字贸易服务中心、开放高效的数字口岸、数字贸易产业合作走廊、全球数字贸易发展交流平台,努力探索更多先行先试的实践成果和制度成果,带动更多的企业和公司运用跨境电商开展国际贸易,努力将其打造为全球跨境电商第一城,加快构建数字丝绸之路战略枢纽。

7.4　中国(宁波)跨境电商综合试验区创新实践与主要经验

2012 年 12 月,宁波成为国家首批跨境贸易电商服务试点城市,2016 年 1月 12 日,国务院同意在宁波等 12 个城市设立跨境电商综试区。 与杭州市相比,宁波市背靠宁波—舟山港,口岸条件得天独厚,且具有扎实的外贸产业基础。 自获批设立跨境电商综试区以来,中国(宁波)跨境电商综试区的建设始终坚持以推动"宁波制造"更好走出去为着力点,深化政策引导和资金扶持,不断鼓励传统外贸、制造业、服务型企业试水跨境电商出口业务,并通过

"互联网＋外贸""互联网＋制造"，倒逼传统贸易、制造业转型升级，重构产业链与价值链，培育并形成对外贸易竞争的新优势。本节基于上述跨境电商综试区创新演化阶段模型，对中国（宁波）跨境电商综试区在创新培育、创新突破、创新深化、创新扩散等 4 个阶段的创新实践进行分析，进而总结中国（宁波）跨境电商综试区发展的经验。

7.4.1 创新培育阶段

2012 年 12 月，宁波与杭州同时成为全国首批跨境贸易电商试点城市，标志着宁波跨境电商发展进入创新培育阶段。2013 年 9 月 2 日，《宁波市跨境贸易电子商务服务试点项目业务及技术实施方案》通过海关总署审批；同年 11 月 27 日，宁波跨境贸易电商试点进口业务在保税区进口基地正式实单运行，"跨境购"平台正式上线，标志着宁波试点工作进入实质性阶段。宁波市政府抓住跨境贸易电商服务试点这一重大机遇，把跨境电商作为推动宁波"电商换市"、外贸转型、加快"港口经济圈"建设的重要抓手，先行先试，改革创新，从而实现跨境电商的快速发展。2014 年 10 月 17 日，宁波跨境贸易电商试点累计交易突破 1 亿元，成为全国首个破亿元的试点城市；11 月 11 日，宁波"跨境购"首次参加"双 11"活动，单日交易额居全国首位；12 月 29 日，宁波跨境电商进口集货业务模式在鄞州保税物流中心启动试运行。2015 年 5 月 26 日，宁波跨境贸易电商累计交易额突破 10 亿元，成为全国首个破 10 亿元的试点城市；5 月 27 日，宁波跨境电商出口业务首单运行；7 月 16 日，宁波跨境电商首票 B2C 出口货物完成线上申报；11 月 23 日，宁波成为全国首个跨境贸易电商服务试点验收成功的试点城市。

在跨境电商综试区创新培育阶段，宁波市政府在跨境电商的监管、服务机制等方面进行探索，从制度创新、管理创新和服务创新等方面为宁波跨境电商产业的发展创造良好的发展环境。从制度创新上看，宁波市政府为鼓励跨境电商企业的发展，出台各类创新扶持政策，如 2013 年 3 月出台《宁波市人民政府关于推进我市跨境贸易电子商务服务试点工作的通知》，并成立了宁波市跨境电商领导小组；宁波市财政局安排 200 万元补贴跨境贸易电商综合信息服务平台的发展建设，并安排跨境贸易电商服务试点专项配套资金；2015 年，宁波市政府发布《宁波市人民政府关于加强推进宁波市跨境电子商务发展的指导意见》，各县（市、区）也相继出台相关政策；保税区发布《关于加快电子商务发展的若干意见》《关于印发宁波保税区跨境贸易（进口）电子商务基地发展规划（2013—2015）的通知》《关于加快跨境电子商务人才集聚的若干政策意见》；市口岸办等相关部门出台相关文件，明确提出要创新外贸模式，加快培育外贸综合服务企业，鼓励跨境电商龙头企业建立海外仓等。从管理创新上看，成立试点领导小组办公室，制订《宁波跨境贸易电子商务服务试点项目业务和技术实施方案》；协调海关、检验检疫、国税、外汇管理等相关部门制订跨境贸易电商试点监管办法和操作流程等。从服务创新上看，完善各类配套设施，如宁波保税区跨境（进口）贸易电商基地按照"功能集中、服务集成、企业集群"的思路进行空间布局，配套物流基地、办公场地、实体体验店等；建设"跨境购"公共平台，进一步打通电商与海关、国检的申报通道，实现与第三方平台的对接，并创新平台监管和服务模式等。

作为全国首批跨境电商试点城市之一，宁波的跨境电商发展基础优越、势头良好，特别是在传统外贸高开低走的严峻形势下，宁波借力全国首批跨境电商试点城市政策优势，力推外贸转型升级，积极发展跨境电商这种"互联网＋外贸"的新型贸易方式，基本形成以宁波保税区为主，以栎社保税物流中心、栎社机场物流园区、海曙跨境电商产业园、江北电商城为辅的"一点多面"的集聚发展格局。宁波跨境电商试点业务保持了强劲的发展势头，进口业务量稳居全国 7 个试点城市之首，成功抢占跨境电商发展高地。2014 年底，宁波市跨境电商零售进口额累计 3.8 亿元，居全国首批试点城市第一位。同时实现四项指标全国第一：经营商品种类最多、发送包裹最多、消费者人数最多、商品货值最高。从跨境出口方面看，宁波海关首先在江北区选择 5 家企业作为 B2C 模式出口跨境电商试点企业，随后又批准 38 家大型 B2B 试点企业。凭借全国首批跨境电商试点城市的背景优势，宁波跨境电商发展氛围浓郁且已经具备一定的跨境电商实力。

7.4.2 创新突破阶段

2016 年 1 月 12 日,《国务院关于同意在天津等 12 个城市设立跨境电子商务综合试验区的批复》(国函〔2016〕17 号)指出,同意在天津市、上海市、宁波市等 12 个城市设立跨境电商综试区,用新模式为外贸发展提供新支撑,标志着宁波市的跨境电商综试区发展进入创新突破阶段。 2016 年 4 月 18日,《中国(宁波)跨境电子商务综合试验区实施方案》获浙江省政府批复;同年 5 月 16 日,宁波市召开中国(宁波)跨境电商综试区建设动员大会,标志着宁波建设国家级跨境电商综试区工作全面启动。 在创新突破阶段,宁波市政府作为推进跨境电商发展的动力主体之一,在借鉴"杭州经验"的基础上,结合地方实际提出"三四五六"的总体建设框架,其中"三"指"三大平台",即跨境电商综合信息平台、跨境电商园区平台和跨境电商物流平台;"四"指"四大服务",即可信交易、快捷结算、便利商务和协同物流;"五"指"五大体系",即信息共享、风险防控、金融支撑、企业孵化和人才建设;"六"指"六大创新",即跨境电商模式创新、跨境电商监管创新、税收便利化管理创新、跨境生态圈建设创新、海外分销渠道创新和产业联动机制创新。

中国(宁波)跨境电商综试区在"三四五六"总体建设框架的指导下,通过制度创新、管理创新和服务创新等,推动关、检、汇、税、商、物、融的一体化发展,形成适应跨境电商发展的监管服务模式和制度体系,打造跨境电商完整的产业链和生态链,探索具有宁波特色的跨境电商发展模式。从制度创新上看,自 2016 年以来,制定了"宁波跨境电商综试区创新清单"(58 条),2016 年底前已落地 12 条,9 条正与相关部委对接落实中,其余 37 条当时计划于 2018 年底落实;2016 年出台《市跨境电子商务专项资金管理暂行办法》(甬口岸〔2016〕19 号)和《市电子商务发展"十三五"规划》(甬发改规划〔2016〕533 号)等。 从管理创新上看,加快组织体系的建设,综试区获批后,宁波市政府将综试区建设作为"一圈三中心"经济工作的重要内容纳入全市"十三五"发展规划纲要;市委、市政府组织召开了综试区建设动员大会,成立了由市政府主要领导担任组长的综试区领导小组，建立了由口岸部门牵头抓、监管部门协调抓、各市（县、区）具体抓的工作机制，各有关部门、各县（市、区）均建立了跨境电商"一把手"负责制；积极争取中央各类产业扶持资金，并在每年设立 2000 万元以上的市级跨境电商专项扶持资金，对产业基金进行有效运作，建立多元投资体系等。 从服务创新上看，加大对产业发展综合配套体系的建设，国税、外管、海关、检验检疫等相关监管部门围绕跨境电商进出口业务实施了一系列创新举措，管理重心下移、监管节点前移，摸索出一系列"进得来、管得住、放得快"的创新举措，为跨境电商发展营造了良好的政务环境；推动宁波国际邮件互换局的正式运营，宁波舟山港一体化、江海联运中心等配套智能仓储等的建设，进一步健全和完善仓储物流体系；推动建设综合服务平台（"单一窗口"平台），努力实现关、检、汇、税、融"一站式"服务；创新人才培育机制，探索建立跨境电商人才培育和孵化机制等。

在创新突破阶段，中国（宁波）跨境电商综试区的发展取得了显著成效。2016 年，宁波跨境电商交易总额为 40.32 亿美元，约 270.14 亿元（按当时汇率计算），是 2015 年的 3.4 倍，圆满完成 2016 年初确定的交易额突破 40 亿美元的目标，在全市外贸进出口总额的占比从 2015 年的 1% 上升至 4%。 其中，进口总额为 53.65 亿元，约 8.01 亿美元；出口总额约 216.48 亿元，为 32.31 亿美元。 依托健全的集疏运体系、有力的政策支持、高效的管理服务、完善的产业配套，中国（宁波）跨境电商吸引了一批知名跨境电商企业；与 eBay、亚马逊等企业建立战略合作关系，推动本土企业布局跨境电商，如银亿集团与宁波保税区合作，设立跨境电商 O2O 体验中心，宁波中铁互联、平安银行等物流、金融企业也正积极部署进军跨境电商领域；实现了"保税备货""保税集货""一般业务"3 种进口模式和特殊监管区的全覆盖，涌现了一批以跨境电商为主导产业的企业、平台和园区；发挥了宁波市现有特色产业集群的优势，以海曙区服饰家纺、鄞州区五金工具、余姚家电、慈溪家电、宁海文具等 5 个特色区域为试点，推动产业集群与跨境电商融合互动等。 依托第三方平台开展的 B2C 模式、自建垂直平台的 B2B2C 模式与 M2B2C 模式、外贸综合服务平台 B2B2C 模式、传统企业转型发展的 B2B2C 模式等的探索初见成效，跨境电商模式转型升级迈出新步伐。

7.4.3　创新扩散阶段

2017 年 11 月，商务部等 14 部门发布《关于复制推广跨境电子商务综合试验区探索形成的成熟经验做法的函》（商贸函〔2017〕840 号），标志着中国（宁波）跨境电商综试区进入创新扩散阶段。 该阶段的试点工作主要是总结宁波跨境电商发展过程中的成熟经验和做法，为其他电商基础条件较好、进出口发展潜力大的地方提供新经验和做法，同时在已取得成熟经验和做法的基础上，进一步深化创新，为全国跨境电商行业的发展提供"宁波经验"。 宁波市政府在已取得跨境电商综试区发展成熟经验的基础上，继续侧重加大对关、检、税、汇等部门的"放管服"改革，进一步深化创新。 此外，宁波市政府将制度创新向非试点区域拓展延伸，如通过产业园区的认定及综合服务平台县域节点的建设，与周边腹地产业集群开展合作对接，实现政策共享。

经过 1 年多的跨境电商综试区建设实践，宁波跨境电商发展取得了显著成效。 据海关总署统计，2018 年宁波累计实现跨境电商进出口额 1093.66 亿元，率先成为全国累计销售突破百亿美元大关的城市。 截至 2018 年，宁波市跨境电商进口申报清单达 1.24 亿票，货值 223.9 亿元，占全国的 12%，位居全国试点城市单个区域之首。 宁波保税区作为浙江省首个海关特殊监管区，享有"保税、免税、免证"等特殊政策，在已取得显著成果的基础上，宁波市政府展开跨境电商综试区建设的经验总结，一方面对过往已取得的创新经验、创新成果进行回顾，以坚定未来的发展方向；另一方面以经验总结梳理将来的发展路径，且对相近经济发展水平的地区具有一定的借鉴作用。 具体形成如表 7-2 所示的创新经验。

表 7-2 中国（宁波）跨境电商综试区创新经验

序号	经验	经验举措	经验启示
1	"单一窗口"经验	作为首批跨境电商服务试点城市，宁波市于 2015 年开始启动"单一窗口"建设工作，并于 2015 年 9 月 1 日正式发布，定位为宁波口岸通关贸易综合服务平台，宁波市成为国内（继上海后）首批、浙江省首家上线"单一窗口"平台的城市	宁波凭借成为全国首批跨境电商试点城市的契机，以国际物流一般贸易平台为基础，抢先建设"单一窗口"平台，并在运用过程中不断发展完善。宁波作为全国首批跨境电商试点城市和第二批设立跨境电商综试区的城市，借助现有载体建设"单一窗口"平台的经验值得其他地区借鉴
		"单一窗口"涵盖口岸通关、跨境贸易、贸易合作、资质认证、数据应用、资讯中心、"一带一路"、物流服务等八大板块，实现相关功能 300 余项	
		宁波市"单一窗口"平台不仅服务于浙江省进出口企业，还与多个国家建立合作关系，并且服务于"一带一路"沿线国家的企业，提供广泛的"单一窗口"服务	
2	线下载体经验	中国（宁波）跨境电商综试区获批以来，先后授牌 2 批 12 个线下园区，分别为海曙园区、江北园区、鄞州园区、杭州湾园区、保税区园区、梅山园区、空港园区、余姚市、慈溪市、宁海县、镇海区、北仑区（宁波经济技术开发区）。其中海曙园区、江北园区、鄞州园区、余姚市、慈溪市、宁海县、镇海区、北仑区由宁波行政区划海曙区、江北区、鄞州区、余姚市、慈溪市、宁海县、镇海区、北仑区与中国（宁波）跨境电商综试区联合打造，未来可拓展性较强，且由于具备政府背景，在政策扶持、资源集聚、人才培育等方面具备明显优势，极大地促进了宁波各区域跨境电商的发展	线下电商园区的建设，在承接政府政策扶持、孵化区域跨境电商企业方面起着至关重要的作用，中国（宁波）跨境电商综试区与宁波行政区联合设立线下跨境电商的经验值得广泛借鉴，由政府背书，既有利于各地区跨境电商扶持政策落地，又有利于园区企业与政府相关部门对接，为"单一窗口"平台的建设提供支撑
3	公共服务经验	中国（宁波）跨境电商综试区公共服务有申报服务、备案服务、可信服务、资信服务、支撑服务、海外仓服务及无水港服务	中国（宁波）跨境电商综试区公共服务既有满足跨境电商企业常规需求的一般性跨境电商公共服务，又有结合宁波海外仓、无水港等自身优势的特色服务，未来其他地区在借鉴中国（宁波）跨境电商综试区公共服务经验时，不仅要提供跨境电商企业需要的一般性公共服务，还要结合自身区域特点，寻找自身发展优势，从而提供区域化、个性化的特色公共服务
		建有商务信息平台和物流信息平台，它们为宁波跨境电商企业、海关等政府部门提供及时的信息查询服务 结合"放管服"改革，从提高效率、放宽限制、创新模式等方面出台 20 余项贸易便利化措施，实现管理重心下移、监管节点前移	

续　表

序号	经验	经验举措	经验启示
4	政策扶持经验	宁波跨境电商扶持政策由宁波市多个政府部门发布,涉及领域广泛,且及时稳健的政策发布极大地促进了宁波跨境电商的发展	宁波跨境电商扶持政策由宁波市政府、宁波海关、宁波国检、宁波下辖各县(市、区)共同发布,政策密集且覆盖领域广泛,从这一现象可以看出,未来其他地区发展跨境电商提供政策扶持时,要吸取宁波政策扶持的经验,多方协同、简政放权、因地制宜地发布跨境电商扶持政策。此外,宁波市要立足先试先行,为国家层面进行制度创新试点贡献"宁波智慧"
		宁波市政府出台的政策有《宁波市人民政府关于推进我市跨境贸易电子商务服务试点工作的通知》《关于加快推进宁波市跨境电子商务产业发展的若干意见》等文件	
		宁波海关出台《宁波海关跨境贸易电子商务进境商品监管办法》《宁波海关关于开展保税展示交易业务的公告》等文件	
		宁波国检出台《入境电子商务检验检疫监管工作规范(试行)》等文件	
		宁波各县(市、区)也相继出台相关政策,如海曙区发布《海曙区电子商务产业发展若干政策意见》等	
5	人才建设经验	面对人才紧缺问题,宁波市采取多项措施,在解决人才数量不足问题的同时,致力于培养实战型人才和复合型人才	宁波市在人才建设方面,采用内外兼修模式,共同建设宁波跨境电商人才队伍。一方面,宁波市相关政府部门与当地高校合作,凭借高校人才培养优势,培养宁波跨境电商人才预备队伍;另一方面,利用跨境电商试点城市和第二批跨境电商综试区优势,积极引进外部企业,借助外部大型企业人才培养经验,强化跨境电商现有人才队伍。双规制人才建设措施,为其他地区解决跨境电商人才紧缺问题提供了解决方案
		2016 年 7 月 2 日,宁波市口岸打私办联合浙江万里学院成立全国首家跨境电商学院,以跨境电商为教学导向,不分专业方向,实行"2.5＋1.5"模式培养,同时让学生到龙头企业一线岗位见习培训,设置跨境电商 IT、跨境电商 UID、跨境电商数据分析、跨境电商运营与管理等专项培训项目,依托首家跨境电商学院的平台优势和高校的人才集聚优势,深化校企合作	
		2016 年 12 月,宁波市教育局与阿里巴巴总部签订合作意向书,在宁波市现代服务业公共职业培训平台联合共建阿里巴巴跨境电商宁波人才培训孵化中心,面向在校大学生进行实训、创业孵化,面向企业在职员工进行培训,致力于中高端实用型人才的培养,突出实训和创业特色,探索发展跨境电商人才培养的新路径、新模式	

续　表

序号	经验	经验举措	经验启示
		宁波市在 7 个院校开设跨境电商相关课程,并协同亚马逊、eBay 等大型平台公司,为企业开展跨境电商定制化、个性化人才培训	

近年来,宁波市高度重视中国(宁波)跨境电商综试区建设工作,将其列入宁波市"一带一路"建设综试区四大开放平台之一、"四梁八柱"工程重要组成部分。 未来,宁波跨境电商将依托口岸、开放、物流和产业等方面的优势,进一步加强制度建设,不断优化跨境电商发展环境,把宁波市建成国内领先的跨境电商转型升级引领区、跨境电商监管服务创新示范区和跨境电商仓储物流集散示范区,开创互利共赢新局面。

7.5 跨境电商综试区创新成效与发展思路

发展跨境电商,是推进外贸领域供给侧结构性改革的重要举措。 我国自 2015 年 3 月设立首个跨境电商综试区以来,探索建立了国务院、行业部委、地方政府等多主体协同推进跨境电商综试区建设的治理模式。 国家部委、地方政府和企业以各自利益诉求为基础形成"第一行动集团"和"第二行动集团",不同行动集团间协调互动推动跨境电商综试区的创新演化。 目前,跨境电商成为有序扩大国外优质商品进口的重要渠道、我国大中型企业由"产品出海"向"品牌出海"迈进的重要阵地、我国小微型企业参与国际贸易的重要方式,在促进外贸转型升级、提质增效中起到了战略性和引领性作用。

7.5.1 跨境电商推进贸易高质量发展的成效分析

第一,跨境电商已成为我国外贸稳增长的一支重要有生力量。 2018 年,我国跨境电商交易规模达 9 万亿元,稳居全球第一,占进出口总额的比重为 29.5%,对外贸增长的贡献率为 34.9%,跨境电商已经成为我国外贸稳增长的重要支撑。 当前，跨境电商行业正处于从规模增长到质效提升的转型期，品牌全球化驱动供应链全球化、服务全球化、人才全球化，成为行业发展主流。

第二，跨境电商催生了一批具有国际资源配置能力的贸易主体。 发展跨境电商，促进我国企业摆脱订单加工等传统贸易方式的束缚，直面全球消费市场，通过建立国际供应链体系，实现"中国产品"向"中国品牌"转变，提升我国在全球产业链、价值链中的地位。 雨果网对 1273 个我国跨境电商卖家的调查显示，2019 年有 59％的卖家实现品牌化经营，其中有 836 个卖家将在 2020 年打造自主品牌。

第三，跨境电商推动了国际物流基础设施的全球布局与互联互通。 "两平台、六体系"等跨境电商综试区试点经验的复制推广，提升了我国口岸的数字化、便利化水平，促进了中欧班列、全货机航线等国际物流大通道建设，跨境电商企业也加快了海外仓等境外网点布局，一张联结境内外要素、资源、市场，互联互通的国际物流基础设施网络初步形成。 2019 年，中欧班列开行8225 列，发运集装箱 72.5 万标箱，综合重箱率达到 94％，可抵达欧洲 15 个国家的 50 个城市。 深圳、宁波两地目前已有近 200 家企业开展海外仓业务，海外仓规模合计约 230 万平方米，已构建起覆盖欧美、大洋洲、东南亚的全球网络。

第四，跨境电商加速了现代信息技术在贸易全过程中的创新应用。 跨境电商开启了"互联网＋外贸"时代，推动现代信息技术在贸易场景、贸易全过程中的创新应用，提高通关效率，引领外贸行业全面提升信息化、数字化水平，数据成为贸易的战略性资源，驱动着跨境贸易更智慧、更精准、更高效。如阿里巴巴倡导与发起的 eWTP，致力于利用互联网和技术的力量，构建服务全球中小企业和年轻人的普惠贸易基础设施。

第五，跨境电商服务"优进优出"推动国内供给体系质量提升。 跨境电商是"优进优出"的新渠道，依托境内外跨境电商交易平台，全球优质商品同台竞争，倒逼我国企业加快转型升级、加大自主创新、加强品牌意识，推动了国内供给体系质量提升。 如 2018 年，在我国最大的智能马桶产业集群所在地——浙江省台州市，已有整机生产企业 30 余家、零配件生产企业 300 多家，全产业链产量超 250 万台，年产值达 75 亿元，设立了全国唯一的国家智能马桶监督检验中心，通过"产业集群＋跨境电商"，实现面向欧美高端市场的出口"零的突破"。

7.5.2　跨境电商推进贸易高质量发展的思路

第一，深化跨境电商改革，持续完善顶层设计。 既要重视发挥各跨境电商综试区开展跨境电商改革的主动性、创造性和积极性，又要充分发挥顶层设计的引领导向作用，形成跨境电商改革创新强大合力。 一是商务部、海关总署等部委应进一步加强对跨境电商业务模式的创新，特别是跨境电商 B2B 业务模式的认定，有序推进跨境电商标准化工作，提高精准化、规范化管理能力。 二是各跨境电商综试区应进一步深化跨境电商领域"放管服"综合改革，推进境内外跨境电商服务体系建设，加强现代信息技术在跨境电商监管、服务领域的应用，不断激发改革动力、创新活力与开放潜力。 三是加快落实跨境电商零售出口货物税收政策，建立中欧班列、全货机航线政府补贴退出机制，营造公平、可预期的营商环境。

第二，推动跨境电商对接服务国家战略。 推动跨境电商综试区与"中国制造 2025"等国家重大战略的对接，重点加强规划融合、政策协调、措施联动，形成促进"中国制造"高水平"走出去"的战略合力。 推动与京津冀协同发展、长江经济带发展、长江三角洲区域一体化发展、粤港澳大湾区建设、黄河流域生态保护和高质量发展等国家区域发展战略的对接，各跨境电商综试区应根据当地区位交通条件、产业发展基础及区域发展战略目标，因地制宜地接续制订综试区三年行动纲要，突出当地特色，促进区域融通、共赢发展。 优先鼓励广东、浙江、上海、海南、福建、河南、重庆、天津、辽宁等省市，推进跨境电商综试区与自由贸易试验区的政策协调、机制协同、区域联动，提升开放型经济发展水平。

第三，协同推进跨境电商业务创新、管理创新和服务创新。 鼓励跨境电商业务模式创新，支持跨境电商 B2B 业务创新发展，推动跨境电商进口商品零售业态创新。 构建与跨境电商新业态、新模式、新业务相适应的行业管理与服务体系，重点依托跨境电商综试区线上综合服务平台，有序推进跨境电商业务数据整合与利用，注重加强境外业务环节与服务资源的信息互通、数据互联与资源共享，建立覆盖贸易全过程的业务数据链，为延伸口岸监管链、拓展行业服务链提供技术与数据支撑。

第四，支持跨境电商综试区推进"三个联动"。加强跨境电商与制造业联动，优先依托国家外贸转型升级基地，发展"产业集群＋外贸综合服务平台"、工贸一体化等联动模式，加快培育跨境电商供应链企业。加强与非试点城市的联动，通过设立虚拟口岸、建立快捷物流通道、共用跨境电商综试区线上平台等方式，推动跨境电商口岸与服务资源输出，共享跨境电商综试区发展红利。加强与海外仓、境外经贸合作区等境外网点的联动，建设跨境电商贸易大通道，促进境内外信息、资源、要素互联互通。

第五，加强品牌建设，提升境外权益保障能力。提升企业品牌意识，鼓励企业开展商标和专利境外注册活动，加强知识产权保护和打击假冒伪劣工作。建立境外权益保障服务体系，培育熟悉海外市场的专业服务机构，为企业提供品牌、商标、法律、知识产权等服务。支持块状经济、产业集群、供应链上下游企业在海外建立知识产权维权联盟，推动共同维权、联动维权、网络维权。构建跨境电商商品溯源与质量监管体系，建立主要进口地、出口地商品质量标准信息目录，加强质量标准信息、动态监测数据、企业信用信息的实时归集，不断完善商品溯源与质量监管数据链。

第六，积极参与跨境电商国际规制建设。利用中国进出口商品交易会（即广交会）、中国国际进口博览会、中国—中东欧国家博览会暨国际消费品博览会等国家级展会，加强跨境电商国际交流，不断凝结共识，拓展跨境电商国际合作。鼓励各跨境电商综试区利用友好城市、国际展会等国际交流对话平台，推进跨境电商国际交流与务实合作，优先加强与共建"一带一路"国家的跨境电商贸易合作，探索双边或多边的跨境电商规制安排，促进信息互换、标准互通、流程互联、执法互助，支持宁波深化中国—中东欧跨境电商国际合作。有序推进 eWTP 全球网点布局，不断完善数字贸易标准和规则体系，构建服务全球中小企业和创业者的数字贸易公共服务平台网络。

第七，优化跨境电商海外仓全球布局。鼓励具备条件的行业龙头企业或行业协会整合社会资源，通过自建、租赁、联盟、合作等方式，在主要出口国家和地区布局海外仓，构建连锁化、标准化和网络化的公共海外仓服务体系，培育和扶持形成若干海外仓连锁品牌。 同时，高度重视海外仓作为我国产品进入国际市场的"桥头堡"的作用，积极推动有条件的海外仓由单一出口服务向进出口双向服务转变，由单一仓储物流设施向兼顾退换货服务、境外商务服务、产品展示展销服务、知识产权服务等多项功能的综合性海外服务中心转变。 此外，进一步优化海关、国检的监管模式，支持依托海外仓开展跨境电商出口便利化政策试点，重点探索优化海外仓海关监管模式、完善海外仓的出境检验检疫流程、优化海外仓模式的税务服务流程、实施海外仓优惠原产地证分类管理，为跨境电商企业提供更优质的跨境物流服务。

参考文献

［1］ 安鹏，2019.电子商务对国际经贸发展的促进作用［J］.现代营销（信息版）（9）：109.

［2］ 包振山，朱永浩，2019.日本流通政策的演变及对我国的启示［J］.中国流通经济，33（2）：40-50.

［3］ 毕红鹰，2004.当代国际贸易发展及我国的战略选择［D］.长春：吉林大学.

［4］ 蔡进，2012.降低物流成本是降低流通成本的核心［J］.中国流通经济（12）：12-13.

［5］ 曹家为，2003.我国流通组织和流通渠道的设计与选择［J］.中国流通经济（5）：15-19.

［6］ 曹晶晶，2018.数字贸易发展面临的问题及我国的应对之策［J］.对外经贸实务，355（8）：31-34.

［7］ 曾洪业，刘志宽，李金轩，1981.社会主义商品流通的几个问题［J］.经济理论与经济管理（6）：45-49，44.

［8］ 晁钢令，1998.从"疏通"走向"优化"——论中国商品流通渠道的改革方向［J］.财贸经济（3）：31-36.

［9］ 车礼，1981.流通渠道与批发商业结构［J］.经济理论与经济管理（6）：33-38.

［10］ 陈超凡，刘浩，2018.全球数字贸易发展态势、限制因素及中国对策
［J］.理论学刊，279（5）：50-57.

［11］ 陈寰，2014.论电子商务新业态与外贸转型升级新路径［J］.现代商贸
工业（2）：74-77.

［12］ 陈令淑，1984.全民所有制企业的相对独立性与流通——学习孙冶方流
通理论的一点体会［J］.财贸经济（8）：18-22.

［13］ 陈平，2008.国际贸易中区域经济一体化的研究［J］.新西部月刊
（4）：56-57.

［14］ 陈文玲，颜少君，2017."E 国际贸易"的理论内涵与理论体系［J］.
全球化（11）：5-17.

［15］ 陈文玲，林梦琦，1999.论流通一般中的基本经济规律［J］.财贸经济
（9）：42-49.

［16］ 陈文玲，1997.论社会化大流通的时代特征［J］.经济学动态（10）：
13-17.

［17］ 陈文玲，2001.当代流通发展的若干趋势［J］.财贸经济（4）：43-44.

［18］ 陈文玲，2007.现代流通与农业竞争力［J］.中国流通经济（7）：
12-14.

［19］ 陈文玲，2007.新农村建设和构建农村现代商品流通体系［J］.商业研
究（5）：5-9.

［20］ 陈文玲，2012.现代流通体系的革命性变革［J］.中国流通经济
（12）：25-27.

［21］ 陈艳林，2001.电子商务下的国际贸易［J］.科技进步与对策，18
（2）：150-151.

［22］ 陈耀庭，蔡贤恩，戴俊玉，2013.生鲜农产品流通模式的演进——从农
贸市场到生鲜超市［J］.中国流通经济，27（3）：19-23.

［23］ 程栋，王家庭，2015.论国家综合配套改革试验区制度创新——基于演
化阶段及实现机制的视角［J］.贵州社会科学（3）：140-146.

［24］ 崔喜荣，张金银，郑传兴，1994.建立适应市场经济要求的商品流通体
系［J］.商业研究（6）：3-5.

［25］ 崔志红，1995.论缩短流通时间提高商业企业经济效益［J］.商业研究
（8）：18-20.

［26］ 邓布仁，1997.搞活流通要处理好四种关系［J］.中国流通经济（4）：
9-11.

［27］ 邓前亮，1996.当前商品流通的特点、问题及对策［J］.商业研究
（9）：13-15.

［28］ 邓若鸿，龚新忠，郑小军，2003.中国流通行业信息化与电子商务发
展问题与政策建议［J］.商业研究（24）：36-38.

［29］ 丁俊发，2003.重新认识流通（上）［J］.中国流通经济（1）：17-20.

［30］ 丁俊发，2012.流通成本高、效率低问题的冷思考［J］.中国流通经济
（12）：22-24.

［31］ 丁俊发，2013.流通创新驱动的十大对策［J］.中国流通经济，27
（2）：12-15.

［32］ 丁俊发，2018.改革开放40年的中国流通业［J］.商业经济研究
（24）：193-193.

［33］ 董辅礽，1984.孙冶方社会主义流通理论的意义［J］.财贸经济（4）：
5-11.

［34］ 董海峰，2016.从空间经济学探讨流通经济学理论基础及其定位［J］.
商业经济研究（17）：33-34.

［35］ 杜家骥，1984.关于社会主义商品流通领域的经济规律问题——与高涤
陈、陶琲同志商榷［J］.商业经济研究（6）：14-17.

［36］ 樊西峰，2013.鲜活农产品流通电子商务模式构想［J］.中国流通经济
（4）：87-92.

［37］ 樊星，2013.新型贸易业态的现状、问题与对策［J］.科学发展
（12）：38-48.

［38］ 樊秀峰，2005.商业组织创新：一个分析框架［J］.中国流通经济
（3）：40-43.

［39］ 方明，1980.日本的物资流通［J］.财贸经济（4）：64-67.

［40］ 高涤陈，陶琲，杜禹，1979.关于商品竞争规律的探讨［J］.经济研究

（S1）：57-62.

[41] 高涤陈,1981.流通过程与生产力经济学 [J].财贸经济（5）:22-25.

[42] 高涤陈,1984.论流通经济过程 [J].经济研究（4）:14-20.

[43] 高涤陈,1984.孙冶方社会主义流通理论的形成及其主要内容 [J].财贸经济（4）:11-15.

[44] 高铁生,2007.发展大流通, 建设新农村 [J].中国流通经济（9）:13-15.

[45] 高铁生,2011.充分发挥流通产业的先导作用 [J].中国流通经济（11）:25-27.

[46] 葛伟民,1984.上野光平谈日本商品流通 [J].经济学动态（7）:38-39.

[47] 郭冬乐,方虹,2002.中国流通产业组织结构优化与政策选择 [J].商业经济文荟（6）:2-5.

[48] 郭冬乐,1982.罗马尼亚的商品流通渠道和商品流转环节 [J].经济学动态（6）:59-62.

[49] 郭冬乐,1985.实行多种价格政策搞活商品流通 [J].商业研究（12）:5-7.

[50] 郭冬乐,1997.商品流通增长方式转变的关键 [J].商业时代（1）:11-11.

[51] 郭冬乐,2004.中国内外贸一体化的实践、目标与政策建议（上）——对流通组织形式的考察 [J].财贸经济（5）:18-23.

[52] 郭国荣,1995.我国商品流通体制改革的基本状况与发展趋势 [J].财贸经济（4）:48-50.

[53] 郭国荣,1996.当前和"九五"时期商品流通体制改革的基本思路 [J].中国流通经济（1）:42-45.

[54] 郭剑平,1997.运用计算机技术提高流通配送效率 [J].中国流通经济（5）:29-31.

[55] 郭今吾,1980.加强商业理论研究,提高商业工作水平——在商品流通经济理论讨论会上的讲话（摘要）[J].财贸经济（2）:2-5.

［56］郭文轩，1984.从宏观经济的角度看怎样提高流通经济效益［J］.经济理论与经济管理（5）：22-25.

［57］郝寿义，2008.国家综合配套改革试验的意义、政策设计和动力机制［J］.城市（6）：6-8.

［58］何建章，1984.怎样搞活流通［J］.财贸经济（7）：3-9.

［59］何铮，谭劲松，2005.复杂理论在集群领域的研究——基于东莞PC集群的初步探讨［J］.管理世界（12）：108-172.

［60］贺爱忠，2000.面向知识经济时代的流通发展趋势［J］.中国物流与采购（5）：14-17.

［61］贺爱忠，2003.推进商贸流通现代化进程的名牌对策［J］.管理世界（2）：141-143.

［62］洪倩茹，2018.浙江省R&D资本存量测算及其经济增长贡献——基于SNA2008［J］.科技经济市场（7）：44-47.

［63］洪涛，2012.降低流通成本、提高流通效率的路径选择［J］.中国流通经济（12）：34-39.

［64］侯善魁，1980.论商品流通费用［J］.经济研究（5）：27-33.

［65］侯善魁，1997.摆正流通地位 发挥流通作用［J］.商业经济研究（12）：1.

［66］胡创业，2015.我国自贸区依托平台经济拓展新型商贸业态的问题分析［J］.商业经济研究（26）：10-12.

［67］胡德春，2003.降低农业产业化流通成本的思考［J］.中国流通经济（11）：47-50.

［68］胡厚钧，1983.运用马克思的商品流通理论指导我国商品流通体制的改革［J］.财贸经济（4）：3-6.

［69］黄国雄，蔡文浩，1998.美日两国连锁商业发展道路比较及对我国流通业的启示［J］.中国流通经济（4）：1-3.

［70］黄国雄，2010.加强流通理论创新，推动流通产业快速发展［J］.中国流通经济（4）：10-12.

［71］黄少安，1999.制度变迁主体角色转换假说及其对中国制度变革的解释

[J].经济研究（1）：66-72.

[72] 黄世宏，1996.关于深化流通改革的研究[J].商业经济研究（1）：29-32.

[73] 纪宝成，李陈华.2012.对中国流通产业安全的几点认识[J].经济理论与经济管理（1）：7-11.

[74] 纪宝成，李陈华，2012.我国流通产业安全：现实背景、概念辨析与政策思路[J].财贸经济（9）：5-13.

[75] 纪宝成，1981.试论商品流通渠道[J].经济理论与经济管理（6）：41-44.

[76] 纪宝成，1992.关于流通与生产相互关系的几点认识[J].商业经济研究（7）：8-10.

[77] 江洪其，黄学忠，1981.商业体制改革应从搞活市场起步[J].财贸经济（2）：46-50.

[78] 姜君辰，1980.继续探讨 努力实践——在商品流通经济理论讨论会结束时的讲话（摘要）[J].财贸经济（2）：6-10.

[79] 姜绍周，1992.社会主义商品流通的先导论：对流通与生产的关系再认识[J].商业研究（9）：13-15.

[80] 蒋德鹏，盛昭瀚，2000.演化经济学动态与综述[J].经济学动态（7）：61-65.

[81] 蒋慧英，1982.商业网点不足是商品流通的主要障碍[J].商业研究（4）：10-13.

[82] 荆林波，龚雪，2017.我国流通业现状、未来趋势与对策分析[J].商业经济研究（22）：7-11.

[83] 荆林波，2004.利用信息技术改造流通企业[J].商业研究（14）：33-37.

[84] 荆林波，2017.关于"十三五"期间我国流通发展趋势的分析判断[J].晋阳学刊（1）：137-14＋145.

[85] 孔昭钧，1980.生产资料流通中计划调节与市场调节问题的探讨[J].财贸经济丛刊（5）：23-25.

［86］ 李保民，孙剑，2003.推进我国流通现代化的若干建议［J］.中国流通经济，17（4）：9-12.

［87］ 李飞，2003.中国商品流通现代化的构成要素［J］.中国流通经济，17（11）：22-25.

［88］ 李洪江，2002."加入WTO"与中国商业企业的竞争战略［J］.商业研究（16）：1-3.

［89］ 李辉，1992.论流通领域计划与市场结合方式［J］.商业经济研究（5）：29-31.

［90］ 李金昌，朱发仓，2014.中国流通发展报告［M］.北京：经济科学出版社.

［91］ 李金轩，1992.加强市场建设 搞好商品流通［J］.商业时代（7）：30，31-34.

［92］ 李骏阳，2015.对"互联网＋流通"的思考［J］.中国流通经济（9）：6-10.

［93］ 李然，王荣，孙涛，2019."外贸新业态"背景下跨境电商出口运营现状的深度研究［J］.价格月刊（6）：38-45.

［94］ 李顺飞，吴江，2015.我国流通业发展与产业结构优化升级的互动关系研究［J］.商业经济研究（12）：10-11.

［95］ 李严锋，2000.我国第三方物流市场发展分析［J］.商业研究（11）：52-55.

［96］ 李智盛，1984.流通体制必须适应商品生产形势的发展［J］.商业经济研究（2）：1-2.

［97］ 李忠民，周维颖，田仲他，2014.数字贸易：发展态势、影响及对策［J］.国际经济评论（6）：131-144.

［98］ 林文益，1980.关于社会主义统一市场的问题［J］.财贸经济（1）：27-31.

［99］ 林文益，1980.关于市场体制和商业体制改革一般问题的探讨［J］.财贸经济（3）：28-31.

［100］ 林文益，1992.生产，商品生产和商品流通的关系［J］.商业经济研究

（6）：14-18.

[101] 凌祯蔚，2017.全球数字贸易的发展趋势、面临问题及应对策略［J］.现代商业（18）：53-54.

[102] 刘翠萍，2004.深化我国农产品流通体制改革的思索［J］.中国流通经济（6）：22-25.

[103] 刘福园，1981.组织生产资料流通的一种良好形式［J］.经济理论与经济管理（1）：59-62.

[104] 刘国光，1984.学习孙冶方的流通理论［J］.财贸经济（2）：1-4.

[105] 刘建华，2004.解读中国流通现代化的内容与发展模式［J］.商业研究（19）：178-180.

[106] 刘念，2018.我国流通供给体系质量提升及消费升级——理论与实证［J］.商业经济研究，763（24）：18-20.

[107] 刘淇，2002.加快推动流通现代化，努力开创服务业发展新局面［J］.中国流通经济（3）：5-9.

[108] 刘振滨，2010.我国流通产业成长路径研究［J］.商业研究（11）：37-43.

[109] 卢现祥，1997.流通领域中交易费用的初探［J］.商业经济研究（4）：47-48.

[110] 陆江，2007.加快发展现代流通［J］.中国流通经济（4）：15-17.

[111] 陆菁，傅诺，2018.全球数字贸易崛起：发展格局与影响因素分析［J］.社会科学战线，281（11）：57-66，281.

[112] 路红艳，2017.基于跨界融合视角的流通业创新发展模式［J］.中国流通经济（4）：3-9.

[113] 罗必良，2003.中国农产品流通体制改革的目标模式［J］.经济理论与经济管理（4）：60-65.

[114] 马非，刘东明，2003.论搞活农村商品流通［J］.商业研究（8）：150-152.

[115] 马龙龙，1997.工业自销能取代商业批发吗［J］.中国流通经济（6）：12-14.

［116］马龙龙，2009.中国流通理论研究与学科建设［J］.商业经济与管理
（4）：7-12.

［117］马越起，1983.谈谈节约商品流通时间问题［J］.商业研究（6）：
20-21.

［118］马竹山，1980.社会主义制度下商品的流通时间和流通费用［J］.商
业研究（6）：1-4.

［119］马竹山，1980.社会主义制度下商品流通的形式和渠道［J］.商业研
究（5）：1-7.

［120］马竹山，1980.社会主义制度下商品流通的性质、特点和作用［J］.商
业研究（4）：2-5.

［121］冒天启，1981.对按所有制形式划定流通渠道的质疑［J］.财贸经济
（6）：28-32.

［122］孟振虎，1982.关于商品流通渠道的概念问题［J］.财贸经济（1）：
29，35-39.

［123］孟振虎，1983.关于商业流通体制改革的几个问题［J］.财贸经济
（8）：41-45.

［124］孟子敏，2002.试论我国流通生产力要素系统的构建和完善［J］.财
贸经济（9）：33-36.

［125］糜红缨，2016.基于马克思流通费用构成理论的我国商品流通费用影
响因素探讨［J］.商业经济研究（18）：29-31.

［126］内贸部商经所"主渠道、主导问题"课题组，1996.关于我国商品市
场主渠道、主导问题的再研究［J］.财贸经济（4）：37-41.

［127］潘平子，2000.新形势下流通主渠道的发展和重塑［J］.商业研究
（6）：140-141.

［128］秦雷刚，徐晖，1998.ECR系统：流通企业商品供应的新方法［J］.
商业研究（11）：27-28.

［129］阮建青，石琦，张晓波，2014.产业集群动态演化规律与地方政府政
策［J］.管理世界（12）：87-99.

［130］沙莉，2002.商品流通与货币流通的关系［J］.商业研究（4）：

16-18.

[131] 山东省商业经济学会秘书处,1996.关于转变流通增长方式的讨论综述 [J].商业经济研究（11）:15-19.

[132] 商务部政策研究室,2016.主要国际组织关于全球价值链研究的新进展 [R].北京.

[133] 申道镒,1992.试论流通对社会经济发展的作用 [J].商业经济研究（10）:15-16.

[134] 申珅,2015.基于博弈论的流通产业安全问题探讨 [J].中国流通经济（1）:11-16.

[135] 沈云卿,1992.关于流通领域计划与市场的结合关系 [J].商业经济研究（3）:22-24.

[136] 史琨,程玉兰,王慧萍,1999.商品流通渠道发展对策思考 [J].商业经济研究（10）:22-24.

[137] 宋华,2001.流通产业中企业的物流变革战略 [J].中国流通经济（4）:12-17.

[138] 宋涛,1985.关于孙冶方的流通理论 [J].经济理论与经济管理（1）:16-24.

[139] 宋则,王京,2002.新时期流通业的发展与经济结构的调整 [J].财贸经济（11）:26-31.

[140] 宋则,张弘,2002.立足中国国情加快流通创新 [J].财贸经济（4）:49-53.

[141] 宋则,2003.新世纪新主题:流通现代化——促进流通创新提高流通效能政策研究 [J].商业研究（9）:1-9.

[142] 宋则,2014.推进国内贸易流通体制改革 建设法治化营商环境 [J].中国流通经济（1）:15-23.

[143] 宋则行,刘波,章宗炎,1985.社会主义资金运动和商品流通 [J].财贸经济（1）:22-26.

[144] 苏学生,1982.试论实行"三多一少"的客观依据 [J].商业研究（2）:13-16.

［145］苏莹，张志刚，2017.提高对外贸新业态跨境收支监测的有效性［J］.
中国外汇（15）：82-83.

［146］隋鹏南，陈玉珍，1998.发展物流配送中心建立新的商品流通体系
［J］.商业研究（3）：70-72.

［147］孙刚若，1984.国营批发商业在多元化流通中的地位与作用［J］.财
贸经济（7）：23-26，66.

［148］孙辉，支大林，李宏瑾，2010.对中国各省资本存量的估计及典型性
事实：1978—2008［J］.广东金融学院学报，25（3）：103-116，129.

［149］孙全，1984.清除"无流通论"的影响推动商业经济学的研究——学
习孙冶方流通理论的体会［J］.财贸经济（9）：11-15.

［150］孙尚清，吴敬琏，张卓元，1983.试论孙冶方的社会主义经济理论体
系［J］.中国社会科学（3）：28-47.

［151］孙冶方，1981.流通概论［J］.财贸经济（1）：6-11.

［152］孙元欣，1999.ECR：新型商业流通模式［J］.商业经济研究（5）：
41-42.

［153］谭祖谊，2011.内外贸一体化的概念框架及其市场运行机制［J］.商
业研究（4）：96-101.

［154］唐红涛，罗琼，杜蓉，2018.新时代中国流通改革发展重大理论与实
践问题探讨——2018 年中国流通改革 40 周年高峰论坛会议综述
［J］.商业经济研究，751（12）：7-9.

［155］唐剑，袁蕴，2012.制度变迁视阈下的企业竞争力演化：一个动态分
析框架［J］.商业经济与管理（5）：41-48.

［156］唐伦慧，1981.商品流通形式的几个问题［J］.经济研究（8）：
60-66.

［157］唐伦慧，1984.学习孙冶方流通理论　进一步研究社会主义流通过程
［J］.商业经济研究（6）：6-12.

［158］唐震，钱真毅，2017.关于商业银行支持外贸新业态的思考与探索
［J］.农银学刊（3）：23-26.

［159］陶琲，1981.日本的"流通中心"［J］.商业研究（3）：42-43.

［160］童年成，1998.商品流通功能新说［J］.中国流通经济（6）：7-8.

［161］万典武，1984.对流通体制改革几个问题的认识［J］.商业经济研究
（5）：2-8.

［162］汪传华，1996.重新确立新时期的商品流通理论［J］.中国流通经济
（3）：8-11.

［163］王冰，刘国良，翟志勇，2000.流通领域应用电子商务及发展策略的
研究［J］.商业研究（2）：149-151.

［164］王草，2015.从马克思流通理论谈我国商品流通费用的影响因素
［J］.商业经济研究（23）：12-13.

［165］王成慧，郭冬乐，2009.中国农村流通发展30年之成就［J］.财贸经
济（2）：111-116.

［166］王东明，万延林，1995.试论物流配送［J］.商业时代（9）：43-44.

［167］王杜春，2007.发展营销型农业企业是构建农产品现代流通体系的关
键环节［J］.商业研究（7）：133-135.

［168］王风华，姚凤阁，白宾，2004.论我国流通模式的现状及对策［J］.商
业研究（8）：100-102.

［169］王冠凤，2015.上海自贸区新型贸易业态发展及服务功能的拓展——
基于平台经济视角［J］.现代经济探讨（2）：68-72.

［170］王家庭，曹清峰，孙哲，等，2014.制度创新对国家综合配套改革试
验区经济增长的影响研究［J］.区域经济评论（2）：74-79.

［171］王娟娟，2017.一带一路经济区新兴产业流通服务供给侧结构性改革
探索［J］.中国流通经济（1）：14-22.

［172］王楠，1980.略论合理组织商品流通中的几个问题［J］.商业研究
（4）：11-14.

［173］王晓东，2005.关于当前我国商品流通中若干问题的思考［J］.管理
世界（4）：155-156.

［174］王昕天，汪向东，2015.电子商务背景下物流信息化的新趋势——基
于信息化物流的研究框架［J］.中国流通经济（1）：57-63.

［175］王学军，2003.关于推进西部流通产业发展的思考［J］.中国流通经

济，17（12）：20-23.

[176] 王雪峰，2013.我国流通理论研究进展述评［J］.中国流通经济
（8）：26-30.

[177] 王燕，2017.我国商贸流通理论的发展历程与现状评述［J］.商业经
济研究（3）：8-10.

[178] 王宜泰，1983.疏通商品流通主渠道的几个问题［J］.商业研究
（1）：10，15-17.

[179] 王振之，邵循明，1980.降低商品流通费用的途径［J］.财贸经济
（2）：42-45.

[180] 王之泰，1999.探索有效商品流通的道路［J］.经济理论与经济管理
（3）：25-28.

[181] 王之泰，2013.流通成本及物流成本问题探讨［J］.中国流通经济
（5）：14-17.

[182] 文启湘，2018.流通改革40年经验教训若干思考［J］.商业经济研究
（13）：7-8.

[183] 吴硕，1994.向市场经济推进中的中国商品流通体制改革［J］.商业
经济研究（8）：14-16.

[184] 吴志刚，2018.流通理论在我国商贸流通业发展中的应用分析［J］.
商业经济研究，750（11）：13-15.

[185] 夏春玉，丁涛，2013.孙冶方流通理论的回顾与再认识［J］.财贸经济
（1）：76-83，120.

[186] 夏春玉，1996.关于商品流通主渠道问题的探讨［J］.中国流通经济
（6）：12-14.

[187] 夏春玉，1997.试论商品流通的规模及其决定［J］.中国流通经济
（4）：6-8.

[188] 夏春玉，2006.流通、流通理论与流通经济学——关于流通经济理论
（学）的研究方法与体系框架的构想［J］.财贸经济（6）：34-
39，98.

[189] 肖定华，1992.关于国合商业主渠道作用的几点思考——兼与李骏阳

同志商榷［J］.财贸经济（5）：57-59.

［190］肖士恩，刘文艳，王晓，2006.区域流通领域创新体系的理论研究［J］.商业研究（9）：17-19.

［191］肖旭，2017.制度变迁与中国制度改革的文献综述［J］.首都经济贸易大学学报，19（4）：96-104.

［192］肖亮，柯彤萍，2020.跨境电商综合试验区演化动力与创新实现机制［J］.商业经济与管理（2）：17-29.

［193］小艾尔弗雷德·D.钱德勒，1987.看得见的手——美国企业的管理革命［M］.北京：商务印书馆.

［194］谢朝斌，1995.工业化过程与现代商品流通［M］.北京：东方出版社.

［195］邢小丽，2017.经济学共生理论下商贸流通对地区经济影响的机制探讨［J］.商业经济研究（16）：141-143.

［196］徐从才，石奇，2000.论流通业发展对工业化进程的支持［J］.财贸经济（9）：49-53.

［197］徐从才，原小能，2008.流通组织创新与现代生产者服务业发展［J］.财贸经济（1）：101-106.

［198］徐从才，1992.流通积累：模式转换与机制矫正［J］.财贸经济（6）：50-54.

［199］徐大兵，2009.新中国成立六十年来农产品流通体制改革回顾与前瞻［J］.商业研究（7）：203-206.

［200］许啸宇，2013.综合配套改革实验区的"先行先试"与地方自主权［J］.法制与社会（13）：136-138.

［201］薛家骥，李宗金，1980.按社会主义基本经济规律的要求组织社会主义流通［J］.经济研究（10）：25-31.

［202］薛暮桥，1980.关于经济体制改革问题的探讨［J］.经济研究（6）：3-11.

［203］晏维龙，韩耀，杨益民，2004.城市化与商品流通的关系研究：理论与实证［J］.经济研究（2）：75-83.

［204］杨承训，1986.略论流通理论中的五个关系［J］.财贸经济（1）：

34-38.

［205］杨文选，尹洁，2005.从市场交易费用看我国农村流通网络建设［J］.
中国流通经济（8）：26-28.

［206］杨雅君，1994.社会主义市场经济中的商品流通体系［J］.商业研究
（9）：30-32.

［207］叶杰刚，2000.国内外物流理论研究概况［J］.经济学动态（11）：
48-50.

［208］宜谊，1979.北京贸经济学会讨论商业体制改革［J］.经济学动态
（11）：6-9.

［209］易宪容，1998.中国商品流通市场合约化的过程［J］.学术月刊
（5）：55-59.

［210］绎明宇，詹荷，1999.中国商品流通模式的变化趋势［J］.经济学动态
（3）：14-17.

［211］余光耀，1981.商业企业应该怎样节约商品流通费用［J］.商业研究
（2）：16-17.

［212］俞剑平，马群，黄舜，2001.韩国应对WTO开放流通市场之对策
［J］.商业研究（5）：154-156.

［213］俞晓松，2012.电子商务与流通模式创新［J］.中国流通经济，26
（12）：6-7.

［214］袁礼斌，1996.论流通秩序［J］.中国流通经济（6）：15-17.

［215］原梅生，弓志刚，2005.论现代农村商品流通体系的构建［J］.财贸经
济（3）：83-85.

［216］张采庆，姚力鸣，1996.日本的批发革命及其启示［J］.经济学动态
（1）：51-53.

［217］张得银，陈阿兴，丁宁，2014.基于使用价值的流通地位与作用研究
［J］.商业研究（1）：61-65，137.

［218］张富春，沈宇丹，2011.短流通：商业产业组织的新理念［J］.商业研
究（11）：8-13.

［219］张广生，2007.现代流通业是推动农业产业化的助力器［J］.中国流

通经济（8）：9-11.

[220] 张弘，2003.信息化与中国流通创新［J］.财贸经济（10）：59-63.

[221] 张洪平，2016.流通过程的系统决定论——兼评流通决定论［J］.当代经济研究（12）：14-20.

[222] 张华琳，2004.推进流通现代化，促进西部经济发展［J］.商业研究（17）：164-166.

[223] 张华芹，2005.农村商品流通发展对策研究［J］.中国流通经济（6）：52-54.

[224] 张焕勇，浦徐进，2013.基于渠道权力的生鲜农产品供应链流通模式构建［J］.商业研究（12）：184-189.

[225] 张会恒，2010.催生综合配套改革的动力——以合芜蚌自主创新综合配套改革试验区为例［J］.财贸研究，21（2）：22-26.

[226] 张蕙，关利欣，黄薇，2013.打开贸易成本的"黑箱"——一个贸易成本的分析框架［J］.财贸经济（8）：78-86，97.

[227] 张理，2002.现代流通的基础——交易信用［J］.中国流通经济（6）：16-19.

[228] 张莲苓，赵云昌，1997.流通资源有效配置的价值判断标准［J］.财贸经济（7）：55-56.

[229] 张淑梅，宋羽，2007.流通产业组织创新［J］.商业研究（10）：208-210.

[230] 张晓光，2003.加入WTO对我国商业流通领域的影响及对策［J］.商业研究（8）：141-142.

[231] 张永强，2001.WTO与大城市零售业创新［J］.商业研究（7）：10-12.

[232] 张云永，1984.实行政企分开是商品流通体制改革的需要［J］.商业研究（5）：18.

[233] 张卓元，1984.社会主义流通是独立的经济过程——孙冶方关于社会主义流通概念研究［J］.财贸经济（6）：10-15.

[234] 赵尔烈，孔繁芬，1992.把流通作为一个产业来发展［J］.商业研究

（12）：8-10.

[235] 赵建欣，刘东英，赵永刚，2014.我国安全农产品流通：一个总体框架 [J].中国流通经济（11）：8-14.

[236] 赵宁渌，1986.商品自由流通是商品市场形成和发展的必要条件 [J].商业经济研究（11）：10-13.

[237] 赵萍，2007.论流通产业集群与区域经济发展 [J].财贸经济（2）：111-115.

[238] 赵晓飞，李崇光，2012.农产品流通渠道变革：演进规律、动力机制与发展趋势 [J].管理世界（3）：81-95.

[239] 赵效民，1986.论流通范畴 [J].财贸经济（2）：7-14.

[240] 浙江省商务厅，2016.发展跨境电商正当其时——2015浙江省跨境电子商务发展报告 [J].浙江经济（17）：28-29.

[241] 中国国际电子商务中心内贸信息中心，2018.中国城市流通竞争力报告2017—2018 [M].北京：中国经济出版社.

[242] 中国社会科学院流通经济赴日考察团，1984.日本流通经济的现代化 [J].经济学动态（3）：41-43.

[243] 朱发仓，苏为华，2007.论流通演进的动力 [J].财贸经济（S1）：115-118.

[244] 朱剑农，1979.试论价值规律在社会主义经济中的制约作用 [J].经济研究（S1）：36-42.

[245] AMANDA C. KOOSER, 2016. How Does Technology Improve a Business? [EB/OL]. http://smallbusiness. chron. com/technology-improve-business-2188. html.

[246] BUSINESS WALES, 2016. How to use Technology to Improve Employee Productivity? [EB/OL]. https://businesswales. gov. wales/superfastbusinesswales/how-use-technology-improve-employee-productivity.

[247] DAVIS L E, NORTH D C, 1970. Institutional change and American economic growth: a first step towards a theory of

institutional innovation ［J］. The journal of economic history, 30
（1）: 131-149.

［248］ HALL R E, JONES C I, 1999. Why do some countries produce so
much more output per worker than others? ［J］. The quarterly
journal of economics, 114（1）: 83-116.

［249］ MINH T T, FRIEDERICHSEN R, NEEF A, et al., 2014. Niche
action and system harmonization for institutional change: prospects
for demand-driven agricultural extension in Vietnam ［J］. Journal of
rural studies, 36（7）: 273-284.

［250］ WANG W, GAO M, 2016. Phenomenon of resource curse:
evolution of dynamic mechanism in China's dairy industrial clusters
［C］// Qi E. Proceedings of the 6th International Asia Conference
on Industrial Engineering and Management Innovation. Paris:
Atlantis Press, 739-746.

［251］ YAMAWAKI H, 2002. The evolution and structure of industrial
clusters in Japan ［J］. Small business economics, 18（1-3）:
121-140.

［252］ YOUNG A, 2000. Gold into base metals: productivity growth in
the People's Republic of China during the reform period ［J］. Nber
working papers, 111（6）: 1220-1261.

［253］ ZHANG X, HU D, 2014. Overcoming successive bottlenecks: the
evolution of a potato cluster in China ［J］. World development, 63
（11）: 102-112.